ARL BEITRÄGE

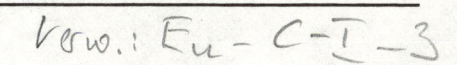

AKADEMIE FÜR RAUMFORSCHUNG UND LANDESPLANUNG

BAND 54

Raumordnung und Regionalplanung
in europäischen Ländern
2. Teil: Skandinavien

HERMANN SCHROEDEL VERLAG KG HANNOVER 1981

CIP-Kurztitelaufnahme der Deutschen Bibliothek

Raumordnung und Regionalplanung in europäischen Ländern.
— Hannover: Schroedel
Teil 2. Skandinavien. — 1981
    (Veröffentlichungen der Akademie für Raumforschung
    und Landesplanung: Beitr.; Bd. 54)
    ISBN 3-507-91393-3

NE: Akademie für Raumforschung und Landesplanung
‹Hannover›: Veröffentlichungen der Akademie für Raumforschung
und Landesplanung/Beiträge

Anschriften der Autoren

Professor Dr. *Mauno Kosonen*
Geographisches Institut
der Universität Helsinki
Hallituskatu 11-13
FS-00 100 Helsinki 10

Dr. *Viktor Freiherr von Malchus*
Direktor des Instituts für
Landes- und Stadtentwicklungsforschung
des Landes Nordrhein-Westfalen (ILS)
Königswall 38-40
4600 Dortmund 1

Best.-Nr. 91393
ISBN 3-507-91393-3
ISSN 0587-2642

Alle Rechte vorbehalten · Hermann Schroedel KG Hannover · 1981
Gesamtherstellung: Druckerei Emil Homann, Hannover
Auslieferung durch den Verlag

INHALTSVERZEICHNIS

		Seite
Viktor Frhr. von Malchus, Dortmund	Landes- und Regionalplanung in Dänemark	1
Viktor Frhr. von Malchus, Dortmund	Raumordnung durch Regionalpolitik und Raumplanung im Planungssystem Schwedens	18
Viktor Frhr. von Malchus, Dortmund	Raumordnung und Landesplanung in Norwegen	43
Mauno Kosonen, Helsinki	Raumprobleme und Regionalplanung in Finnland	74

Landes- und Regionalplanung in Dänemark

von

Viktor Frhr. von Malchus

INHALT

I. Besondere Rahmenbedingungen für die Planung

II. Rechtliche Grundlagen

III. Planungsorganisation
  1. Staatliche Ebene
  2. Regionale Ebene (Provinzen/Amtskommunen
  3. Kommunale Ebene

IV. Ziele und Aufgaben
  1. Langfristige übergeordnete Ziele
  2. Abgeleitete Ziele zur räumlichen Entwicklung

V. Planung, Planungsvollzug und Planungsinstrumente
  1. Landesplanung und Fachplanung
  2. Vollzug der Landes- und Regionalplanung
  3. Vollzug der Kommunalplanung
  4. Regionalentwicklungsplanung und Regionalpolitik
  5. Sonstige ausgewählte Instrumente der räumlichen Planung

VI. Zusammenfassung und Ausblick

I. Besondere Rahmenbedingungen für die Planung

Eine der wichtigsten Aufgaben der Landes- und Regionalplanung in Dänemark ist – wie auch in anderen Ländern – die Schaffung gleichwertiger Lebensverhältnisse in allen Landesteilen. In Dänemark sind die Unterschiede im Lebensstandard der Regionen sehr groß. In den hinter der allgemeinen Entwicklung zurückgebliebenen Gebieten Nord- und Westjütlands, Bornholm, Lolland-Falster und den kleineren Inseln sind die Arbeitslosigkeit größer, der Lohn und das Einkommen geringer, und die Versorgung mit öffentlichen und privaten Dienstleistungen liegt unter dem Durchschnitt des gesamten Landes [1]. Hieran hat sich in den letzten Jahren, wie dies die Raumordnungsberichte des dänischen Umweltministeriums zeigen, relativ wenig geändert, wenn auch die allzu großen Unterschiede zwischen den Regionen ein wenig eingeebnet werden konnten [2].

In diesen schwach strukturierten Gebieten ist in der Regel eine auf Landwirtschaft und Fischerei ausgerichtete Erwerbsstruktur festzustellen. Auch die Branchenverteilung ist zumeist sehr einseitig, was zu besonders starken konjunkturellen Rückschlägen führen kann. In Dänemark hängt die Verteilung der Bevölkerung immer noch von der regionalen Verteilung der industriellen Arbeitsplätze ab, die sich wiederum im Zusammenhang mit der Einkommenshöhe auf die Verteilung der Dienstleistungsbereiche auswirkt. In Nord- und Westjütland und in Bornholm z. B. erreichen die durchschnittlichen Einkommen nur etwa zwei Drittel der Einkommen in der Kopenhagener Region. Trotzdem fehlt es an Arbeitsplätzen in diesen Landesteilen.

In der Bevölkerungsverteilung haben sich nach den Konzentrationstendenzen der ersten Nachkriegszeit in den letzten zehn Jahren starke Dezentralisierungsbestrebungen bemerkbar gemacht.

Abb. 1
Bevölkerungsverteilung und Siedlungsstruktur 1860 und 1970

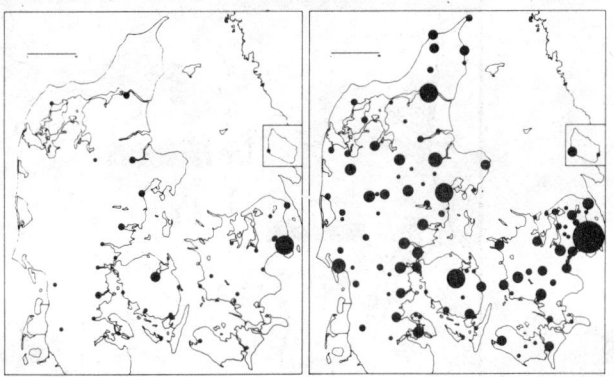

Quelle: Landsplansekretariatet 1974: Arealplanlaegning-status og problemstillinger, o.O. 1974, S. 38.

Einwohnerzahl	
3-6 000	50-100 000
6-12 000	100 000 - 1 000 000
12-25 000	
25-50 000	over 1 000 000

Etwa 35 % der dänischen Bevölkerung, die 1980 rund 5,1 Mio Einwohner betrug, wohnt in der Kopenhagener Region auf 6 % der Landesfläche. Hier hat die Bevölkerung in der Nachkriegszeit stark zugenommen. In den ländlichen Räumen hingegen ging die Bevölkerung seit 1950 langsam zurück. Dieser Konzentrationsprozeß, der sich vor allem in den Nachkriegsjahren vollzogen hat, verdeutlichte den Dänen die Notwendigkeit einer Raumordnungs- und Regionalpolitik. Er machte im Kopenhagener Raum und in den größeren Städten des Landes eine intensive Planung und in den schwach strukturierten Räumen eine entwicklungsbezogene Regionalpolitik erforderlich.

---

[1] Vgl. Miljøministeriet (Hrsg.): 1975 redegørelsen fra miljøministeren om landsplanlaegning, København 1975, S. 1.

[2] Vgl. Miljøministeriet (Hrsg.): 1979 redegørelsen fra miljøministeren om landsplanlaegning, København 15. Dezember 1979, S. 1.

Abb. 2
Wohnungsbau 1973 bis 1977 in den nach der Kommunalreform 1970 neuabgegrenzten Amtsgemeinden / Provinzen* Dänemarks

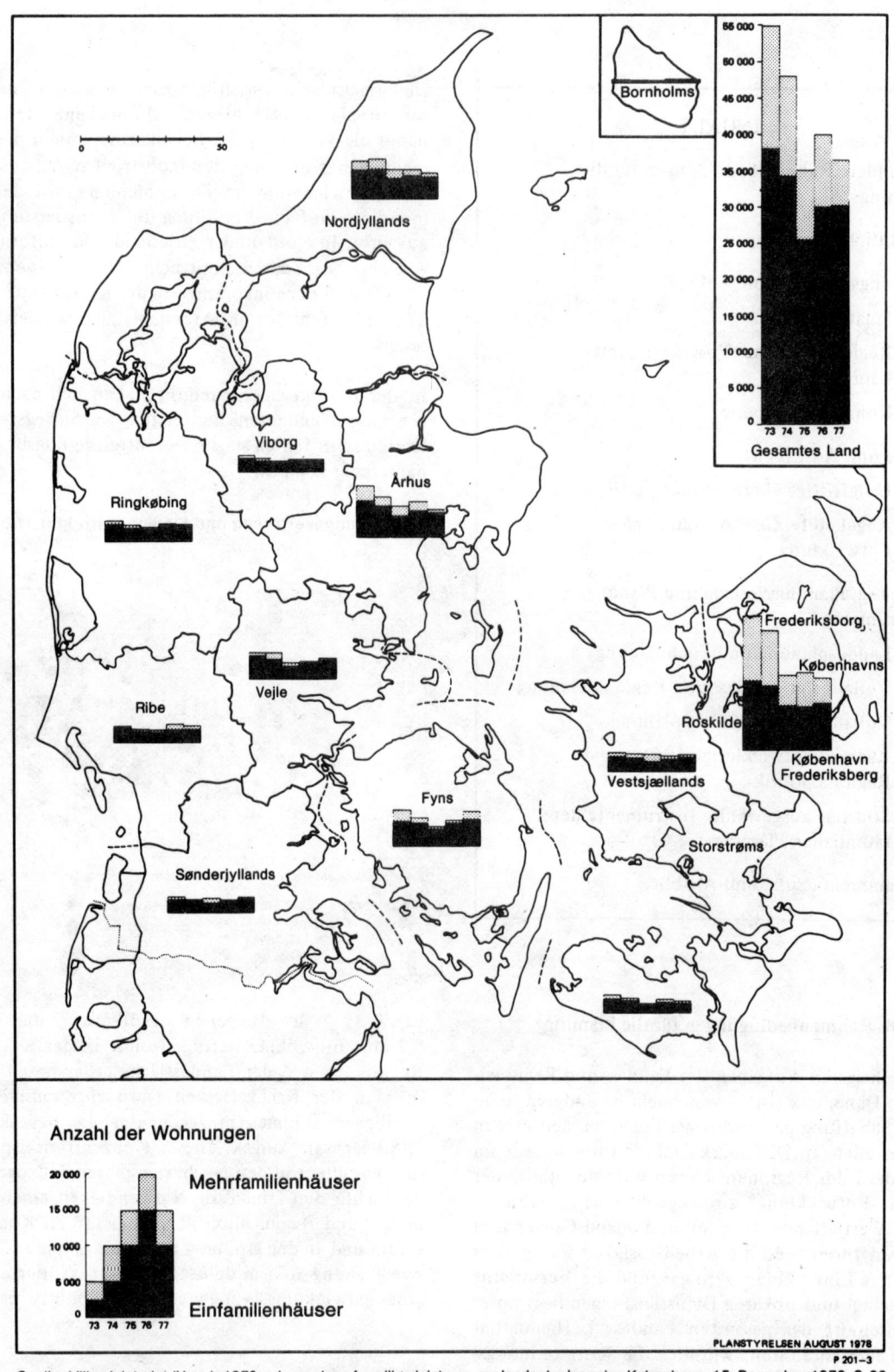

Quelle: Miljøministeriet (Hrsg.): 1978 redegørelsen fra miljøministeren om landsplanlaegning, København, 15. Dezember 1978, S. 33.

* Der dänische Begriff der „Amtskommune" kann nicht mit dem Begriff „Kreis" in der Bundesrepublik gleichgesetzt werden, weil Aufgaben und Funktionen z.T. sehr unterschiedlich sind. Es empfiehlt sich deshalb, mit dem Begriff Amtskommune — Provinz oder mit der direkten Übersetzung des Wortes Amtskommune — Amtsgemeinde zu arbeiten. Der Verfasser dieses Beitrages bevorzugt — insbesondere wegen der Vergleichbarkeit mit den anderen skandinavischen Ländern — den Begriff „Provinz". Neuerdings, so z.B. im Landesplanungsbericht 1979, wird in Dänemark für Amtskommune auch der Begriff „Region" verwendet.

Die Bevölkerungszahl Dänemarks wird bis zum Jahre 2000 etwa um 4,5 % wachsen, aber in sehr unterschiedlicher regionaler Verteilung. Während die Hauptstadtregion und die größeren Städte in ihrer Bevölkerungszahl abnehmen, werden die Entwicklungsgebiete, und dort insbesondere die Gemeinden unter 5000 Einwohner, voraussichtlich noch mit einem Bevölkerungswachstum von 11 bis 12 % rechnen können. Auch diese Bedingung stellt große Anforderungen an die Planung [3].

Um eine bessere Grundlage u. a. für die Planung und Ausformung der kommunalen Selbstverwaltung in den Kommunen und Gemeinden zu bekommen, wurde von 1962 bis 1970 eine gebietliche und funktionale Gemeindereform durchgeführt, bei der Gemeinden und Provinzen zu größeren Einheiten zusammengelegt wurden. Die Zahl der Gemeinden nahm von rund 1000 auf 275 ab, und die Zahl der Amtskommunen oder Provinzen ging von 25 auf 14 zurück, wobei die Provinzen zwischen 11 und 13 Kommunen umfassen [4]. Die Einwohnerzahl der Provinzen liegt zwischen 200.000 und 630.000. Durch die Reform sollten leistungsfähige Verwaltungseinheiten geschaffen werden, die eine weitgehende Dezentralisierung der Entscheidungen auf die Gemeindeebene ermöglichen. Die Gemeinden sollen künftig die wirtschaftliche Verantwortung für die Lösung verschiedener Aufgaben tragen, so auch die Aufgabe der kommunalen Planung. Weil die dänische Verwaltungspraxis keine dem Staat vorbehaltenen reinen Hoheitsaufgaben kennt, sind die kommunalen Vertretungen grundsätzlich allzuständig [5]. Nach Abschluß der Funktionalreform verwaltet der kommunale Bereich heute etwa 70 % der öffentlichen Finanzen Dänemarks. Die Möglichkeiten der staatlichen Steuerung der Gemeinden und Provinzen im finanziellen Bereich sind deshalb sehr gering geworden.

Abb. 3
Reform der Amtsgemeinden / Provinzen im Zuge der Kommunalreform in Dänemark 1962-1970

FRÜHER   HEUTE

25 Provinzen   14 Provinzen

Quelle: N. T. Fink: Der kommunale Aufbau in Dänemark, a.a.O., S. 112.

II. Rechtliche Grundlagen

Raumordnungspolitik und Regionalpolitik im heutigen Sinne wurden 1958 mit dem Regionalentwicklungsgesetz eingeleitet, das der Industrie ermöglichte, Staatsgarantien für Darlehen auf dem regulären Geldmarkt zu erhalten. Rechtliche Grundlage für die spezielle Landes- und Regionalplanung in Dänemark sind das „Gesetz über Landes- und Regionalplanung" von 1974 und das „Gesetz über die Regionalplanung in der Hauptstadtregion" von 1974. Beide Gesetze wurden im Juni 1973 vom Folketing einstimmig angenommen. Sie sind ein Glied in der Reform der Landesplanungsgesetzgebung, die 1969 mit der Annahme des Stadt- und Landzonengesetzes begann [6],

Abb. 4
Stadtzonen 1970 nach Verabschiedung des Stadt- und Landzonengesetzes von 1969 (von den 1700 qkm ausgewiesenen Stadtzonen waren ca. 1000 qkm bewohnt)

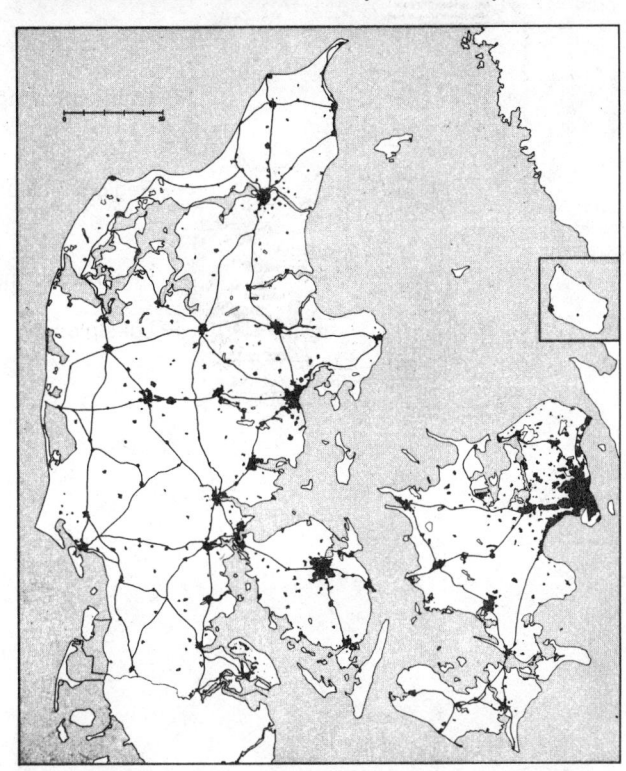

Quelle: Landsplansekretariatet (Hrsg.): Arealplanlaegning, 2. Auflage, København 1974, S. 66.

nachdem noch 1963 eine Reihe von Planungsgesetzen mit Hilfe einer Volksabstimmung abgewiesen worden war.

Das Zonengesetz will Stadtentwicklung fördern und gleichzeitig das offene Land beschützen. Städtische Bebauung darf sich danach nur in den Stadtzonengebieten nach festgestellten Planungen vollziehen. Da Bebauungspläne nur im Rahmen von Regionalplänen aufgestellt werden dürfen, sichert somit das Zonengesetz gegen unerwünschte siedlungsstrukturelle Entwicklungen [7]. Es hat die Stadt-Umland-Wanderungen zwar bremsen, aber nicht verhindern können. Im Mai 1978 hat der Folketing die Regierung aufgefordert, das Selbstbestimmungsrecht der Gemeinden hinsichtlich der Ausführung des Zonengesetzes im Rahmen der gesamten Planungsgesetzgebung zu stärken, um die negativen Wirkungen des Gesetzes, ins-

---

[3] Vgl. Miljøministeriet (Hrsg.): 1977 redegørelsen fra miljøministeren om landsplanlaegning, København 1977, S. 11.

[4] Vgl. Hovedstadsrådet (Hrsg.): Verband der Region Kopenhagen, Kopenhagen, o. J., S. 1; Amtsrådsforeningen i Danmark (Hrsg.): Amtskommunen, Amtsradet – det regionale niveau, Tønder 1978, S. 8; N. T. Fink: Der kommunale Aufbau in Dänemark, Die Gemeinde, 30. Jahrg., Nr. 4 (1978), S. 112.

[5] Vgl. *E. Jansen:* Kommunalpolitik auf Europa gerichtet, 2. erweiterte Auflage, Recklinghausen 1975, S. 67; *W. Steiniger:* Die Kreisgemeinden im Kommunalrecht Dänemarks, der landkreis, Heft 5 (1980), S. 248.

[6] Vgl. Planstyrelsen (Hrsg.): Lands- og regionalplanlovene, Nyt fra planstyrelsen, Maj 1978, Nr. 5, S. 5.

[7] Vgl. Planstyrelsen (Hrsg.): Zoneloven – prinzipielle afgørelser, orientering m. m., a.a.O., S. 3 f.

Abb. 5
Detaillisierungsgrade im Rahmen des dänischen Planungssystems

← Landesplanung (Umweltminister) →

← Regionalplanung (Provinzialrat) →

← Kommunalplanung (Gemeinderat) →

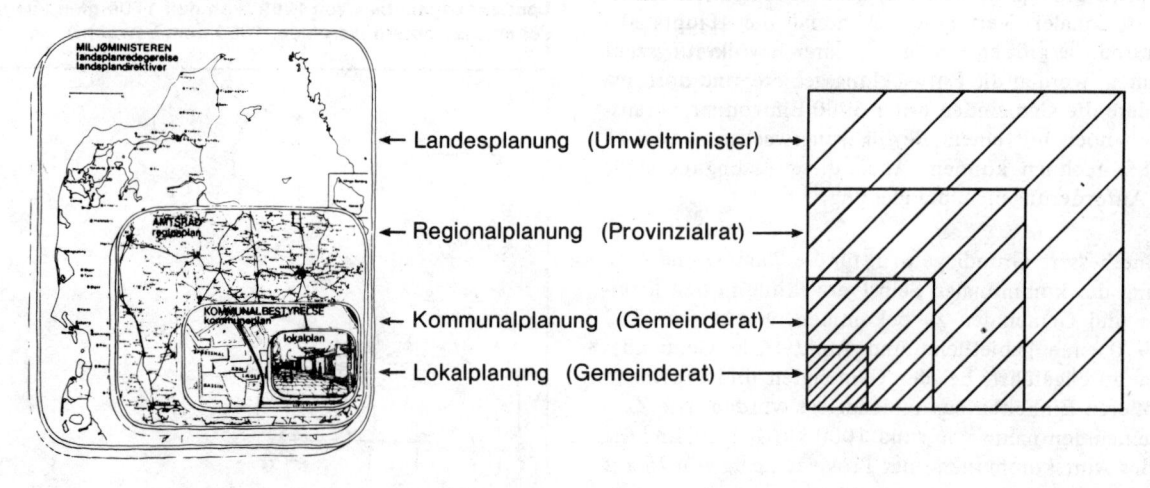

← Lokalplanung (Gemeinderat) →

Abb. 6
Planungsorganisation in Dänemark

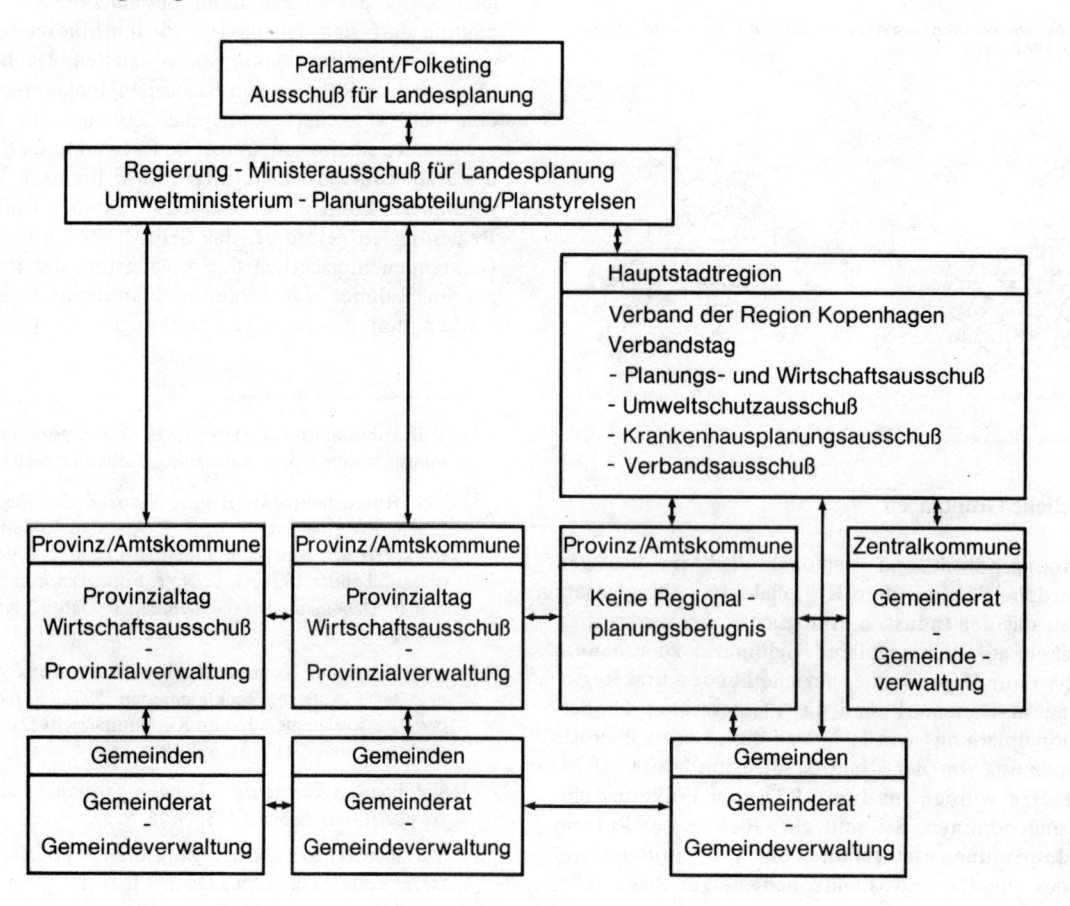

besondere hinsichtlich der Entwicklung der Gemeinden im ländlichen Raum, abzubauen.

Mit den Gesetzen über Landes- und Regionalplanung wurde zum ersten Mal eine gesetzliche Grundlage für die Ausführung einer zusammenfassenden physischen Planung für das gesamte Land gefunden. Gleichzeitig fordert das Gesetz die Aufstellung von Regionalplänen für jede der 13 Provinzen und für die Hauptstadtregion. Damit wurde die Grundlage für die Intensivierung und Weiterführung der bisherigen Planungen geschaffen. Auch wurden neue Gedanken hinsichtlich der Information und Mitwirkung der Bürger in die Gesetzgebung aufgenommen. Das Gesetz über Landes- und Regionalplanung legt u. a. dar, wie Landes- und Regionalplanung betrieben werden soll. Zielsetzung der Planung ist die vorsorgliche Sicherung der Flächen und Naturressourcen des Landes, die möglichst gesellschaftspolitisch und gesamtwirtschaftlich verantwortbar genutzt werden sollen. Planung soll darüber hinaus nach dem Gesetz eine gleichwertige Entwicklung im gesamten Land herbeiführen und der Umweltbeeinträchtigung im weitesten Sinne vorbeugen.

Einen eigentlichen Landesentwicklungsplan für ganz Dänemark soll es nicht geben, aber durch die Genehmigungspflicht für Regionalpläne erhält das Umweltministerium einen Überblick über die gesamte Landesentwicklung und kann – unterstützt durch die Berichtspflicht der Amtsgemeinden/Provinzen – die staatlichen und kommunalen Planungen und Maßnahmen koordinieren. Das verantwortliche Fachministerium, das Umweltministerium (Miljøministeriet), kann auch aus übergeordneter politischer Sicht Richtlinien für den Inhalt der Regionalpläne festlegen. Die Regionalpläne sollen von den Provinzen ausgearbeitet und vom Umweltministerium genehmigt werden. Zwecks aktiver Mitarbeit der Bevölkerung sollen in den Provinzen möglichst mehrere alternative Entwürfe für den Regionalplan ausgearbeitet und zur öffentlichen Diskussion gestellt werden [8].

Neben dem Gesetz über Landes- und Regionalplanung gibt es noch ein gesondertes Gesetz über die Regionalplanung in der Hauptstadtregion, für die jedoch prinzipiell die gleichen Regelungen gelten wie für die Regionalplanung im ganzen Land, allerdings mit größeren Befugnissen.

Die Aufstellung der Regionalpläne wird den Weg für eine weitere Dezentralisierung staatlicher Entscheidungen im Verhältnis zur kommunalen Planung eröffnen. In der Debatte über das neue Kommunalplanungsgesetz von 1975, welches 1977 in Kraft getreten ist, waren die Worte „Dezentralisierung" und „Vereinfachung" die Schlüsselbegriffe. Das Kommunalplanungsgesetz will durch Aufstellung eines Kommunalplanes (Flächennutzungsplanes) nach öffentlicher Debatte und unter Konkretisierung der Ziele des Regionalplanes einen Entwicklungsplan für die gesamte Gemeinde schaffen, der durch sogenannte Lokalpläne (Bebauungspläne) konkretisiert und verbindlich gemacht wird.

Landes- und Regionalplanungsgesetze und das Kommunalplanungsgesetz haben ein zusammenhängendes System von Planungen auf den drei Verwaltungsebenen Staat, Provinz und Gemeinde geschaffen [9]. Die Pläne werden von Stufe zu Stufe detaillierter (vgl. Abb. 5). Alle Raumordnungspläne sind behördenverbindlich. Die Bebauungspläne (Lokalpläne) binden auch den Bürger.

Die Lokalpläne sollen die Kommunalplanung in Bebauungsplänen konkretisieren. Die Kommunalplanung wiederum soll die Ziele der Regionalplanung in sich aufnehmen. Die Regionalplanung muß sich in Übereinstimmung mit den auf Landesebene für ganz Dänemark festgelegten landespolitischen Zielsetzungen befinden. Das Planungssystem insgesamt ist geprägt von den Zielsetzungen der „Kommunalisierung", „Dezentralisierung", „Rahmensteuerung" und „Öffentlichkeit".

III. Planungsorganisation

1. Staatliche Ebene

Nach dem Gesetz über Landes- und Regionalplanung (§ 2) liegt die Leitung der Landesplanung und Regionalplanung in Dänemark formal beim Umweltministerium (vgl. Abb. 6). In der Debatte über das Gesetz wurde jedoch festgestellt, daß die übergeordnete politische Leitung der räumlichen Planung in einem Ausschuß der Umwelt-, Wirtschafts- und Finanzminister unter der Leitung des Ministerpräsidenten erfolgen solle, um einerseits alle staatlichen Aktivitäten der verschiedenen Ressorts zu koordinieren und andererseits auch größere private Dispositionen, wie z. B. Industrieansiedlungen, mit in die landesplanerischen Überlegungen einbeziehen zu können [10].

Gesetzlich wurde festgelegt, daß der Umweltminister jährlich einen Bericht über Landesplanung vorlegen muß. Erste Berichte wurden für die Jahre 1975, 1976, 1977, 1978 und 1979 abgegeben. Diese Berichte beinhalten kurzgefaßt u. a. wichtige landesplanerische Zieldiskussionen, ausführliche Beschreibungen der Planungsaktivitäten in den Provinzen und zumeist im Anhang Ergebnisse der Raumbeobachtung. In den Planungsdebatten über die Landesplanungsberichte werden gewichtige landesplanerische Zielsetzungen postuliert, so z. B. die über die künftige Siedlungsstruktur [11], die gewichtige Grundlage für die übrigen Planungen bilden.

Die Organisation des Umweltministeriums, insbesondere die Geschäftsverteilung in der Landesplanungsbehörde, wird in der Abbildung 7 aufgezeigt. Die starke Stellung der Regionalreferate weist auf die hohe Bedeutung hin, die man in Dänemark der Regionalplanung zumißt.

Die Regionalpläne werden von den Provinzen aufgestellt. Sie übersenden die Planungsentwürfe an das Umweltministerium, das diese wiederum den Fachressorts zur Stellungnahme zuleitet. Damit erfolgt eine sehr eingehende Koordination zwischen allen Fachressorts. Gesetzlich wurde beschlossen, daß alle Ministerien dem Umweltministerium ihre planerischen Aktivitäten mitzuteilen haben.

---

[8] Vgl. Informationsbroschüren: „Ministry of the Environment-Danmark", „Miljøministeriet", o. j., o.O., S. 13 ff.

[9] Vgl. Planstyrelsen (Hrsg.): Lands- og regionsplanlovene, a.a.O., S. 5 u. 25; *G. Gammelgaard:* Raumplanung in Dänemark, der landkreis, Heft 5 (1980), S. 254.

[10] Vgl. Planstyrelsen (Hrsg.): Lands- og regionsplanlovene, a.a.O., S. 10 f.

[11] Vgl. Miljøministeriet (Hrsg.): 1978 redegørelsen fra miljøministeren om landsplanlaegning, København 15. Dezember 1978, S. 7 f.

Abb. 7
Organisation des dänischen Umweltministeriums (Stand: 1977)

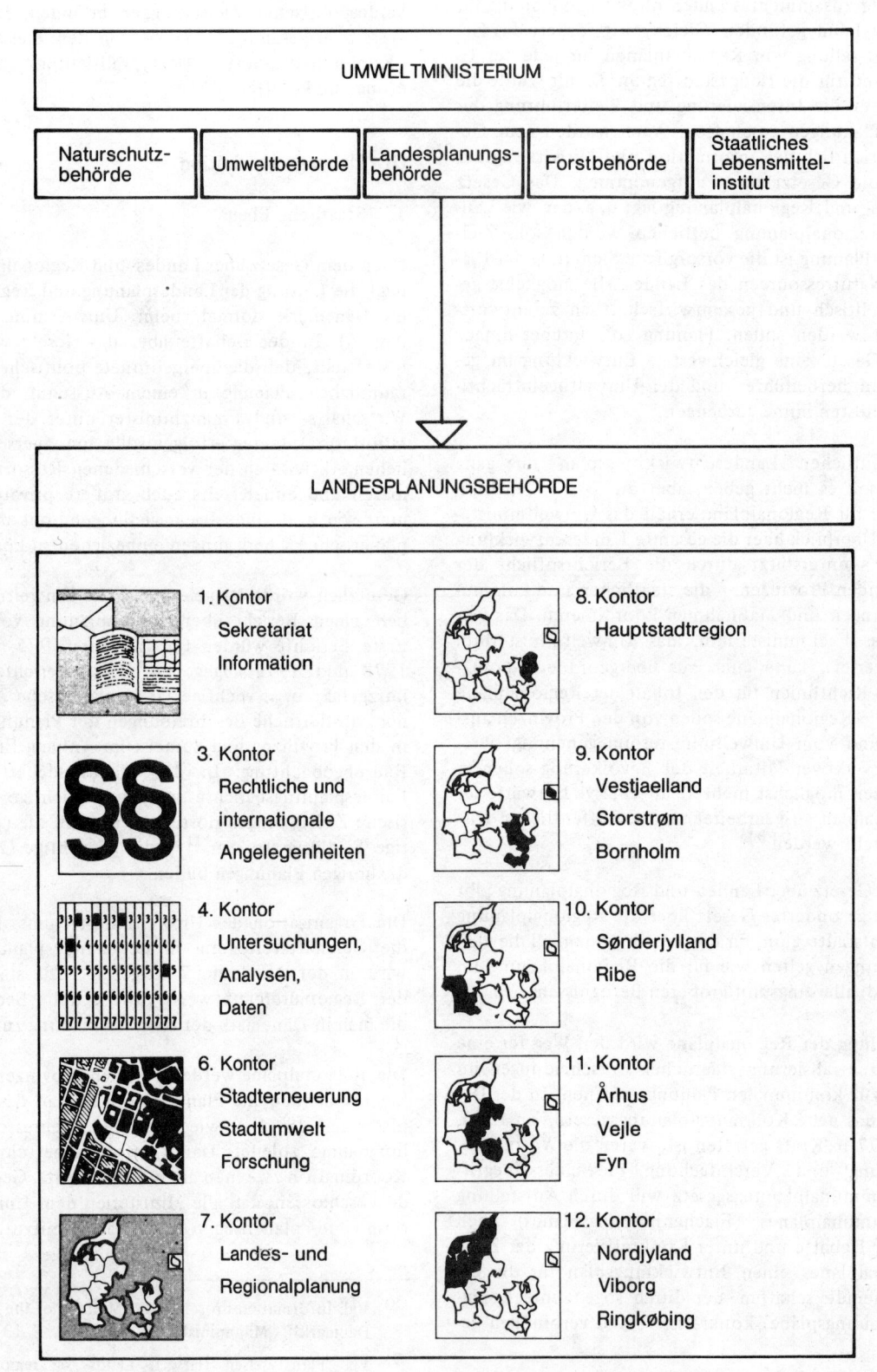

```
                        UMWELTMINISTERIUM
    ┌─────────────┬─────────────┬──────────────┬─────────────┬──────────────┐
    │Naturschutz- │Umweltbehörde│Landesplanungs-│Forstbehörde │Staatliches   │
    │behörde      │             │behörde        │             │Lebensmittel- │
    │             │             │               │             │institut      │
    └─────────────┴─────────────┴──────────────┴─────────────┴──────────────┘
                                      │
                                      ▼
                        LANDESPLANUNGSBEHÖRDE
```

1. Kontor Sekretariat Information	8. Kontor Hauptstadtregion
3. Kontor Rechtliche und internationale Angelegenheiten	9. Kontor Vestjaelland Storstrøm Bornholm
4. Kontor Untersuchungen, Analysen, Daten	10. Kontor Sønderjylland Ribe
6. Kontor Stadterneuerung Stadtumwelt Forschung	11. Kontor Århus Vejle Fyn
7. Kontor Landes- und Regionalplanung	12. Kontor Nordjyland Viborg Ringkøbing

Quelle: Nyt fra planstyrelsen, nr. 2, Juli 1977, S. 2.

Auch wurde kürzlich festgelegt, daß alle Fachminister Berichte veröffentlichen müssen, in denen über die sektoralen Planungen und Maßnahmen des Staates, der Provinzen und der Gemeinden referiert wird. Man ist der Auffassung, daß die landesplanerischen Entscheidungsgrundlagen und Entscheidungen auf allen Planungsebenen durchsichtiger zu gestalten sind und damit auch wesentlich verbessert werden können. Alle Planungen sollen, dem dafür entworfenen Symbol des Umweltministeriums folgend, auf der Grundlage von Verhandlungen zwischen mehreren Partnern sowie im Gegenstromprinzip entwickelt, debattiert, aufgestellt und ständig verbessert werden.

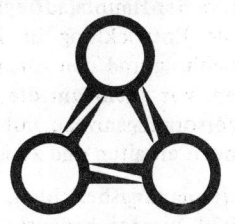

Die Ergebnisse der ministeriellen Berichterstattung sollen denn auch durch enge Zusammenarbeit der beteiligten Ministerien in die kurz- und mittelfristige Finanzplanung einfließen, um den gesamten öffentlichen Sektor unter Landesgesichtspunkten beleuchten zu können [12]. Die Berichte über den Haushalt und die Landesplanung sollen deshalb auch möglichst gleichzeitig dem Parlament vorgelegt werden. Von großer Bedeutung ist in diesem Zusammenhang auch die Zusammenarbeit mit der Landesplanung im Interministeriellen Ausschuß für langfristige Investitionsplanungen für den Zeitraum 1978 bis 1990, der die bedeutendsten geplanten Investitionen offenlegen, koordinieren und über die Investitionsverläufe und deren Folgen, vor allem auf dem Energie- und Städtebausektor, berichten soll. Es wird erwartet, daß diese Überlegungen unter anderem auch entscheidenden Einfluß auf die Regionalplanung bekommen. Die bisherigen Wirkungen auf die Regionalplanungen sind jedoch sehr gering. Noch gibt es keine organisatorische Verknüpfung zwischen der Finanz- und der Regionalplanung. Die staatliche Einflußnahme auf die Regionalplanung beschränkt sich derzeit im wesentlichen auf generelle Vorgaben für die Siedlungsstruktur, die Versorgungsstruktur und auf Flächennutzungsplanungen.

2. Regionale Ebene (Provinzen/Amtskommunen)

Bis 1974 haben lediglich einige Provinzen Regionalplanungen durchgeführt. Das Gesetz über Landes- und Regionalplanung macht es nun den Amtskommunen zur Pflicht, Regionalpläne aufzustellen (für die Hauptstadtregion Kopenhagen gibt es eine Sonderregelung). Die Aufstellung der Regionalpläne wird vom Wirtschaftsausschuß des vom Volk direkt gewählten Provinzialtages geleitet, unter dem Vorsitz des aus der Mitte des Provinzialtages gewählten Präsidenten. Die Planaufstellung durch die Behörden der Provinzialverwaltung soll in enger Zusammenarbeit mit den staatlichen und kommunalen Behörden erfolgen, wobei z. B. bei den Gemeindeverwaltungen erfragt werden muß, wie die kommunale Flächennutzung aussehen sollte, die in den Regionalplan aufgenommen werden müßte. Die Verantwortung für die Aufstellung und Beschlußfassung über den Entwurf des Regionalplanes liegt voll beim Provinzialtag, also bei den gewählten Volksvertretern. Nach Genehmigung des Regionalplanes durch das Umweltministerium muß die Provinz dem Ministerium alle zwei Jahre über die Planungen und Entwicklungen berichten, die in der Provinz stattfinden [13].

Auf der Grundlage eines besonderen Gesetzes über die Regionalplanung in der Hauptstadtregion von 1975 wird die Regionalplanung in der Kopenhagener Region (drei Provinzen und die zwei sogenannten Zentralkommunen København und Fredriksberg) vom Verbandstag des Verbandes der Region Kopenhagen durchgeführt, der sich aus 37 gewählten Mitgliedern der Provinzialtage und Gemeinderäte der Regionen zusammensetzt und bei der physischen Planung dieselben Aufgaben hat wie der Provinzialtag in den anderen Provinzen [14]. Vier Ausschüsse mit jeweils neun Mitgliedern repräsentieren die Arbeitsaufgaben des Hauptstadtrates: Planungs- und Wirtschaftsausschuß, Umweltausschuß, Krankenhausplanungsausschuß und Verkehrsausschuß. Die Regionalplanung erfolgt wie in den Amtskommunen. Zusätzlich zur Regionalplanung obliegen dem Verband der Region Kopenhagen u. a. aber auch noch die Durchführung des öffentlichen Nahverkehrs (90 % der Aufgaben) und die Förderung des Wohnungsbaus. Für spezielle Planungszwecke kann der Verbandstag auch mit Hilfe seines Entwicklungsfonds Grundstücke erwerben. Er hat darüber hinaus auch noch eine Reihe anderer Befugnisse, wie z. B. Krankenhausplanung und die Lösung von Umweltproblemen.

Typisches Kennzeichen für die Raumplanung in Dänemark ist die Verpflichtung für den gesamten kommunalen Bereich, in allen Planungsphasen eine öffentliche Diskussion über die Planungsabsichten durchzuführen.

3. Kommunale Ebene

Schon das Gesetz über Landes- und Regionalplanung beinhaltet eine Reihe von Vorschriften über die Beteiligung der Gemeinden am regionalen Planungsprozeß, wie z. B. die Bekanntgabe eigener Planungsvorstellungen (§ 10) oder die Stellungnahmen zu den Regionalplanungsentwürfen (§ 12). Auch sollen ständig informelle Kontakte zwischen den Gemeinden, Provinzen und anderen Behörden zum Vorteil für die kommunalen und regionalen Planungen stattfinden.

Nach dem Gesetz über die Gemeindeplanung vom 26. Juni 1975 obliegt es dem Gemeinderat, zusammen mit der Gemeindeverwaltung einen Gemeindeplan (Flächennutzungsplan) und sogenannte Lokalpläne (Bebauungspläne) aufzustellen [15]. Diese Pläne dürfen nicht vor Genehmigung der Regionalpläne endgültig ausgearbeitet und genehmigt werden. Sie dürfen nach den Planungsgesetzen auch nicht im Gegensatz zu den jeweils übergeordneten Plänen ste-

---

[12] Vgl. Miljøministeriet (Hrsg.): 1977 redegørelsen fra miljøministeren om landsplanlaegning, a.a.O., S. 10.

[13] Vgl. Planstyrelsen (Hrsg.): Lands- og regionsplanlovene, a.a.O., S. 9 f.

[14] Vgl. Hovedstadsrådet (Hrsg.): Verband der Region Kopenhagen, Kopenhagen 1978, S. 6.

[15] Vgl. Planstyrelsen (Hrsg.): Kommuneplanloven, Bekendtgørelser og cirkulaerer, Nyt fra planstyrelsen, Marts 1977, nr. 1, S. 1–12.

hen. Im Gesetz über die Gemeindeplanungen und im Landes- und Regionalplanungsgesetz sind die Abstimmungspflichten, die Fristen, die Beteiligungs- und Genehmigungsverfahren genau festgelegt, können vom Umweltministerium aber vielfach verändert bzw. erweitert werden. Für die Kopenhagener Region gelten weitergehende Bestimmungen.

Im Flächennutzungsplan entsprechend § 3 des Gesetzes über die Gemeindeplanung wird die generelle Struktur der Flächennutzung für die gesamte Gemeinde und für die Bebauungspläne der Gemeindeteile festgelegt. Der Flächennutzungsplan muß einen Erläuterungsbericht enthalten. Während der Ausarbeitung des Vorschlages für einen Flächennutzungsplan muß die Gemeindeverwaltung gemäß § 6 Gemeindeplanungsgesetz von 1975 einen kurzgefaßten Erläuterungsbericht über die im Planungsprozeß zu behandelnden Hauptproblembereiche und die Planungsmöglichkeiten veröffentlichen, an die Provinz und an den Umweltminister versenden. Darüber hinaus muß die Gemeindeverwaltung umfangreiche Öffentlichkeitsarbeit mit dem Ziel betreiben, eine öffentliche Diskussion über die Planungsziele und Planungsinhalte herbeizuführen [15]. Im gesamten kommunalen Bereich soll der Planungsprozeß möglichst „von unten" beginnen. Die praktische und wissenschaftliche Aufbereitung der öffentlichen Diskussion ist erwünscht. Die vielfältigen Erörterungen über Regionalplanungsfragen haben in den letzten Jahren dazu geführt, daß das Interesse an Planungsfragen häufig stärker war als an anderen gesellschaftspolitischen Fragen.

IV. Ziele und Aufgaben

1. Langfristige übergeordnete Ziele

In Dänemark war man seit den 40er Jahren bemüht, eine gesetzliche Grundlage für die Landesplanung und Regionalplanung zu bekommen [16]. Die unterschiedliche Entwicklung in den einzelnen Landesteilen, über die in den Raumordnungsberichten des Umweltministeriums und in einer gesonderten Studie des Landesplanungssekretariats hinsichtlich der Flächennutzung eingehend berichtet wird [17], machte in den letzten Jahrzehnten eine Politik erforderlich, die sowohl auf Wachstum und Vollbeschäftigung als auch auf bessere regionale Verteilung der Bevölkerung, Arbeitsplätze, Wirtschaftskraft und nicht zuletzt die ausreichende Versorgung der Bevölkerung in allen Landesteilen ausgerichtet war. Seit Beginn der 70er Jahre kamen zu diesen übergeordneten Zielen noch die Ziele des Ressourcen- und Umweltschutzes und die der Verbesserung der Lebensqualität in allen Lebensbereichen hinzu, wodurch die Wachstumsziele zum Teil erheblich relativiert wurden.

Der Wandel der langfristigen Zielsetzungen, der seinen Niederschlag in der Gesetzgebung von 1969 bis 1977 fand (vgl. Kap. II), zeigte sich bereits im Gesetz über städtische und ländliche Zonen von 1969. Mit diesem Gesetz war vor allem beabsichtigt, die städtische Entwicklung innerhalb vorgegebener Zonen zu halten und die Landschaft vor einer Zersiedlung zu schützen. Die Zielsetzungen des Gesetzes über Landes- und Regionalplanung von 1974 (§ 1) streben eine zusammenfassende physische Planung an, die:

— die Flächen- und Naturressourcen des Landes unter gesellschaftlicher und wirtschaftlicher Gesamtbewertung bestmöglich nutzt, besonders im Hinblick auf eine gleichwertige Landesentwicklung;

— eine Flächennutzung in der Weise anstrebt, daß Umweltbelastungen jeglicher Art sowie Nutzungskonflikte möglichst vermieden werden;

— alle Einzelinteressen in den Rahmen der volkswirtschaftlichen Gesamtplanung einordnet.

Diese Ziele wurden weitgehend bereits seit den 60er Jahren, insbesondere im Rahmen des Regionalentwicklungsgesetzes von 1958, verfolgt, vor allem durch Bemühungen, das weitere Wachstum der Hauptstadtregion zu verhindern und eine dezentrale Entwicklung im ländlichen Raum durch Industrieansiedlung und den Ausbau kleinerer Zentralorte anzustreben, vor allem um die Beschäftigung zu sichern und das Versorgungsniveau mit Dienstleistungen im ländlichen Raum zu erhalten und zu verbessern [18].

In den ersten Landesplanungsberichten, vor allem aber im Planungsbericht 1979, werden bedeutende Wirkungen der Siedlungsstrukturplanung für die Landesentwicklung herausgearbeitet. Dabei behält sich der Umweltminister die Einflußnahme auf die Siedlungsplanungen der Hauptstadt und größere Oberzentren vor. Ansonsten legt er lediglich generelle Planungsrichtlinien für die Entwicklung der Siedlungsstruktur als Rahmen für die Regionalplanung fest. Die Konkretisierung der Siedlungsstrukturplanung ist ansonsten eine regionale und kommunale Planungsaufgabe.

Die Ziele der Landesplanung für die Großstädte sind vor allem auf eine Einschränkung ihres Wachstums ausgerichtet. Für die übrigen Landesteile fordern die generellen Ziele der Landesplanung für die Entwicklung der Siedlungsstruktur die Sicherung eines Netzes von Regional-, Kommunal- und Lokalzentren im ganzen Land, mit besonderem Hinblick auf die Stärkung der bisher schwach ausgebauten Zentren. Der Wohnungsbau und der Ausbau der Versorgungseinrichtungen sollen vor allem in den Zentren erfolgen, um die Ziele des Wohnungsbaus, die der Verkehrspolitik und die der sparsamen Energieversorgung bestmöglich erreichen zu können [19].

Trotz breiter Diskussion im Lande und dem vielseitigen Wunsch nach einer weniger verdichteten Siedlungsweise hält die Regierung weiterhin an ihrem Konzentrationsziel fest. Durch die Bürgerdiskussion im Zuge der Regional- und Kommunalplanung ist jedoch eine verstärkte Dezentralisierungstendenz in die Siedlungsplanung eingeflossen. Der Folketing hat diese Tendenzen im Frühjahr 1980 zugunsten der dezentralisierten Siedlungsentwicklung im ländlichen Raum unterstützt.

---

16) Vgl. Ministry of Housing: Denmark — Current Trends and Policies in the Field of Housing, Building and Planning, Manuskript, Kopenhagen 1976, S. 15.

17) Vgl. Landsplansekretariat (Hrsg.): Arealplanlaegning — status og problemstillinger, a.a.O.

18) Vgl. Miljøministeriet (Hrsg.): 1975 redegørelsen fra miljøministeren om landsplanlaegning, København 1975, S. 4 ff.; *Ekestam, H.:* Settlement system policy in Nordic countrys — goals and means, in: NordREFO, Information on Regional Policy and Regional Policy Research in Nordic Countries, 1978: 1, Stockholm 1978, S. 43.

19) Vgl. Miljøministeriet (Hrsg.): 1979 redegørelsen fra miljøministeren om landsplanlaegning, a.a.O., S. 6 f.

2. Abgeleitete Ziele zur räumlichen Entwicklung

Ausgehend von den übergeordneten Zielen, hat die dänische Regierung in ihren Landesplanungsberichten sehr deutlich gemacht, daß sie eine dezentrale kommunale und regionale Planung anstrebt, die das Bevölkerungswachstum in solche ländlichen Kommunen lenkt, die auch künftig groß genug sind, um die erforderlichen Dienstleistungen aufrecht zu erhalten. Weiterhin soll für die ländlichen Räume der Ausbau des Busverkehrs angestrebt werden. Darüber hinaus soll versucht werden, die Einzelhandelsgeschäfte in den Dörfern durch Vergrößerung ihres Sortiments und ihrer Dienstleistungen am Ort zu halten. Zur näheren Untersuchung dieser Fragen wurde eine Kleinstadtkommission eingesetzt, die die Ziele und Maßnahmen für die Zukunft untersuchen soll. In diesem Zusammenhang wurden auch häufig die Möglichkeiten einer Dezentralisierung von öffentlichen Einrichtungen samt ihres Personals diskutiert.

Größeres Gewicht mißt die Regierung auch der Frage der Verbesserung der Situation in den Städten bei, vor allem den Zielsetzungen der Stadterhaltung und Stadterneuerung in allen älteren Stadtteilen. Hier werden enge Zusammenhänge zwischen den Zielsetzungen des Umweltschutzministeriums, des Wohnungsbauministeriums und hinsichtlich der Beschäftigung zum Wirtschaftsminister gesehen.

Sehr intensiv wurden in den letzten Jahren auch die Fragen der Energieversorgung diskutiert, mit dem Ziel, Dänemarks Abhängigkeit von der Öleinfuhr zu mindern. Die Landesplanung ist hier aufgerufen, die Flächen für ein Hauptleitungsnetz für Erdgas zu sichern. Darüber hinaus soll geprüft werden, wie Überschußwärme der Kraftwerke in Verbindung mit neuen städtebaulichen Maßnahmen genutzt werden kann.

Die Regierung ist auch in großer Sorge wegen des wachsenden Flächenverbrauchs an landwirtschaftlicher Nutzfläche und will deshalb den landwirtschaftlichen Zielsetzungen im Rahmen der kommunalen und regionalen Planung höhere Priorität hinsichtlich sparsamen Flächenverbrauchs landwirtschaftlicher Nutzfläche geben. In diesem Zusammenhang sind auch die Ziele zu sehen, die sich mit der Frage der Sicherung von Rohstoffen- und Grundwasservorkommen beschäftigen. Beabsichtigt ist auch die Begrenzung der Nutzung der Flächen an den Küsten für Sommerhäuser und Ferienstädte. Darüber hinaus sollen wertvolle Landschaften vor Nutzungsänderungen geschützt und zum Nutzen der Bevölkerung, vor allem für Erholungszwecke, entwickelt werden. Im Hinblick auf die Verbesserung der Volksgesundheit beabsichtigt die dänische Regierung auch, die Sport- und Freizeitanlagen im ganzen Land auszubauen, wobei für die überörtliche Planung vor allem die Sport- und Freizeiteinrichtungen von besonderer Bedeutung sind, die größere Anlagen und Flächen beanspruchen, und die Zielsetzung zur Errichtung solcher Anlagen leicht mit anderen planerischen Zielen in Konflikt kommen kann.

Die wichtigsten Zielsetzungen zur räumlichen Entwicklung sollen, gemäß § 7 des Gesetzes zur Landes- und Regionalplanung von 1974, in den Regionalplänen enthalten sein, so etwa:

— die Verteilung der städtischen Entwicklung in den einzelnen Teilen der Provinzen, insbesondere unter Berücksichtigung der städtischen Zonen;

— die Zahl und Standorte für übergeordnete Zentren, größere Verkehrsanlagen und andere technische Anlagen sowie größerer öffentlicher Institutionen;

— die Standorte für Wohnungen, Betriebe etc., unter besonderer Berücksichtigung der Umweltaspekte;

— Flächen und Standorte für Agrarproduktion;

— Nutzungen an Flächen zur Abgrabung von Steinen und Erden und zur Nutzung anderer natürlicher Vorkommen in der Erde;

— Größe und Standorte für Sommerhäuser und für andere Freizeiteinrichtungen.

Über diese Fragen und Ziele geht das Gesetz über die Regionalplanung in der Hauptstadtregion hinaus. Es verlangt in § 2 Zielsetzungen im Regionalplan auch über:

— Stadterneuerung in den existierenden Stadtteilen;

— Verkehrsbedienung im Hauptstadtgebiet;

— Wasserver- und Wasserentsorgung im Verbandsgebiet;

— Krankenhausversorgung und Einrichtungen für rekreative Zwecke.

Der Regionalplan für Kopenhagen muß darüber hinaus Ziele, Richtlinien und zeitliche Vorstellungen für den Ausbau der Stadtzonen, die Stadterneuerung und die Durchführung der oben angeführten Zielsetzungen und Maßnahmen enthalten.

V. Planung, Planungsvollzug und Planungsinstrumente

1. Landesplanung und Fachplanung

In Dänemark gibt es neben der Landesplanung eine Vielzahl von Fachplanungen, sogenannte Sektorplanungen, für Verkehr, Krankenhäuser, Schulen etc., die versuchen, in ihren Bereichen in allen Landesteilen einen gewissen Ausrüstungsstandard zu erreichen. Alle diese Planungen benötigen Flächen, und es ist deshalb Aufgabe der Regionalplanung, die fachplanerischen Konsequenzen hinsichtlich der Flächennutzungen zu prüfen und — falls erforderlich — zu korrigieren. Die Regionalpläne sollen bindende Richtlinien für die Flächenverwendung und Flächennutzung in den Regionen aufstellen [20].

Besonders eng sind auch in Dänemark die Verbindungen zwischen der physischen und der ökonomischen Planung. Es ist unmöglich, langfristige planerische Zielsetzungen unabhängig von der ökonomischen Politik aufzustellen. Auch die regionale Wirtschaftspolitik bedarf der ständigen landesplanerischen Abstimmung. Auf allen Planungsebenen sind deshalb fortlaufend Abstimmungsprozesse erforderlich, besonders in Verbindung mit der mittelfristigen Finanzplanung. Hier ergeben sich allerdings wegen der unterschiedlichen zeitlichen Planungshorizonte größere Schwierigkeiten. Während die Wirtschafts- und Finanz-

---

[20] Vgl. Planstyrelsen (Hrsg.): Lands- og regionplanlovene, a.a.O., S. 16.

planung von mittelfristigen Überlegungen, wie etwa 4 bis 5 Jahren, ausgeht, legt die Landes- und Regionalplanung in ihren Überlegungen Fristen von 10 bis 15 Jahren zugrunde. Das Bindeglied zwischen den langfristigen ökonomischen und den mittelfristigen physischen Planungen sind deshalb in Dänemark die sogenannte Zeitfolge- oder Etappenplanungen [21].

Nach Auffassung der dänischen Parlamentarier ist, wie aus den Landesplanungsberichten hervorgeht, die Koordinierung der Fachplanungen eines der wichtigsten Planungsinstrumente für die Landesplanung [22]. Nur wenn das inhaltliche, zeitliche und ökonomische Zusammenspielen zwischen den Fachplanungen und der Landesplanung gesichert ist, können die Zielsetzungen der Landesplanung erreicht werden. Dies geht zumeist nur mit Hilfe der Koordinierung der übergeordneten Fachplanung, d. h. mit den längerfristigen Entwicklungs- und Ausbauplanungen der Fachressorts. Wichtigstes Instrument ist hier die Genehmigung des Regionalplanes. Bei den Genehmigungsverfahren werden die staatlichen Flächeninteressen gegenüber den regionalen Ansprüchen abgewogen.

Voraussetzungen für eine derartige Koordinierung der Planungen sind nach Auffassung des Umweltministeriums [23] a) eine so konkrete Landesplanung, daß sie zur Grundlage der Koordinierung gemacht werden kann, b) die frühzeitige, vollständige und laufende Information über angestrebte und eingeleitete Planungen, c) die gleichen Grundlagen, Annahmen und Voraussetzungen für alle Planungen, wie z. B. einheitliche Bevölkerungs- und Erwerbspersonenprognosen. Alle Planungen müssen darüber hinaus auf die übergeordneten landesentwicklungspolitischen Ziele, wie z. B. Dämpfung der Ausdehnung der großen Städte, ausgerichtet sein. Die dänische Regierung hat durch eine gegenseitige Abstimmungs- und Mitteilungspflicht erste Voraussetzungen für eine gute Zusammenarbeit zwischen allen horizontalen und vertikalen Planungsebenen geschaffen, die sich allerdings noch bewähren müssen.

Gerade in den letzten Jahren hat die Frage der Koordinierung öffentlicher Planungen besondere Aktualität erhalten. Die dänische Regierung setzte 1978 einen „Planungsinformationsausschuß" unter der Federführung des Finanzministers ein, der die Koordination der Fachplanungen unter besonderer Berücksichtigung von landesplanerischen Fragestellungen untersuchen soll. Ziel dieser Bestrebungen soll es sein, zwischen den Raumordnungsplänen, den Fachplänen und den wirtschaftlichen Mehrjahresplänen auf staatlicher, provinzieller und kommunaler Ebene eine Übereinstimmung hinsichtlich der planerischen Voraussetzungen und Zielsetzungen einerseits sowie der zeitlich koordinierten Durchführung der Planungen andererseits herbeizuführen. Aus diesem Grunde werden für Raumordnungspläne und für die Pläne der Fachressorts übereinstimmende Planungsinhalte und gleiche Zeiträume mit gleichem Zeithorizont angestrebt. Die Regierung beabsichtigt unter Umständen hierfür und für die gleichzeitig eventuell notwendig werdende generelle Überarbeitung aller Pläne eine gesetzliche Grundlage zu schaffen [24]. Derzeit erfolgt die staatliche Steuerung durch die Landesplanung lediglich über 1. verbindliche Planungserlasse der obersten Landesplanungsbehörde, 2. durch die Aufstellung verbindlicher Richtlinien für die Planung, 3. durch die Genehmigungsverfahren für die Regionalpläne sowie 4. über die Landesplanungsberichterstattung und deren Diskussion im Parlament.

2. Vollzug der Landes- und Regionalplanung

Mit der Regionalplanung wurde, wie aus Abb. 8 hervorgeht, im April 1974 begonnen. Die Erarbeitung der Regionalpläne, denen künftig wohl die größte Bedeutung im Rahmen der Landesplanung zukommt, verläuft in fünf Phasen, die hier kurz erläutert werden sollen [25]:

1. Phase:
Erarbeitung der kommunalen Vorschläge für den Regionalplan auf der Grundlage der Fachplanungen der Provinzen, die den Gemeinden bekanntgegeben wurden. Die Provinzialverwaltung holte sich auf der Grundlage der gesetzlichen Vorschriften zusätzliche Informationen von den Gemeinden und den staatlichen Behörden. Das Umweltministerium gab Hinweise und Richtlinien für regionale Planungsgrundlagen und Informationen über staatliche Fachplanungen.

2. Phase:
Erarbeitung alternativer Regionalplanentwürfe und dazugehöriger Erläuterungsberichte durch den Provinzialtag unter Beteiligung der Kommunen und der angrenzenden Amtskommunen/Provinzen.

3. Phase:
Öffentliche Diskussion auf der Grundlage der veröffentlichten Regionalplanentwürfe, die vom Provinzialtag gefördert werden und sechs Monate dauern sollen. Alle Bevölkerungskreise, Vereine, Institutionen etc. sollen Anregungen und Bedenken vorlegen, mit dem Ziel, den Regionalplan zu verbessern. Der Provinzialtag muß dafür umfangreiches Material für die Öffentlichkeitsarbeit zur Verfügung stellen. Diese Phase wurde 1978/79 abgeschlossen.

4. Phase:
Der Provinzialtag nimmt zu den Vorschlägen Stellung und erarbeitet unter nochmaliger Anhörung der Gemeinden und anderer Behörden den endgültigen Regionalplanentwurf, für dessen Aufstellung das Umweltministerium eine Richtlinie herausgegeben hat. Der Umfang der Überarbeitung hängt von der Zahl der Anregungen ab. Es ist beabsichtigt, die Regionalpläne für alle Provinzen des ganzen Landes bis zum Jahreswechsel 1979/80 fertig vorliegen zu haben. Dieses Ziel konnte erfüllt werden.

5. Phase:
Veröffentlichung, Versendung und Anerkennung bzw. Genehmigung des Regionalplanes durch den Staat. Der veröffentlichte Regionalplan muß allen Behörden zugesandt werden, die den Planentwurf bereits in der 3. Phase erhalten haben. Innerhalb von vier Monaten kann dazu Stellung genommen werden. Der Provinzialtag arbeitet diese Stellungnahmen eventuell in den Plan

---

21) Vgl. Miljøministeriet (Hrsg.): 1976 redegørelsen fra miljøministeren om landsplanlaegning, a.a.O., S. 14.

22) Vgl. Miljøministeriet (Hrsg.): 1975, 1976, 1977 redegørelsen fra miljøministeren om landsplanlaegning, a.a.O.

23) Vgl. Miljøministeriet (Hrsg.): 1976 redegørelsen fra miljøministeren om landsplanlaegning, a.a.O., S. 15.

24) Miljøministeriet (Hrsg.): 1979 redegørelsen fra miljøministeren om landsplanlaegning, a.a.O., S. 7.

25) Vgl. Planstyrelsen (Hrsg.): Lands- og regionplanlovene, a.a.O., S. 18–22.

Abb. 8
Phasen der Landes- und Regionalplanung in Dänemark

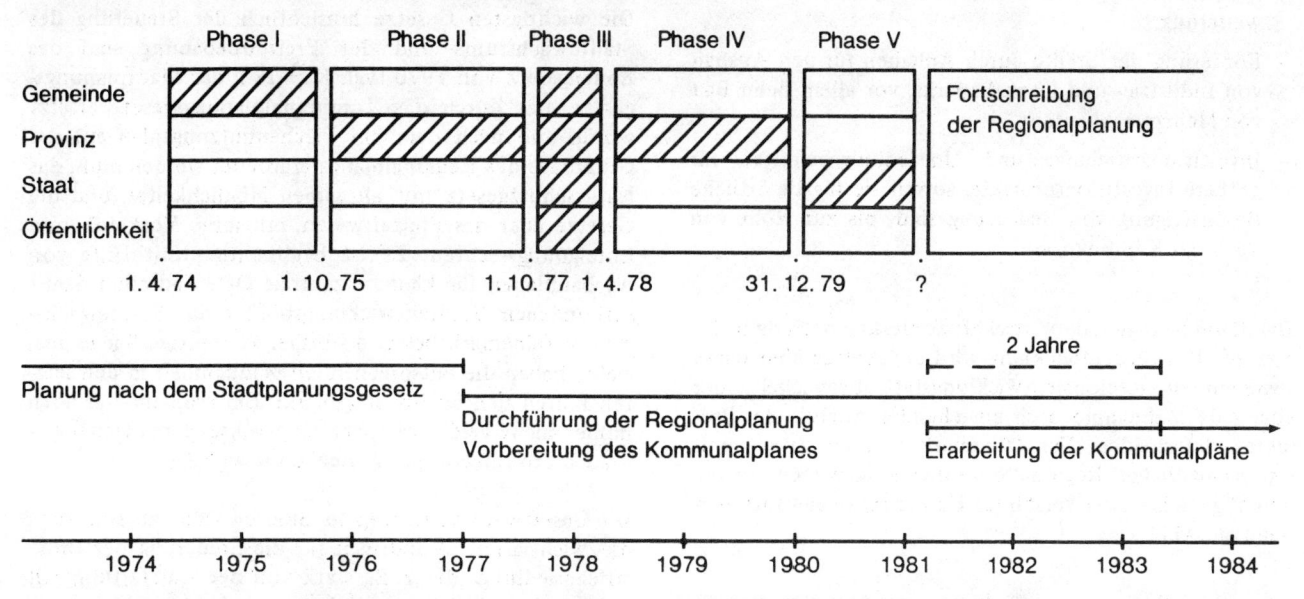

	Phase I	Phase II	Phase III	Phase IV	Phase V	
Gemeinde	▨		▨			Fortschreibung der Regionalplanung
Provinz		▨		▨		
Staat			▨		▨	
Öffentlichkeit			▨			

1. 4. 74   1. 10. 75   1. 10. 77   1. 4. 78   31. 12. 79   ?

Planung nach dem Stadtplanungsgesetz

Durchführung der Regionalplanung
Vorbereitung des Kommunalplanes

2 Jahre
Erarbeitung der Kommunalpläne

1974   1975   1976   1977   1978   1979   1980   1981   1982   1983   1984

ein und übersendet diese Stellungnahmen und den Regionalplan an den Umweltminister, der nach Anhörung der Fachressorts den Regionalplan oder Teile von ihm genehmigt. Erst nach der Anerkennung und Genehmigung durch den Umweltminister treten die Rechtswirkungen des Regionalplanes ein, d. h. er wird behördenverbindlich. Dieses Verfahren soll 1980/81 durchgeführt werden.

Im Mai 1978 hatten der Verband der Region Kopenhagen und die Provinz Bornholm bereits Regionalplanentwürfe erarbeitet. Das Umweltministerium hat beide Regionalpläne im März 1979 mit ergänzenden Bestimmungen genehmigt. Die übrigen 10 Provinzen haben ihre Regionalplanentwürfe beschlossen und veröffentlicht. Es ist zu erwarten, daß diese Regionalpläne bis Anfang 1981 vom Minister für Umweltschutz endgültig genehmigt werden [26].

3. Vollzug der Kommunalplanung

Auf der Grundlage der 1975 verabschiedeten und 1977 in Kraft getretenen Bestimmungen des Gemeindeplanungsgesetzes, haben die dänischen Kommunen — unter Nutzung von Übergangsbestimmungen — sofort mit der Ausarbeitung der neuen Flächennutzungsplanung begonnen. Das Umweltministerium hat 1976 erste Richtlinien für die Erstellung von Gemeindeplanungen erarbeitet und setzt die Ausarbeitungen derartiger Anleitungen weiter fort. Im Vordergrund stehen dabei Anweisungen für die Bearbeitung von sogenannten Lokal- oder Bebauungsplanungen und dabei wiederum in letzter Zeit Problemlösungsmöglichkeiten für die Förderung der Stadterhaltung und Stadterhaltungsplanungen [27]. Die Genehmigung zur Änderung bestehender gemeindlicher Planungen wurde an die Provinzialbehörden delegiert. Auf der Grundlage der Bestimmungen des Gemeindeplanungsgesetzes konnte bisher eine große Zahl von Bebauungsplänen erstellt werden, vor allem um die Fortführung der Bauarbeiten zu sichern. Die Gemeinden haben in letzter Zeit vor allem mit der Ausarbeitung der nach § 6 Gemeindeplanungsgesetz erforderlichen Darstellung der zu planenden kommunalen Hauptfragen und der Planungsmöglichkeiten begonnen. Diese müssen, wie bereits ausgeführt, zur Eröffnung der kommunalen Planungsdiskussion veröffentlicht werden. Derartige sogenannte § 6-Berichte sind bereits im Kopenhagener Gebiet und auf der Insel Bornholm, also in den Gebieten mit bereits genehmigten Regionalplänen, ausgearbeitet und veröffentlicht worden [28]. Die übrigen dänischen Gemeinden sind bei der Vorbereitung des § 6-Berichtes. Die Gemeindepläne sollen im übrigen eine Bestandsaufnahme, einen sogenannten Perspektivteil und einen Programmteil enthalten, der die konkreten Planungsmaßnahmen in der Planungsperiode aufführt. Für den Beginn der 80er Jahre ist in den dänischen Gemeinden eine umfassende Diskussion über die Kommunalplanung vorgesehen.

4. Regionalentwicklungsplanung und Regionalpolitik

Mit dem Gesetz zur Regionalentwicklung 1958 wurde in Dänemark eine Politik der Dezentralisierung eingeleitet, die das Wachstum der Hauptstadt Kopenhagen und der größeren Zentren stoppen und ein verstärktes industrielles Wachstum in den abgelegenen ländlichen Gebieten zur Entwicklung dieser Räume einleiten sollte. Mit Gesetzesänderungen in den Jahren 1962, 1967, 1969 und 1972 konnte das Instrumentarium der regionalen Wirtschaftsförderung ständig weiterentwickelt werden. 1979 galten folgende wichtige Förderungsbestimmungen [29]:

---

26) Laut freundlicher Mitteilung des Ministry of the Environment — National Agency for Physical Planning, Copenhagen, vom 10. März 1980.

27) Vgl. Miljøministeriet–Planstyrelsen (Hrsg.): Vejledning i Kommuneplanlaegning nr. 4 — Bevarende lokalplaner —, København K., Feb. 1979; Bevaringsplanlaegning, Kommuneplanorientering nr. 1, København K., Juni 1979; Lokalplanproceduren, Nyt fra planstyrelsen, nr. 8, Dezember 1979.

28) Laut freundlicher Mitteilung des Miljøministeriet — Planstyrelsen — vom 10. März 1980; vgl. *G. Gammelgaard*: Raumplanung in Dänemark, a.a.O., S. 256. f.

29) Vgl. Artikel „Gebietsentwicklung in Dänemark", Dänische Revue, Nr. 57 (1979), S. 3.

- Niedrig verzinsbare Darlehen für Industrie- und Dienstleistungsunternehmen mit bis zu 20-jähriger Laufzeit für Investitionen bei Niederlassung, Ausbau oder Erweiterung;
- Förderung der Städte durch Anleihen für den Ausbau von Industrie- und Gewerbeparks, vor allem beim Bau von Mehrzweckbauten;
- Investitionszuschüsse und Umsiedlungsbeihilfen für größere Investitionsprojekte, soweit sie für die örtliche Beschäftigung von Bedeutung sind, bis zur Höhe von 25 % der Kapitalkosten.

Die dänische regionale Wirtschaftsförderung nach dem Gesetz zur Regionalentwicklung wird auf Antrag über einen sogenannten Regionalentwicklungsrat abgewickelt, der über jede Maßnahme nach eingehender Analyse des Projektes entscheidet. Für Dänemark wurden Zonen mit unterschiedlicher Regionalförderung ausgewiesen, in denen allgemeine oder verstärkte Förderungen gewährt werden (vgl. Abb. 9).

Dies sind Regionen, von denen angenommen werden kann, daß ihre Förderung wesentlich mit zur bestmöglichen Erhöhung des Wohlergehens der Bevölkerung und damit auch zu einer gleichwertigen Landesentwicklung beiträgt. Insofern sind die Zielsetzungen des Gesetzes zur

Regionalentwicklung und die des Gesetzes zur Landes- und Regionalplanung weitgehend gleich. Da die Instrumente des Regionalentwicklungsgesetzes auf die Durchsetzung seiner Ziele ausgerichtet sind, wird somit auch die Durchsetzung der Ziele der Raumordnung durch die Wirtschaftsförderung mit unterstützt.

Große Teile der strukturschwachen Gebiete sind von der dänischen Regierung nach 1977 in die zuschußberechtigte räumliche Abgrenzung der Fördergebiete des Europäischen Fonds für regionale Entwicklung einbezogen worden (vgl. Abb. 10). Für jedes dieser vier Gebiete ist in Zusammenarbeit zwischen den betroffenen Amtsbezirken, der Landesplanungsbehörde des Umweltministeriums und der EG-Direktion Regionalentwicklung ein regionales Entwicklungsprogramm ausgearbeitet worden. Diese regionalen Entwicklungsprogramme haben nur vorläufigen Charakter, weil die Regionalpläne – mit Ausnahme von Bornholm – für diese Räume noch nicht genehmigt worden sind. Sobald die in den letzten Jahren ausgearbeiteten Regionalpläne vom Umweltministerium genehmigt worden sind, müssen die regionalen Entwicklungsprogramme den Zielen der Regionalplanung angepaßt werden [30]. Die

Fördermittel im Rahmen der dänischen Quote sollen 1978–80 etwa zu 80 % für Grönland verwendet werden. Der Rest wird in erster Linie der Förderung gewerblicher Investitionen dienen.

Tatsächlich hat sich die Regionalförderung in den letzten Jahren positiv im Hinblick auf einen weiteren Abbau der allzu großen Entwicklungsunterschiede ausgewirkt [31]. Die Wirtschaftsförderungszonen haben, wie dies aus den Landesentwicklungsberichten hervorgeht, in den letzten Jahren ein relativ hohes Bevölkerungswachstum und eine gute Arbeitsplatzentwicklung gehabt.

5. Sonstige ausgewählte Instrumente der räumlichen Planung [32]

Die wichtigsten Gesetze hinsichtlich der Steuerung des Städtewachstums und der Freizeitbebauung sind das Zonengesetz von 1970 (vgl. Kap. IV), das Stadtplanungsgesetz, das ,durch das Kommunalplanungsgesetz ersetzt wurde und nach dem ein Flächennutzungsplan auf der Grundlage des Regionalplanes erarbeitet werden muß, das Naturschutzgesetz mit all seinen Möglichkeiten und die Gesetze über das Freizeitwesen, mit ihren Vorkaufs- und Enteignungsrechten. Es ist beabsichtigt, mit Hilfe von Ausbauplänen für kleinere zentrale Orte und einer damit verbundenen Stadtentwicklungspolitik das Städtewachstum in Dänemark besser als bisher zu steuern. Wie es aussieht, haben die entsprechenden Maßnahmen in den letzten Jahren sich positiv ausgewirkt. Ein Problem, das noch immer nicht gelöst ist, liegt im wachsenden Flächenverbrauch pro Einwohner für Bebauungszwecke.

Die Gesetze zur Steuerung des Städtewachstums sind auch die wichtigsten Grundlagen für die Steuerung der Industrieansiedlung, die z. B. stark von der Ausstattung mit Infrastruktureinrichtungen abhängt (vgl. Abb. 11).

Von besonderer Bedeutung ist hierbei jedoch zusätzlich das Gesetz über den Umweltschutz, das ein besonderes Standortgutachten und eine Unbedenklichkeitserklärung hinsichtlich der Umweltbelastung von Seiten der Provinz erfordert. Die Provinz kann ihre Zustimmung zur Ansiedlung auch mit Hilfe des Zonengesetzes verweigern, wenn der Betrieb nicht in die natürliche und wirtschaftliche Landschaft paßt. Diese Bestimmungen sind auch im engen Zusammenhang mit den regionalpolitischen Steuerungsinstrumenten, wie z. B. der Förderung der Industrieansiedlung, Umschulung von Arbeitskräften etc. zu sehen [33].

Mit Hilfe der oben angeführten Gesetze können auch die Verkehrsplanung in die landesplanerisch erforderliche Richtung gesteuert und Flächen zum Ausbau der Verkehrswege auf die verschiedenste Art und Weise gesichert werden (vgl. Abb. 12).

Für die Anlage von Flugplätzen, Kraftwerken und Ölraffinerien ist, wie auch bei Industrieanlagen, die Umweltschutzgesetzgebung in Verbindung mit dem Naturschutzgesetz von großer Bedeutung. In diesem Zusammenhang muß auch darauf hingewiesen werden, daß landwirtschaftlich und forstwirtschaftlich genutzte oder nutzbare Flächen in Dänemark ganz besonderen Schutz genießen (vgl. Abb. 13).

---

30) Vgl. Komission der Europäischen Gemeinschaften (Hrsg.): Regionale Entwicklungsprogramme Dänemark, Sammlung Programme, Reihe Regionalpolitik Nr. 12, Brüssel 1978, Luxemburg 1979, S. 7 f.

31) Vgl. Miljøministeriet (Hrsg.): 1978 redegørelsen fra miljøministeren om landsplanlaegning, a.a.O., S. 9–11.

32) Vgl. hierzu Landsplansekretariatet (Hrsg.): Arealplanlaegning – status og problemstillinger, a.a.O., S. 61 f., 74 f., 89 f., 124 f.

33) Vgl. Miljøministeriet (Hrsg.): 1977 redegørelsen fra miljøministeren om landsplanlaegning, a.a.O., S. 10 f.

Abb. 9
Zonen regionaler Wirtschaftsförderung in Dänemark

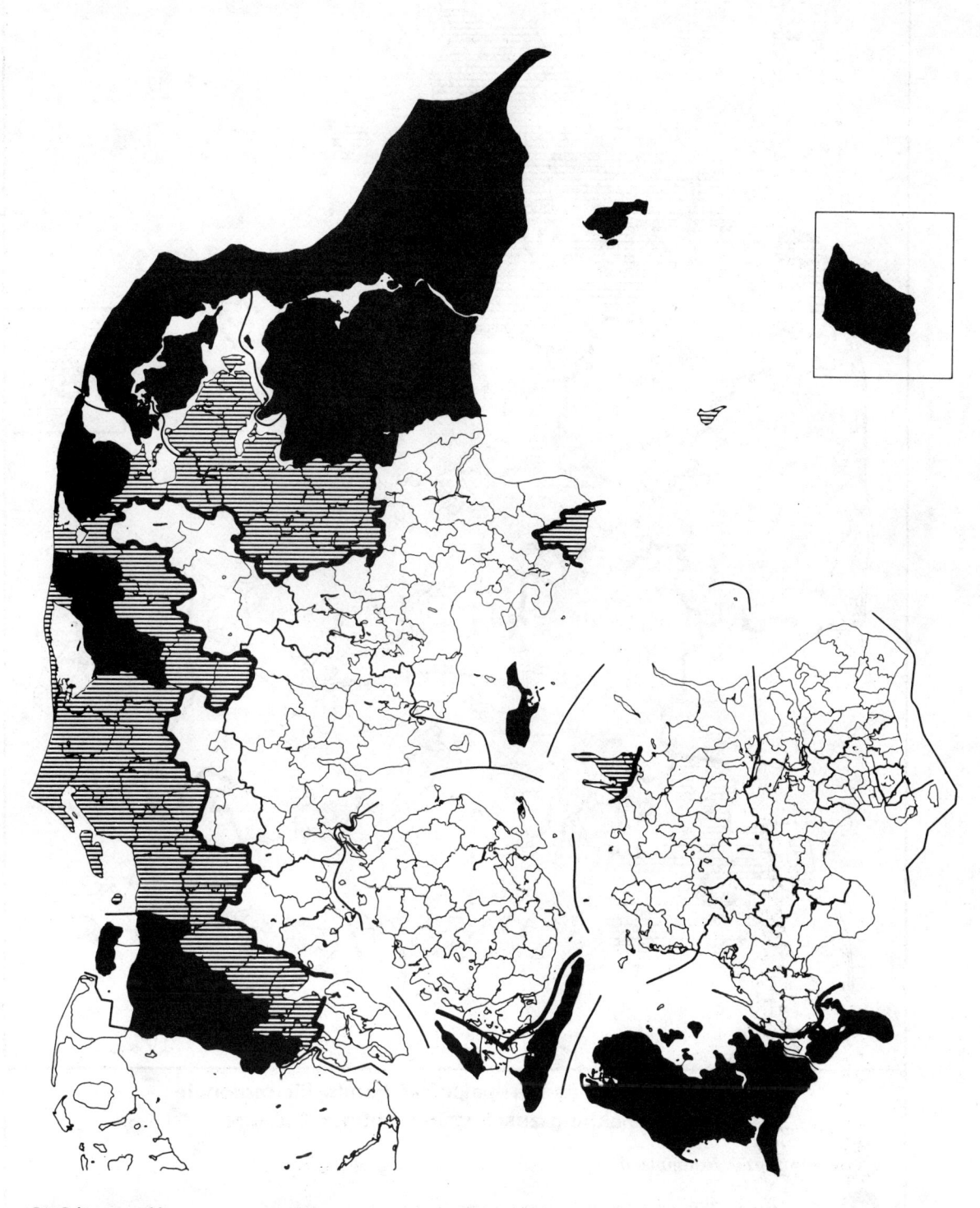

Die Gebietsentwicklungszonen am 1.1.1979
 Zonen mit allgemeiner Unterstützung
 Zonen mit verstärkter Unterstützung

Quelle: Artikel »Gebietsentwicklung in Dänemark«, Dänische Revue, Nr. 57 (1979), S. 1.

Abb. 10
Fördergebiete der EG-Regionalpolitik in Dänemark

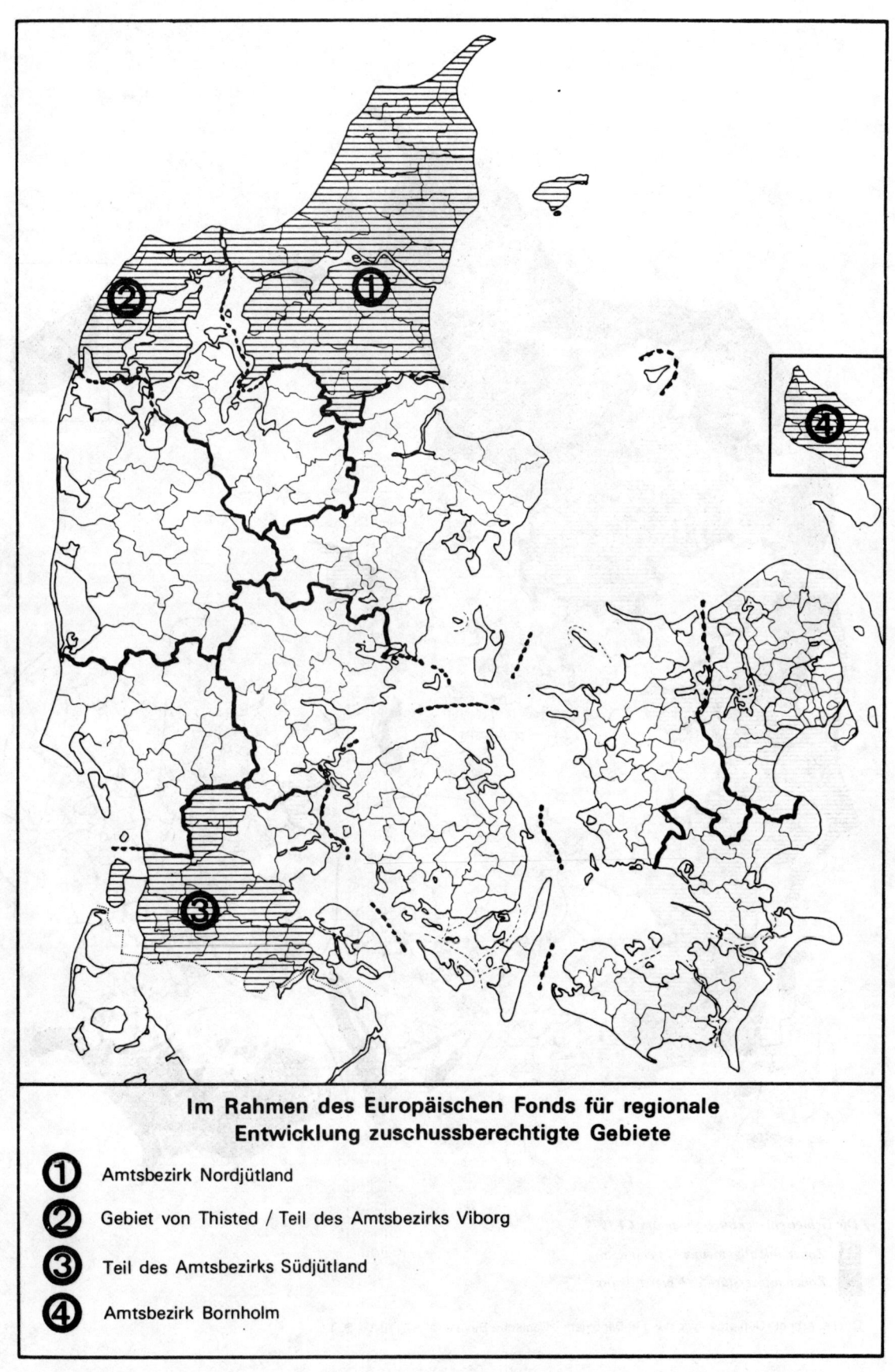

Im Rahmen des Europäischen Fonds für regionale Entwicklung zuschussberechtigte Gebiete

① Amtsbezirk Nordjütland

② Gebiet von Thisted / Teil des Amtsbezirks Viborg

③ Teil des Amtsbezirks Südjütland

④ Amtsbezirk Bornholm

Quelle: Kommission der Europäischen Gemeinschaften (Hrsg.): Regionale Entwicklungsprogramme Dänemark, a.a.O., S. 5.

Abb. 11
Bedeutende regionale Infrastrukturausstattungen 1973/74 in Dänemark

Krankenhaus mit mindestens zwei Abteilungen 1974

Gymnasien bzw. Abiturkurse 1974

Größere Textil-, Möbel- und Haushaltsgeschäfte für den Verbrauch von mehr als 10.000 Ew.

Größere Verkehrszentren 1973/74 (mindestens 6 Busse, Eisenbahnlinie mit Ortsverkehr, örtliche Fährverbindungen)

Quelle: Landsplansekretariatet (Hrsg.): Arealplanlaegning - status og problemstillinger, a.a.O., S. 45.

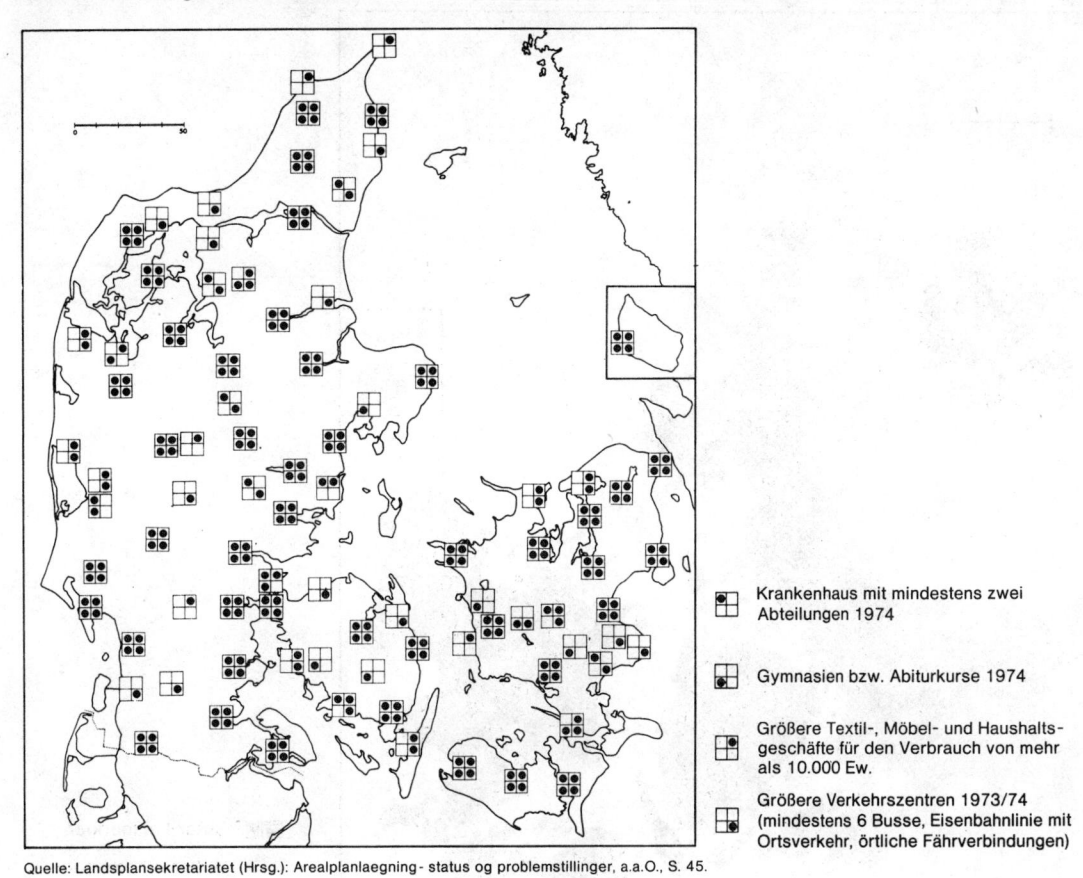

Abb. 12
Staatliches Wegenetz und Wegeplanung nach dem Straßenausbaugesetz von 1972 in Dänemark

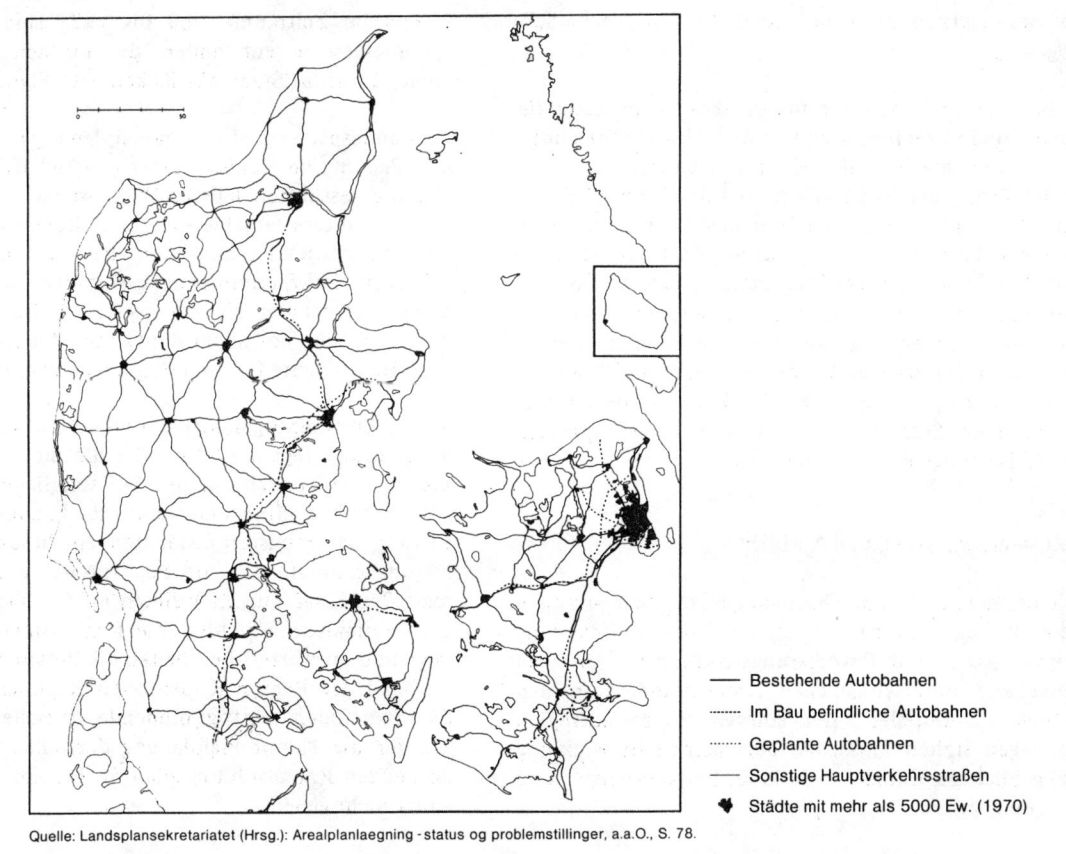

— Bestehende Autobahnen
---- Im Bau befindliche Autobahnen
...... Geplante Autobahnen
— Sonstige Hauptverkehrsstraßen
● Städte mit mehr als 5000 Ew. (1970)

Quelle: Landsplansekretariatet (Hrsg.): Arealplanlaegning - status og problemstillinger, a.a.O., S. 78.

Abb. 13
Bodengütekarte für Dänemark

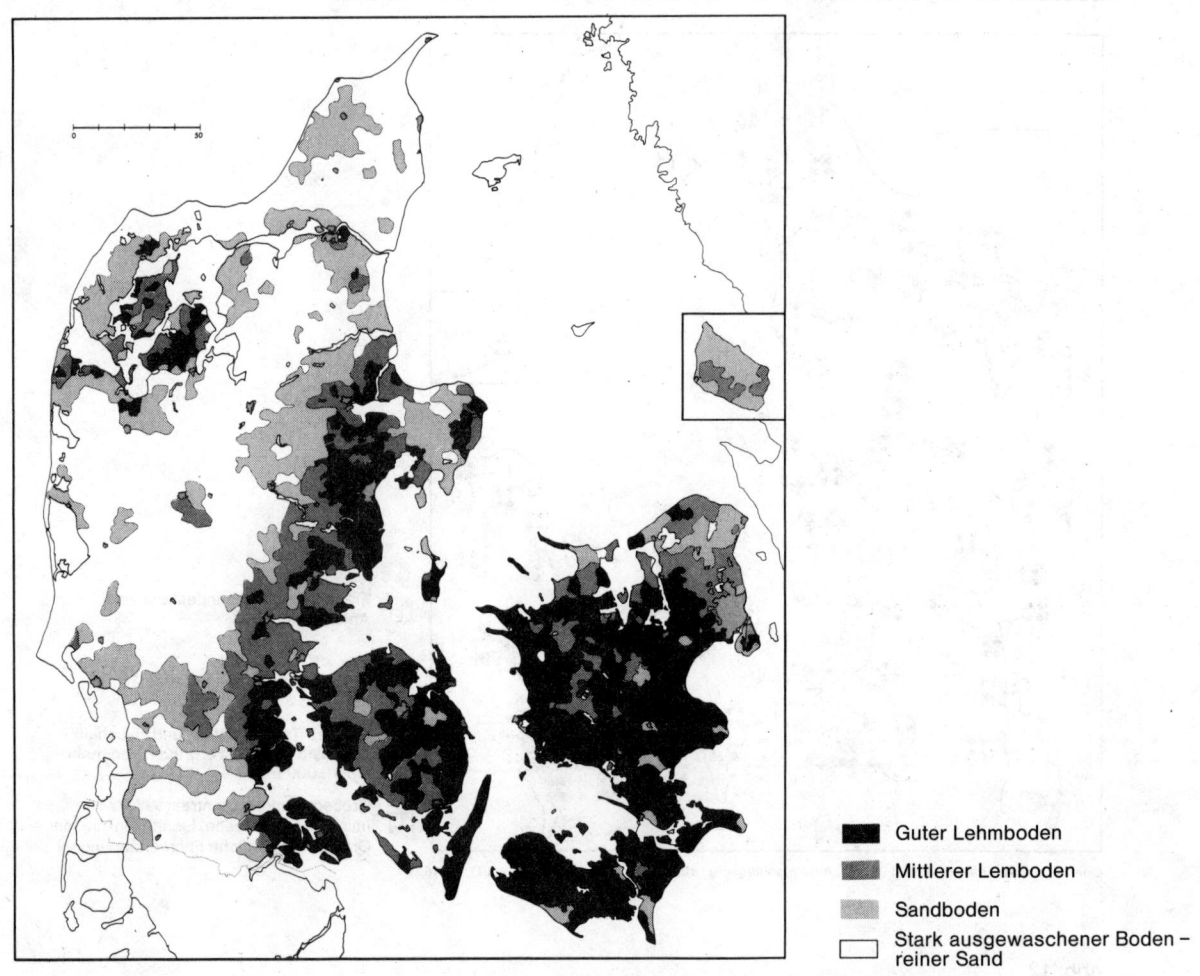

- ■ Guter Lehmboden
- ▨ Mittlerer Lemboden
- ▒ Sandboden
- □ Stark ausgewaschener Boden – reiner Sand

Quelle: Landsplansekretariatet (Hrsg.): Arealplanlaegning - status og problemstillinger, a.a.O., S. 103.

Diese Besonderheit muß die räumliche Planung berücksichtigen.

Von besonderer Bedeutung für die Flächennutzung für Freizeit- und Erholungszwecke sind das Naturschutzgesetz, das Gesetz über den Kauf von Grundstücken für Freizeitzwecke, das Zonengesetz und das Umweltschutzgesetz. Auch hier sollen die Regional- und Kommunalpläne Grundlagen für die Ausweisung von Freizeitflächen bieten. Das Landesplanungssekretariat ist der Auffassung, daß für Freizeitzwecke – wie auch für andere Fachplanungen – landesdeckende Fachpläne ausgearbeitet werden sollen. Mit Hilfe solcher Fachpläne kann die Regional- und Kommunalplanung klare Richtlinien festlegen und Flächennutzungsplanungen im Sinne der landesplanerischen Zielsetzungen ausarbeiten.

VI. Zusammenfassung und Ausblick

1. Die besonderen Rahmenbedingungen für die Planung in Dänemark liegen in der unterschiedlichen Entwicklung der Wirtschafts- und Bevölkerungsstruktur und in dem entsprechend unterschiedlichen Lebensstandard in den einzelnen Landesteilen. Der starken Hauptstadtregion Kopenhagen stehen hinter der allgemeinen Entwicklung zurückgebliebene Gebiete in Jütland, Lolland-Falster und Bornholm gegenüber.

2. Erst im Zeitraum 1969 bis 1975 sind in Dänemark Planungsgesetze entstanden, die auf den Ebenen Kommune, Provinz, Staat ein lückenloses Planungssystem für die Landesplanung, die Regionalplanung und die Kommunale Planung im Rahmen einer gesellschaftlichen Gesamtplanung geschaffen haben. Noch ist nicht abzusehen, ob und wie dieses Gesetzessystem weiterentwickelt werden muß. Bereits jetzt schon kann aber die dänische Kommunalreform im Zusammenhang mit der Revision der Planungsgesetzgebung als ein geglücktes Experiment angesehen werden. Vor allem die Gemeinden haben wirkungsvolle Instrumente für die kommunale Planung bekommen.

3. Die Planungsorganisation unter Führung des Umweltministeriums fügt sich voll in die allgemeine staatliche und kommunale Verwaltung ein. Auf staatlicher Ebene wurde z. B. mit dem Ministerausschuß für Landesplanung unter Leitung des Ministerpräsidenten ein besonderes Koordinierungsgremium für die Fachressorts geschaffen. Während der Staat nur Richtlinien erläßt, über Planung vor dem Parlament berichtet, die Regionalplanungen genehmigt und auswertet, bearbeiten die Provinzialtage und der Verband der Region Kopenhagen Regionalpläne, die für die Gemeinden künftig bindende Entscheidungsgrundlagen für die Kommunalplanung darstellen. Einen landesdeckenden Raumordnungsplan für Dänemark wird es vorläufig nicht geben.

4. Die Ziele der Landesplanung werden streng im Zusammenhang mit den gesellschaftspolitischen Zielen des Wachstums, der Vollbeschäftigung, des Umweltschutzes und der Verbesserung der Lebensqualität gesehen. Für die physische und ökonomische Planung, die es mit anderen Fachressorts zu koordinieren und zu verzahnen gilt, bedeutet dies vor allem eine Einschränkung des Wachstums der großen Städte und die Förderung einer Politik zur Entwicklung der kleinen Zentren in ländlichen Gebieten. Spezifische Ziele für die räumliche Entwicklung, die auch mit anderen Fachplanungen koordiniert werden müssen, sollen in den Regionalplänen und Bauleitplänen – den gesetzlichen Vorschriften entsprechend – konkretisiert werden.

5. Die Konkretisierung der Planungsziele in den Regionalplänen ist nach Auffassung des dänischen Parlaments und der Regierung wichtigstes Planungs- und Koordinierungsinstrument für die Landesplanung gegenüber den Fachplanungen. Für diese Koordinierung wurden wichtige Voraussetzungen und Abstimmungsmechanismen zwischen den Ressorts geschaffen. Sie sollen nach Prüfung eventuell noch verbessert werden.

Der Vollzug der Regionalplanung als bedeutendes Koordinierungs- und Steuerungsinstrument erfolgt in Dänemark in den Jahren 1974 bis 1980/81 in fünf Phasen, von denen inzwischen die vierte Phase abgeschlossen und die fünfte Phase eingeleitet worden ist. Erst wenn die Regionalpläne in enger Zusammenarbeit mit den Kommunen, anderen Behörden und der Bevölkerung aufgestellt und vom Umweltministerium anerkannt worden sind, erhalten sie rechtliche Bindungswirkungen gegenüber den Behörden und gegenüber den Gemeinden, die derzeit in der Mehrzahl mit Hilfe von Planungsberichten ihre Kommunalplanungen nach dem Kommunalplanungsgesetz vorbereiten.

6. Die Kommunalplanung soll vor allem die Lebensqualität in den Gemeinden erhöhen. Zu diesem Zweck soll die Flächennutzung vor allem unter ökonomischen, ökologischen und sonstigen Umweltgesichtspunkten durchgeführt werden. Umfassende Bestandsaufnahmen, über die vorab zu berichten ist, politische Zielsetzungen und Perspektiven sowie ein Programm für konkrete Maßnahmen für die Planungsperiode müssen künftig Bestandteil der Kommunalplanungen sein. Aus den Planungen für die konkreten Maßnahmen werden dann die Bebauungspläne entwickelt. Die Gemeinden müssen bei ihren Planungen die vom Staat gesetzlich fixierten Rahmenbedingungen, wie z. B. das „Stadt- und Landzonengesetz", und die Ziele der Regionalplanung beachten. Ansonsten haben sie die volle Planungshoheit, müssen aber die Öffentlichkeit sehr intensiv an der Planung beteiligen.

7. Wichtige Bedeutung hat in den letzten beiden Jahrzehnten die regionale Wirtschaftsförderung erhalten. Da sie zum Teil gleiche Ziele wie die Raumordnung und die Landesplanung verfolgt, ist sie gleichzeitig wichtiges Instrument und Steuerungsmittel der Landesplanung. Als solches hat sie vor allem im letzten Jahrzehnt mit zur Verminderung der Konzentration in den Großstadtregionen und gleichzeitig mit zum Ausbau der strukturschwachen Zonen beigetragen.

8. Über diese landesplanerischen und wirtschaftspolitischen Möglichkeiten hinaus gibt es noch eine Vielzahl von gesetzlichen Einwirkungs- und Steuerungsmöglichkeiten auf die Flächendisposition und die wirtschaftliche Entwicklung in den einzelnen Landesteilen. All diese Möglichkeiten der Fachplanungen sollen künftig nach Fertigstellung und Genehmigung der Regionalpläne über die Landes- und Regionalplanung zum Wohle der Bürger und des Landes koordiniert werden können. Landes- und Regionalplanung wird in Dänemark unter ständiger Beteiligung der Bevölkerung als laufender Prozeß verstanden.

Raumordnung durch Regionalpolitik und Raumplanung im Planungssystem Schwedens

von

Viktor Frhr. von Malchus

INHALT

I. Planerische Rahmenbedingungen
   1. Natürliche Bedingungen und Bevölkerungsverteilung
   2. Wirtschaftliche Entwicklung und Standorte
   3. Staatliche und kommunale Verwaltung

II. Historische Ansätze der Regionalpolitik und Raumplanung
   1. Von der Inneren Kolonisation zur Wohlfahrtspolitik
   2. Von der Beschäftigungspolitik zur aktiven Siedlungspolitik der Regionalplanung '67
   3. Auf dem Wege zu einer Raumordnung

III. Leitbilder, Träger und Organisation der räumlichen Planungen
   1. Reichsebene
   2. Regionalebene (Staatliche Bezirksverwaltung/Bezirkskommunale Verwaltung)
   3. Kommunale Ebene (Primärgemeinden)

IV. Ziele und Instrumentarien ausgewählter räumlicher Planungen
   1. Wirtschafts- und Finanzplanung
   2. Regionalplanung und Regionalpolitik
   3. Raumplanung (physische Planung)

V. Kurze Zusammenfassung und Ausblick

I. Planerische Rahmenbedingungen

1. Natürliche Bedingungen und Bevölkerungsverteilung

Schweden erstreckt sich über eine Entfernung von 1.574 km von Norden nach Süden, wobei Norrland (Nordschweden) bis in den Polarkreis hineinreicht und Götaland (Südschweden) mit Schonen schon einen Anteil an den Regionen des mitteleuropäischen Laubwaldes hat. Dies unterscheidet auch Schweden von seinen Nachbarländern Finnland und Norwegen. Durch Golfstrom und Westwinde abgemildertes kontinentales Klima begünstigt, erschweren trotzdem schwierige Topographie in West- und Nordschweden sowie verkehrsferne Lagen seit jeher die Entwicklung vieler Landesteile [1].

Schweden ist dem Umfang nach das viertgrößte Land in Europa (450.000 qkm), also etwa doppelt so groß wie die Bundesrepublik Deutschland, hat eine sehr niedrige Bevölkerungsdichte von etwa 20 Ew/qkm (1977) und eine sehr einseitige Bevölkerungsverteilung, d. h. die Bevölkerungsdichte beträgt in der Provinz Norbotten 2 Einwohner/qkm und in der Provinz Malmöhus etwa 150 Einwohner/qkm. In Mittel- und Südschweden wohnten 1977 etwa 85 % der 8,24 Mio Einwohner umfassenden Bevölkerung auf etwa 40 % der Landesfläche. In der Stockholmer Region allein wohnten etwa 20 % der Landesbevölkerung.

Seit 1940 ist die Bevölkerungszahl in Schweden um etwa 2 Mio gestiegen; 800.000 Neubürger waren Einwanderer. Bis 1990 soll die Bevölkerung Schwedens bis auf 8,35 Mio

Abb. 1: Bevölkerungsdichte und Flächennutzung in Schweden 1975

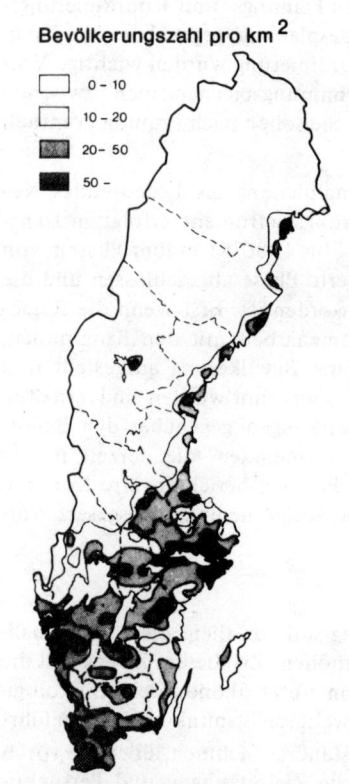

Bevölkerungszahl pro km^2
- 0 – 10
- 10 – 20
- 20 – 50
- 50 –

Bevölkerungsdichte in Schweden

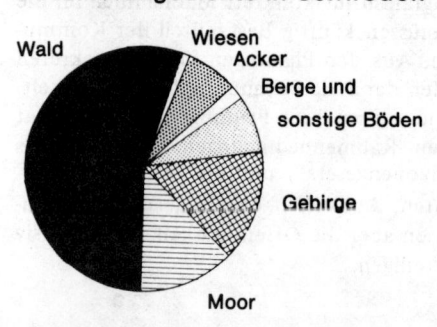

Wald, Wiesen, Acker, Berge und sonstige Böden, Gebirge, Moor

Flächennutzung in Schweden

Quelle: Bostadsdepartementet Statens Planverk, Stockholm 1979, S. 5.

---

[1] Vgl. Schwedisches Institut (Hrsg.): Informationsblatt „Schweden", Tatsachen über Schweden, o.O., Juni 1977; Informationsblatt „Umweltschutz in Schweden", o.O., November 1978.

Einwohner anwachsen und bis zum Jahre 2.000 wieder auf etwa 8,27 Mio Einwohner zurückgehen. Der bisherige Bevölkerungszuwachs erfolgte vorwiegend — verstärkt durch die großen Nord-Süd-Wanderungen — in den südlichen Teilen Schwedens. Allein in den Agglomerationsbereichen der drei Großstädte Stockholm (665.000 Ew), Göteborg (445.000 Ew) und Malmö (245.000 Ew) lebten 1977 knapp 2,5 Mill. Menschen, d. h. ungefähr 30 % der Gesamtbevölkerung.

Während um die Jahrhundertwende etwa 30 % der Bevölkerung in städtischen Gebieten wohnten, waren es bis 1970 etwa 75 % und bis zum Jahre 2.000 werden es voraussichtlich insgesamt 90 % sein. Von 1970 bis 1977 hat die Bevölkerungszahl, vor allem in den Gebirgs- und Waldgebieten Schwedens, abgenommen. Die übrigen Räume haben einen Bevölkerungszuwachs zu verzeichnen. Damit hat sich die Entwicklung der letzten 80 Jahre weiterhin fortgesetzt (vgl. Abb. 2), d. h. die Bevölkerung in den ländlichen Räumen ist sehr zurückgegangen, in den städtischen Gebieten hingegen stark angewachsen [2]. Schweden hat trotz dieser Verdichtungstendenz und der vielen kleinen Agglomerationen international gesehen keine größeren Städte. Die Verdichtungsstruktur ist sehr kleinmaschig, die Siedlungsstruktur des ländlichen Raumes in der Regel eine Streusiedlung. Der überwiegende Teil Schwedens besteht aus Wald- und Gebirgsflächen (vgl. Abb. 1).

2. Wirtschaftliche Entwicklung und Industriestandorte

Um die Rolle der Entwicklung der Planung in Schweden verstehen zu können, muß man sich darüber klar sein, daß Schweden erst relativ spät wirtschaftlich entwickelt worden ist. Seit 1814 ist Schweden in keinen Krieg verwickelt worden und hat an einer strengen Neutralitätspolitik festgehalten. Noch Mitte des 19. Jahrhunderts gehörte Schweden in peripherer Lage zu den ärmsten Ländern Europas. Die Auswanderung von etwa 1 Mill. Menschen nach Nordamerika und die Urbarmachung von Ödland sowie die erst relativ spät einsetzende Industrialisierung brachten den ersten Aufschwung. Die Industrialisierung gründete sich auf die großen Naturressourcen, wie z. B. auf die umfangreichen Erzvorkommen, die ausgedehnten Wälder und die natürliche Wasserkraft. Auf dieser Grundlage entwickelt sich vor allem die Metallindustrie mit dem Schwergewicht auf der Stahlindustrie und die Holzindustrie mit dem Schwergewicht auf der Papierindustrie. Diese Industriezweige nehmen noch heute vor der Nahrungsmittelindustrie und der Chemie führende Positionen ein.

Die Entwicklung der Erwerbsbevölkerung in Schweden von 1900 bis 1975 nach Wirtschaftsbereichen hat einen starken Wandel durchgemacht (vgl. Abb. 3).

Der Anteil der in der Land- und Forstwirtschaft Beschäftigten ging von 55 % (1900) auf 7 % (1975) zurück, der Anteil des Dienstleistungsbereiches stieg im gleichen Zeitraum von 17 % auf 56 % an, der des produzierenden Gewerbes hingegen nur von 28 % auf 38 %.

Die wichtigsten Industriestandorte Schwedens konzentrieren sich auf Mittelschweden, Schonen und die Küstenbereiche. Besonders hervorzuheben sind die Agglomerationen Stockholm mit etwa 130.000, Göteborg mit etwa

Abb. 2: **Bevölkerungsentwicklung in Schweden 1900 – 1975 in städtischen Gebieten und ländlichen Räumen**

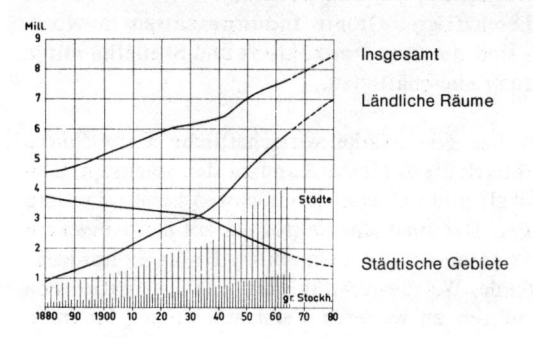

Abb. 3: **Entwicklung der Erwerbsbevölkerung in Schweden von 1900 – 1975 nach Wirtschaftsbereichen**

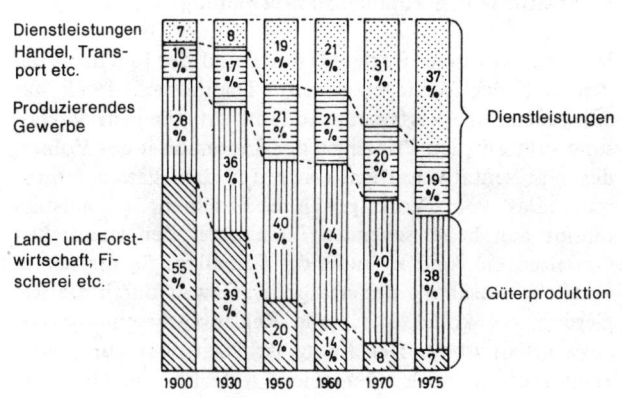

Quelle: *S. Godlund:* Reginalpolitik som idé och realitet, a.a.O., S. 32.

Abb. 4: **Anteil des öffentlichen Sektors am Brutto-Nationalprodukt (BNP) in %.**

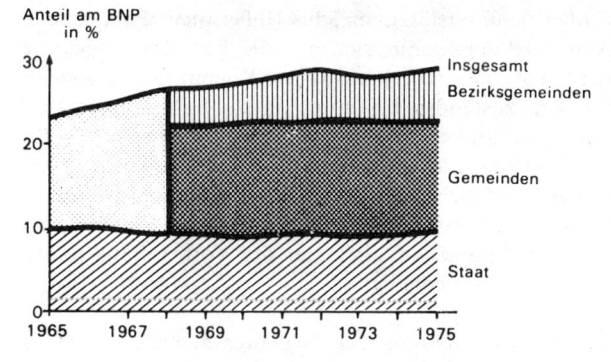

Quelle: „Statistik årsbok för landsting, LF 1977"

---

[2] Vgl. *Godlund, S.:* Regionalpolitik som idé och realitet. In: Att forma regional framtid. En rapport från Expertgruppen för regional utredningsverksamhet (ERU), Stockholm 1978, S. 32; *Forbat, F.:* Artikel „Schweden", Handwörterbuch der Raumforschung und Raumordnung, 2. Auflage, Bd. III, Hannover 1970, Sp. 2829 f.; Nordiska ministerrådet (Hrsg.): Nordisk forskning om regionalpolitik i omvandling, NU A 1978: 12, Stockholm 1978, S. 37–43.

90.000 und Malmö mit ca. 60.000 Industriebeschäftigten. Daneben haben die Zentren Västerås Eskilstuna, Jonköping, Gävle, Uppsala und Södertälje mehr als 10.000 Industriebeschäftigte. Größte Industriezentren in Nordschweden sind die Orte Örnsköldsvik und Skellefhå mit je 9.000 Industriebeschäftigten.

Schweden hat eine starke wirtschaftliche Entwicklung mitgemacht. Heute zählt das Land zu den reichsten Ländern der Welt und hat wohl den höchsten Lebensstandard aller Länder. Der staatliche Sektor umfaßt heute etwa ein Drittel des gesamten Arbeitsmarktes. Hohes Lohnniveau und sinkende Wettbewerbsfähigkeit auf internationalen Märkten führen zu weiteren Verstaatlichungen im industriellen Bereich, woraus sich ein wachsender Anteil des öffentlichen Sektors und steigender Bedarf für staatliche Planungstätigkeit ergibt (vgl. Abb. 4).

3. Staatliche und kommunale Verwaltung

Die demokratische Regierungsform und der Reichstag haben seit der Wikingerzeit alte Traditionen. 1975 hat Schweden seine Verfassung modernisiert. Die neue Verfassung fußt auf den Prinzipien der Souveränität des Volkes, der repräsentativen Demokratie und dem Parlamentarismus. Das vom Volk gewählte Parlament (Reichstag) nimmt den beherrschenden Platz unter den staatlichen Gewalten ein, und es bildet die Grundlage für die demokratische Ausübung der staatlichen Gewalt durch die Regierung, die kollektiv für alle Regierungsbeschlüsse verantwortlich ist [3]. Der König ist Staatsoberhaupt, vollzieht aber nur noch zeremonielle Aufgaben und übt keine politische Macht aus. Diese liegt bei der Regierung, die aus dem Ministerpräsidenten, 14 Fachministern, darunter auch der Minister für „Wohnungswesen und Raumordnung", und 5 Ministern ohne Geschäftsbereich besteht.

Die Ministerien sind relativ kleine Behörden, die lediglich Regierungstätigkeit ausüben. Bei der Vorbereitung von gesetzgeberischen oder anderen Maßnahmen der Regierung werden sie unterstützt von 5 bis 10 Personen umfassenden „Untersuchungskommissionen", die von der Regierung berufen werden. Die Berichte der Kommissionen werden von dem zuständigen Ministerium zur Anhörung an Verwaltungen und nichtstaatliche Organisationen versandt. Zurückkommende Anregungen und Bedenken werden soweit wie möglich in die Regierungsvorlagen eingearbeitet und dem Reichstag vorgelegt. Durch dieses Verfahren ist auch die Opposition direkt an der Vorbereitung politischer Beschlüsse beteiligt.

Für die Durchführung der Regierungsbeschlüsse sind in Schweden die unter Aufsicht der Fachminister stehenden 80 „zentralen Verwaltungsbehörden" zuständig, die jedoch nur dem Kabinett gegenüber weisungsgebunden sind. Sie sind zur direkten Zusammenarbeit untereinander verpflichtet und erarbeiten auf der Grundlage ihrer praktischen Erfahrungen Verbesserungsvorschläge zu vom Reichstag erlassenen Gesetzen und Verordnungen. Die Verbesserungsvorschläge werden auf die gleiche Weise wie die Berichte der Untersuchungskommission zur Einsicht und schriftlichen Stellungnahme verbreitet und danach dem Reichstag zur Beschlußfassung vorgelegt, der die Angelegenheiten in Ausschüssen behandelt und in Plenarsitzungen darüber entscheidet. Die Tätigkeit der zentralen Verwaltungsbehörden wird durch die staatliche Provinzialverwaltung oder Bezirksverwaltung unterstützt, die in jedem „Län" (Provinz/Regierungsbezirk) Ämter, Fachausschüsse und untergeordnete örtliche Organe unterhält.

Seit dem 17. Jahrhundert ist Schweden in 24 Provinzen/Regierungsbezirke eingeteilt, worunter derzeit Stockholm mit 1,5 Mill. Ew die größte und Gotland mit ca. 55.000 Ew die kleinste Provinz ist. Das Gebiet der Provinz ist die räumliche Grundlage sowohl für eine staatliche Bezirksverwaltung als auch für eine regionale kommunale Selbstverwaltung durch die Bezirksgemeinde. Die zentrale Staatsverwaltung wird durch die Bezirks- oder Provinzialregierung ausgeübt. Sie wird von einem Regierungspräsidenten und der Provinzialregierung vertreten. Ihre wichtigste Aufgabe ist die Koordination aller Maßnahmen auf den staatlichen, kommunalen und bezirkskommunalen Verwaltungsebenen in der Provinz [4]. Die wichtigsten Angelegenheiten der Provinzialregierung werden von einem Provinzialrat entschieden, dessen Mitglieder seit 1977 vom Provinziallandtag gewählt werden. Der Provinziallandtag wird durch allgemeine Wahlen in der Provinz gewählt und ist im Regierungsbezirk hauptsächlich für Fragen des Gesundheits- und Bildungswesens zuständig (vgl. Abb. 5).

Auch die kommunale Selbstverwaltung hat in Schweden seit der Gemeindeordnung von 1862 langjährige Traditionen, die vor allem die neue Gemeindeordnung von 1977 geprägt haben. In ihr sind u. a. die starken Rechte und Kompetenzen der kommunalen Selbstverwaltung geregelt und neuerdings auch die Bestimmungen über die Provinziallandtage. Man unterscheidet drei Gemeindeformen: die Primär- (Gemeinden/Kirchengemeinden), die Sekundär- (Provinziallandtage = alle Gemeinden in der Provinz) und die Spezialgemeinden (Gemeindeverbände, von denen es nur noch wenige gibt) [5]. Nach den Kommunalreformen in Schweden von 1952 bis 1974, die vor allem mit dem Ziel der Stärkung der kommunalen Selbstverwaltung und einer verbesserten örtlichen Planungstätigkeit durchgeführt wurden, gibt es im ganzen Land nur noch 277 Gemeinden (vor 1952 = 2.500 Gemeinden; vor 1971 = 850 Gemeinden), die das Recht zur Erhebung von Einkommensteuer haben und das Aufkommen der Grundsteuer erhalten, um ihre vielfältigen Aufgaben (vgl. Abb. 5) im Bereich der öffentlichen Dienstleistungen erfüllen zu können. Abgesehen von einer Reihe von Pflichtaufgaben, zu deren Erfüllung die Gemeinden nach Gesetz verpflichtet sind und für die sie behördliche Zuschüsse aus dem Staatshaushalt erhalten, haben die Gemeinden große Rechte, eine Reihe von Diensten nach eigenem Ermessen anzubieten.

Wie erste Erfahrungen der Kommunalreform zeigen, haben sich die Finanz- und die Verwaltungskraft der Gemeinden verbessert. Die dadurch ermöglichte effizientere

---

3) Schwedisches Institut (Hrsg.): Tatsachen über Schweden, die schwedische Regierung in der Praxis, Stockholm 1978, S. 1.

4) Vgl. Ministerium für Bezirks- und Gemeindeverwaltung (Hrsg.): Kommunale Selbstverwaltung in Schweden, Stockholm 1978, S. 10.

5) Vgl. Schwedisches Institut (Hrsg.): Informationsblatt „Kommunale Selbstverwaltung in Schweden", Tatsachen über Schweden, o.O., September 1977; zur Vorgeschichte der Kommunalreform vgl. auch Forbat, F.: Artikel „Schweden", a.a.O., Sp. 2834 f.

Abb. 5: Aufgabenverteilung zwischen staatlichen und kommunalen/bezirkskommunalen Wirkungskreisen in Schweden

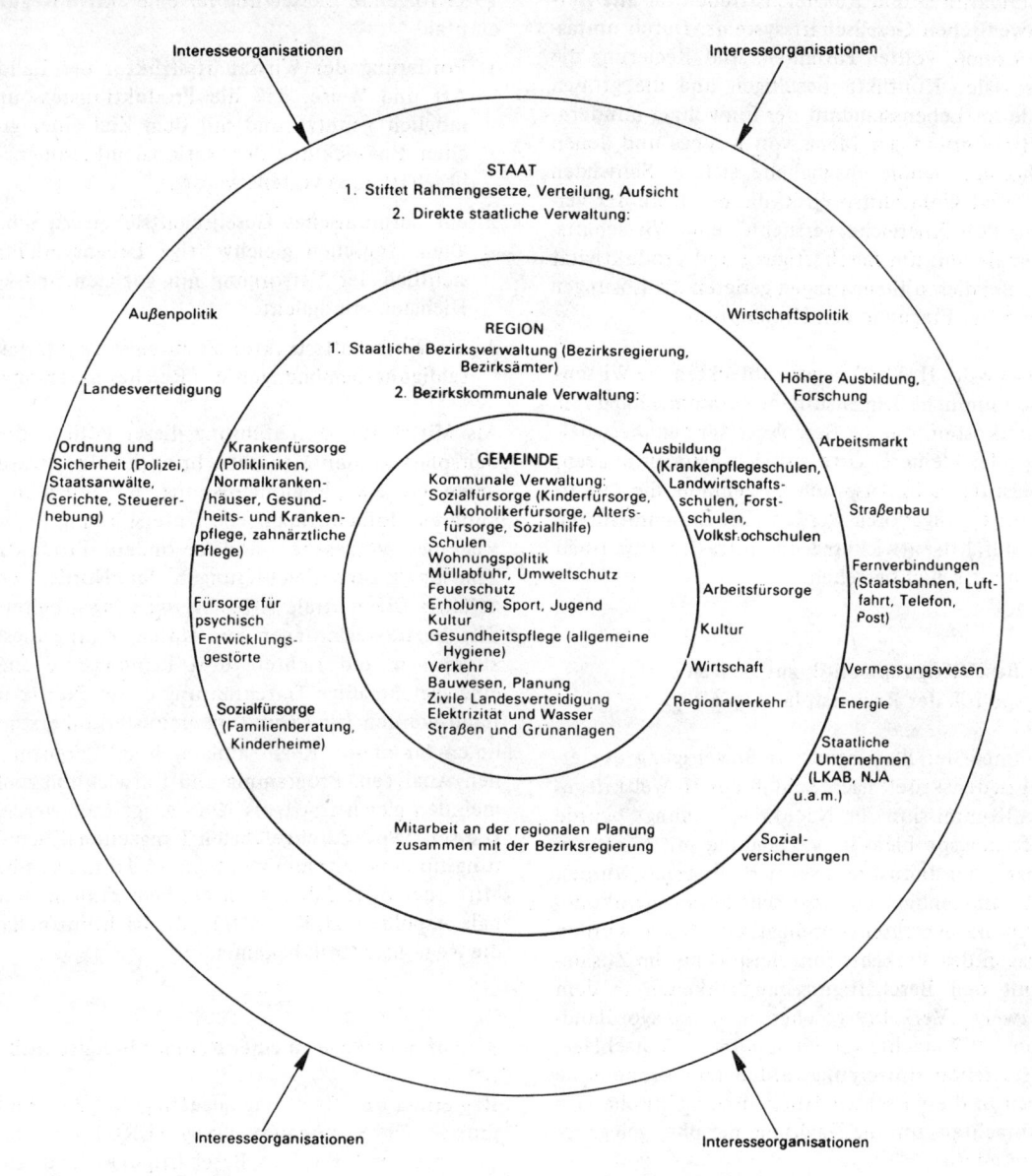

```
                    Interesseorganisationen          Interesseorganisationen

                                    STAAT
                          1. Stiftet Rahmengesetze, Verteilung, Aufsicht
                          2. Direkte staatliche Verwaltung:

        Außenpolitik                                              Wirtschaftspolitik

                                    REGION
                          1. Staatliche Bezirksverwaltung (Bezirksregierung,
                             Bezirksämter)                        Höhere Ausbildung,
        Landesverteidigung  2. Bezirkskommunale Verwaltung:       Forschung

                                                                  Arbeitsmarkt
        Ordnung und       Krankenfürsorge        Ausbildung
        Sicherheit (Polizei, (Polikliniken,        GEMEINDE       (Krankenpflegeschulen,
        Staatsanwälte,    Normalkranken-         Kommunale Verwaltung:  Landwirtschafts-
        Gerichte, Steuerer- häuser, Gesund-      Sozialfürsorge (Kinderfürsorge, schulen, Forst-  Straßenbau
        hebung)           heits- und Kranken-      Alkoholikerfürsorge, Alters- schulen,
                          pflege, zahnärztliche    fürsorge, Sozialhilfe)       Volkshochschulen
                          Pflege)                Schulen                                          Fernverbindungen
                                                 Wohnungspolitik                                  (Staatsbahnen, Luft-
        Fürsorge für                             Müllabfuhr, Umweltschutz                         fahrt, Telefon,
        psychisch                                Feuerschutz            Arbeitsfürsorge           Post)
        Entwicklungs-                            Erholung, Sport, Jugend
        gestörte                                 Kultur                 Kultur
                                                 Gesundheitspflege (allgemeine
                                                   Hygiene)             Wirtschaft               Vermessungswesen
        Sozialfürsorge                           Verkehr
        (Familienberatung,                       Bauwesen, Planung      Regionalverkehr          Energie
        Kinderheime)                             Zivile Landesverteidigung
                                                 Elektrizität und Wasser                         Staatliche
                                                 Straßen und Grünanlagen                         Unternehmen
                                                                                                 (LKAB, NJA
                                                                                                 u.a.m.)

                                    Mitarbeit an der regionalen Planung                         Sozial-
                                    zusammen mit der Bezirksregierung                           versicherungen


                    Interesseorganisationen          Interesseorganisationen
```

Quelle: Ministerium für Bezirks- und Gemeindeverwaltung (Hrsg.): Kommunale Selbstverwaltung in Schweden, Stockholm 1978, S. 16.

Planung hat den Bedarf an staatlichen Einzelplanungen und kommunalaufsichtlicher Tätigkeit verringert [6]. Es war jedoch auch feststellbar, daß die relative Zahl der Gemeindebeschäftigten mit der Gemeindegröße zunimmt. Darüber hinaus hat sich gezeigt, daß der früher sehr enge persönliche Kontakt zwischen Wählern und Mandatsträgern im kommunalen Bereich sehr gelitten hat, was der Kommunalverwaltung nicht besonders zuträglich ist.

II. Historische Ansätze der Regionalpolitik und Raumplanung

1. Von der inneren Kolonisation zur Wohlfahrtspolitik

Regionalpolitik als Steuerung der öffentlichen Hand zur Beeinflussung der Siedlungs- und Wirtschaftsstruktur hat — wie auch in anderen Ländern — in Schweden eine lange Geschichte, die bis ins 16. Jahrhundert zurückreicht. Damals wurden z. B. neue städtische Zentren und Hafenstädte angelegt, die Küsten vermessen und mit Küstensicherungsanlagen (Leuchttürme, Bojen etc.) versehen und etwas später ab Mitte des 19. Jahrhunderts die Eisenbahnen unter ökonomischen, regionalpolitischen, verkehrstechnischen und militärischen Gesichtspunkten geplant und gebaut [7]. Die moderne Regionalpolitik begann jedoch erst Ende der 20er und zu Beginn der 30er Jahre dieses Jahrhunderts, vor allem in Verbindung mit den Maßnahmen zur Beseitigung der Arbeitslosigkeit sowie sektoraler Strukturprobleme in Verbindung mit der Weltwirtschaftskrise.

Auf dem Hintergrund der ökonomischen Schwierigkeiten für die verschiedenen Wirtschaftsbereiche, der Probleme der Werktätigen in diesen Bereichen und der Einkom-

---

[6] Vgl. Ministerium für Bezirks- und Gemeindeverwaltung (Hrsg.): Kommunale Selbstverwaltung in Schweden, a.a.O., S. 27–29.

[7] Vgl. *Godlund, S.:* Regionalpolitik som idé och realitet, a.a.O., S. 21 ff.

mensmöglichkeiten von Bewohnern in peripheren Landesteilen entwickelte sich in Schweden ein allgemeines Integrations-, Solidaritäts- und Ausgleichsstreben für alle Bürger des schwedischen Gesellschaftssystems. Durch umfassendere Reformen wollten Parlament und Regierung die Ursachen sozialer Konflikte beseitigen und die großen Unterschiede im Lebensstandard der Einwohner mindern. Auf dem Hintergrund der Ideen von Keynes und denen der Stockholmer Schule entwickelte sich in Schweden eine Sozial- und Wohlfahrtpolitik, die mit Hilfe der verschiedensten Politikbereiche versuchte, eine Wirtschaftsplanung einzuleiten, um Beschäftigung und Produktivität anzuheben. Bei diesen Bemühungen gerieten die Lösungen raumordnerischer Fragen in den Hintergrund.

Erst gegen Ende des II. Weltkrieges entdeckten die Wissenschaftler die räumliche Dimension im Zusammenhang mit den Transportkosten, die die Bewohner der dünnbesiedelten Gebiete oder kleinerer Orte auf sich nehmen müssen, um Dienstleistungen in Anspruch zu nehmen, die nur an größeren Zentren angeboten werden. Der Zusammenhang zwischen Wohlfahrtsentwicklung und Infrastrukturausbau wurde jedoch noch nicht gesehen.

2. Von der Beschäftigungspolitik zur aktiven Siedlungspolitik der Regionalplanung '67

Erst im Rahmen der Planungen zur Bewältigung der erwarteten „Friedenskrise" nach Schluß des II. Weltkrieges durch die „Kommission für Nachkriegsplanung" wurde das Beschäftigungsproblem in Verbindung mit künftigen Standortfragen der Industrie diskutiert. Erstmals wurden in diesem Zusammenhang umfangreiche räumliche ökonomisch-statistische Analysen durchgeführt. Noch wurden aber die Fragen des Verkehrs zum Beispiel nur im Zusammenhang mit den Beschäftigungsmöglichkeiten in dem Wirtschaftszweig „Verkehr" gesehen. Erst das Nordlandkomitee von 1969 machte verkehrspolitische Vorschläge, die mit gestaffelten Entfernungstarifen raumordnerische Überlegungen in die wissenschaftliche und politische Diskussion einbrachten, um die Nachteile peripher gelegener Gebiete zu mindern.

In den 40er Jahren bekannte sich auch eine Stadtplanungsuntersuchung aus dem Jahre 1945 zu einem Baugesetz, das im Verhältnis zum Stadtbaugesetz von 1931 bereits ein umfassendes Planungsverfahren beinhaltete, die Erarbeitung von Regionalplänen empfahl und die Einrichtung eines Reichsplanungsinstitutes vorschlug. Diese letztgenannte Initiative, der auch eine weitere Empfehlung über die „Einrichtung eines zentralen Organs für Landesplanung" folgte, fand jedoch 1947 bei der Verabschiedung des Baugesetzes und den folgenden Diskussionen bis 1950 noch keine Mehrheiten im Reichstag [8].

Die zersplitterten Ansätze zur Einführung einer Raumordnung und Landesplanung in Schweden Ende der 40er Jahre wurden im Zusammenhang mit den Überlegungen zur Standortpolitik in kommerziellen und kulturellen städtischen Zentren zur Entwicklung „harmonischer Regionen" neu aktiviert. Noch 1952 wurde jedoch lediglich eine informative und beratende Standortpolitik vom Reichstag gewünscht. Erst zwischen 1952 und 1958 bekam die aktive Ansiedlungspolitik im Zusammenhang mit den Abwanderungen aus Nordschweden und dem Bevöl-

kerungszuwachs in den Verdichtungsgebieten Auftrieb. Eine Untersuchungskommission wurde eingesetzt, die 1963 folgende Zielsetzung für eine aktive Regionalpolitik empfahl [9]:

1. Förderung der Wirtschaftsstruktur des Landes in der Art und Weise, daß die Produktionsressourcen bestmöglich genutzt und mit dem Ziel einer größtmöglichen Entwicklung des Nationaleinkommens bei Vollbeschäftigung verteilt werden;

2. ein harmonisches Gesellschaftsleben zu schaffen, das allen Menschen gleichwertige Lebensverhältnisse hinsichtlich der Versorgung mit sozialen und kulturellen Diensten ermöglicht;

3. die Wirtschaftsstruktur so zu entwickeln, daß die Verteidigungsbemühungen des Reiches unterstützt werden.

Als Mittel zur Durchführung dieser Politik, die den Arbeitsplatz zu den Menschen bringen sollte, wurden neben linien für die „Regionalplanung '67" erlassen, nach denung empfahl, finanzielle Unterstützung für bestimmte Regionen vorgesehen und besondere Produktions- und Transportkostenerleichterungen für Nordschweden eingeführt. Die zentrale Arbeitsverwaltung arbeitete eng mit den Bezirksregierungen zur Unterstützung dieser Politik zusammen und richtete dort Planungsräte ein [10]. Für eine gleichmäßige Durchführung dieser Politik im ganzen Land wurden 1967 vom Innenministerium erstmals Richtlinien für diese „Regionalplanung '67" erlassen, nach denen Analysen, Programme und Entwicklungsziele für Gemeinden gleicher Art bis 1980 aufgestellt werden sollten. Die seit 1967 durchgeführten Langzeitanalysen der Regierung für den Zeitraum von 5 bis 15 Jahren beinhalteten ab Mitte der 60er Jahre auch erstmals räumliche und regionale Aspekte (vgl. Kap. III/1), die Richtliniencharakter für die Regionalpolitik bekamen.

3. Auf dem Wege zu einer Raumordnungspolitik

Regierung und Reichstag beauftragten 1965 die Expertengruppe für Regionalforschung (ERU) mit einer Untersuchung der bisherigen Beschäftigungs- und Ansiedlungspolitik. 1970 bescheinigte die ERU der bisherigen Politik positive Effekte für die Beschäftigung, aber unzureichende Möglichkeiten, weil die freiwerdenden Arbeitskräfte aus der Land- und Forstwirtschaft nicht aufgefangen werden konnten. Man empfahl daher eine Ausweitung der Fördergebiete und Schwerpunktorte.

Die bisherige Ansiedlungspolitik sollte darüber hinaus durch eine das ganze Land umfassende „Differenzierte Regionalpolitik" ersetzt werden, die – wie der Reichstag 1970 bis 1974 beschloß – u. a. unterschiedliche Förde-

---

[8] Vgl. *Holm, L.:* Fysisk riksplanering som samordningsinstrument. In: Regioner, att leva i, Udder 1972; *Lorendahl, B.:* Regionale Entwicklung im Norden – Probleme, Politik und Forschung –, Raumforschung und Raumordnung, H. 5/6 (1980), Abb. 1.

[9] Vgl. SOU 1963:58 nach *Godlund, S.:* Regionalpolitik som idé och realitet, a.a.O., S. 35.

[10] Vgl. Kommunaldepartementet (Hrsg.): Regional utvecklingsplanering – länsplanering m. m., Betänkande av länsdemokratikommittén, Stockholm 1978, S. 31 ff.

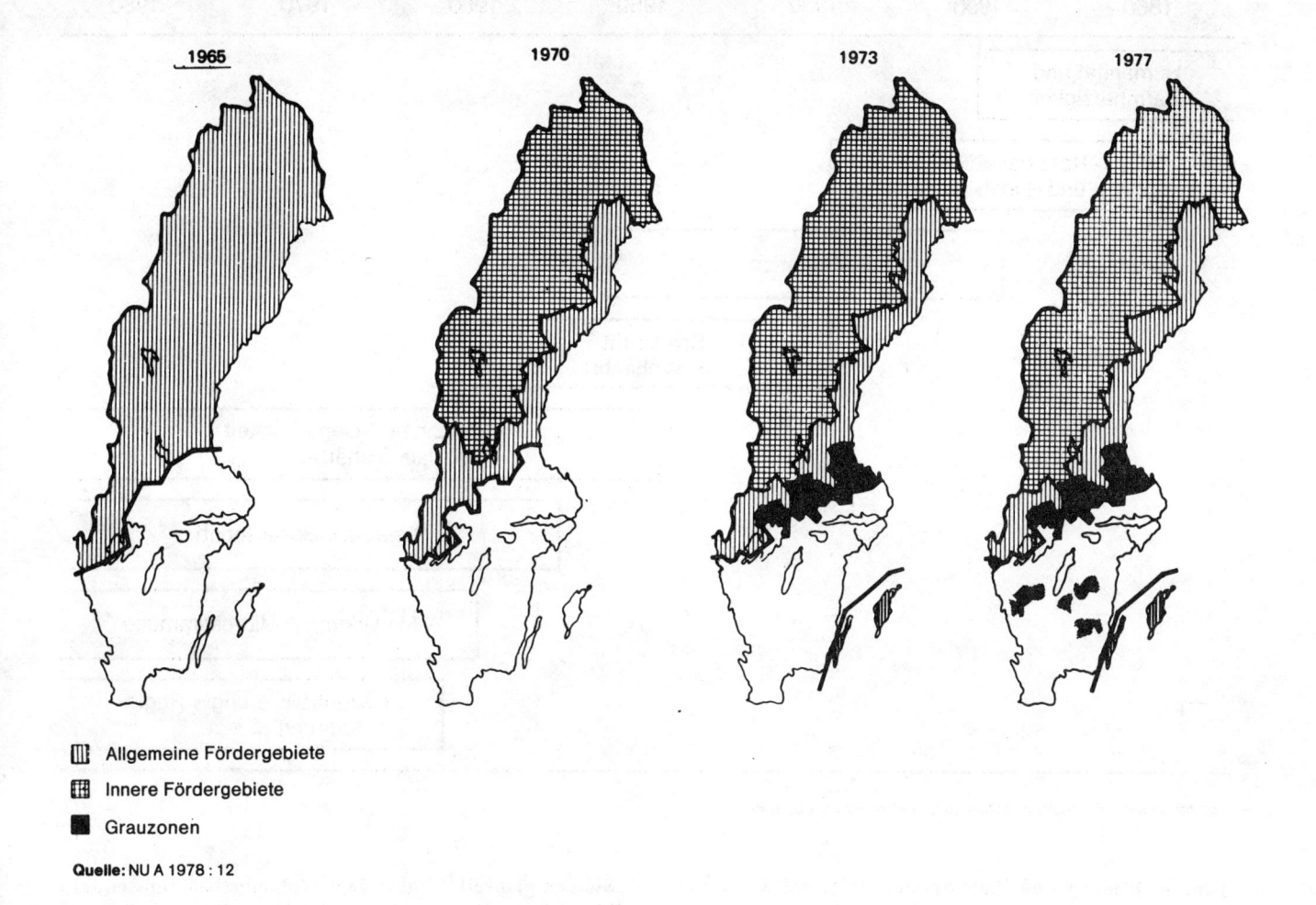

Abb. 6: **Abgrenzung regionalpolitischer Fördergebiete in Schweden von 1965 – 1977**

1965   1970   1973   1977

▓ Allgemeine Fördergebiete
▦ Innere Fördergebiete
■ Grauzonen

Quelle: NU A 1978 : 12

rungssätze in den verschiedenen Landesteilen anwendet, den Frachtausgleich und den Personenbeförderungskostenausgleich intensivierte, Rabatte für Telefongespräche über größere Entfernungen einführte und 1970 einen obligatorischen Ansiedlungsrat zur Bewertung von Neuinvestitionen in Verdichtungsgebieten einsetzte. Diese Überlegungen wurden unterstützt durch die Arbeiten einer Untersuchungskommission für Verkehrsfragen, die von 1971 bis 1974 eine Verkehrsplanung für die Regierungsbezirke des Landes erarbeitete, die auch wichtige Hinweise für den Ausbau des öffentlichen Nahverkehrs enthielten.

Parallel zu dieser Entwicklung befaßte sich Ende der 60er Jahre eine Untersuchungskommission im Auftrage des Innenministeriums und im Zusammenhang mit den Vorarbeiten für ein neues Baugesetz mit Fragen der Landesplanung [11]. Physische Reichsplanung, Raumplanung, sollte als Mittel zur Erreichung wohlfahrtspolitischer Ziele gesehen werden, weil die Frage der Verwendung von Boden und Gewässern eng mit allen Fragen der wirtschaftlichen und sozialen Entwicklung verbunden ist. Der Zusammenhang zwischen Regionalpolitik und Raumplanung wurde erstmals im Jahre 1970 als sehr eng angesehen und der Raumplanung eine wichtige Funktion im Zusammenhang mit der Umweltpolitik eingeräumt. Damit war der Weg offen für eine zukunftsträchtige Entwicklungsplanung und Entwicklungspolitik [11].

III. Leitbilder, Träger und Organisationen der räumlichen Planungen

1. Reichsebene

Das zentrale Steuerungsorgan auf Reichsebene ist der Reichstag, dessen 349 Mitglieder alle drei Jahre gewählt werden. Reichstag und Regierung haben die Gesetzgebungsbefugnisse. Die Regierung ist vom Vertrauen des Reichstages abhängig. Reichstag und Regierung werden in zunehmendem Maße in ihrer souveränen Handlungsweise durch Handlungsrahmen beeinflußt, die von Internationalen Organisationen, wie z. B. von den Vereinten Nationen, dem Europarat oder dem Nordischen Ministerrat ausgehen (vgl. Abb. 8). Als Beispiele für derartige Handlungsrahmen können die Empfehlungen der Europäischen Raumordnungsministerkonferenz oder die Vereinbarungen zur grenzüberschreitenden Zusammenarbeit der Kommunen im skandinavischen Raum [12] genannt werden.

---

11) Vgl. *Godlund, S.:* Regionalpolitik som idé och realitet, a.a.O., S. 46 f.; *Khakee, A.:* Planning in a mixed economy – the case of Sweden, Stockholm 1979, S. 14 ff.

12) Vgl. Nordiska rådet och Nordiska ministerrådets sekretariat i Oslo (Hrsg.): Nordisk Konvention om gränskommunalt samarbete, Stockholm 1976, NU 1976 : 10; Nordiska ministerrådet (Hrsg.): Nordisk regionalpolitiskt samarbete, NU A 1978 : 11, Stockholm 1978.

Abb. 7: Wichtige Leitbilder der schwedischen Wohlfahrts- und Sozialpolitik

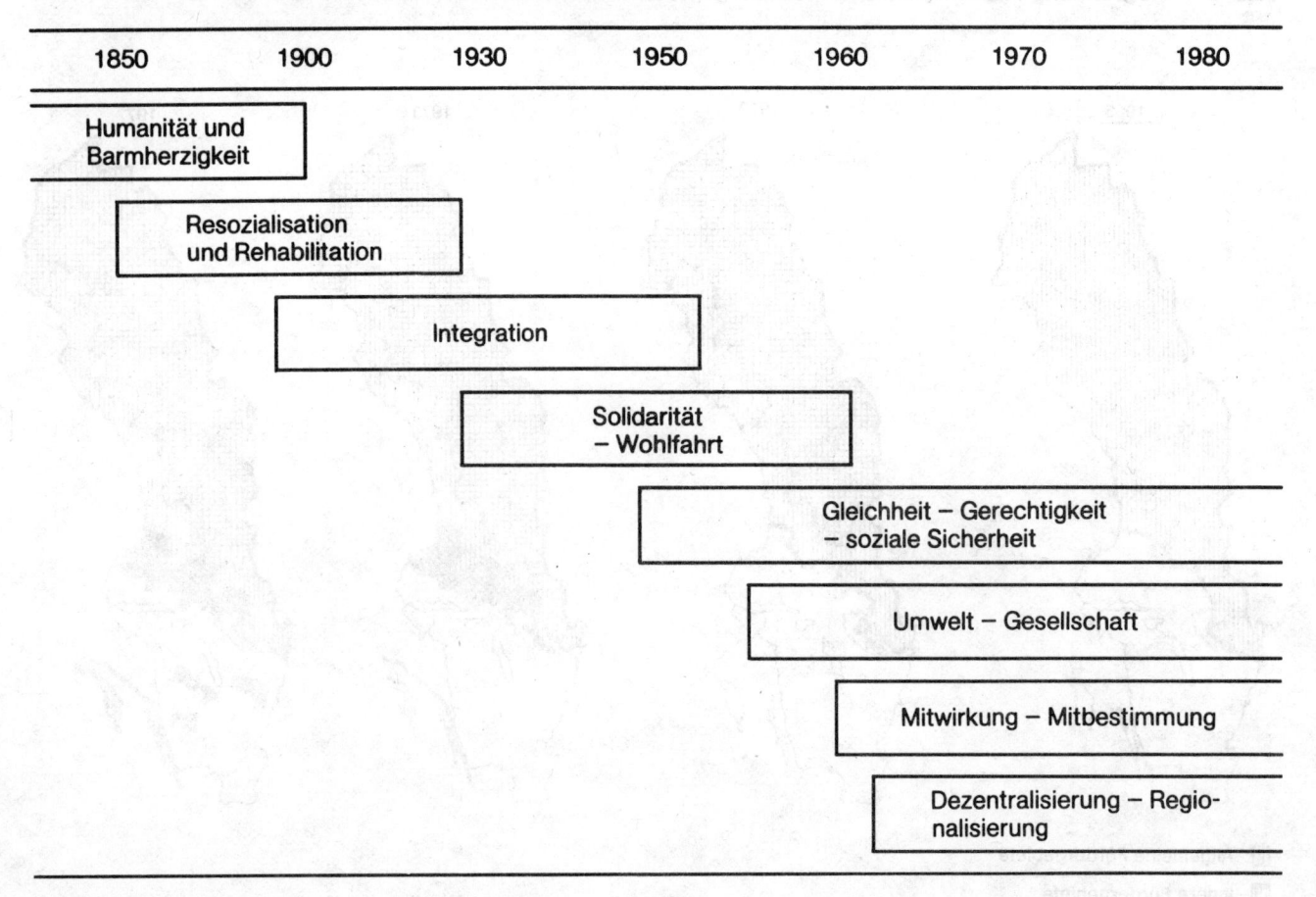

1850	1900	1930	1950	1960	1970	1980

- Humanität und Barmherzigkeit
- Resozialisation und Rehabilitation
- Integration
- Solidarität – Wohlfahrt
- Gleichheit – Gerechtigkeit – soziale Sicherheit
- Umwelt – Gesellschaft
- Mitwirkung – Mitbestimmung
- Dezentralisierung – Regionalisierung

Quelle: Godlund, S.: Regionalpolitik som idé och realitet, a.a.O., S. 60.

Für die Planung und Raumordnung trägt die Regierung die Hauptverantwortung. Wichtigste Planungsbereiche auf Reichsebene sind die wirtschaftliche Planung, die regionalpolitische Planung, die physische Planung und eine Vielzahl von Fachplanungen (Verkehr, Umwelt etc.). Für alle diese Planungsbereiche sind Fachministerien zuständig, wobei Ausgangspunkt aller Planungen die Finanzplanung des Finanzministeriums ist. In der Finanzplanung und im Haushalt, deren Grundlagen auf langfristigen Analysen und Bewertungen beruhen, findet die sektorübergreifende Regierungsplanung ihren Ausdruck. Die Leitbilder und Ziele für die ökonomische Planung der Regierung werden auf demokratischer Grundlage vom Parlament bestimmt. Sie haben sich in den letzten 100 Jahren stark gewandelt (vgl. Abb. 7).

Von diesem Wandel der gesellschaftspolitischen Ideen und Leitbilder sind die Ziele der Raumordnung, Regionalpolitik und Raumplanung stark beeinflußt worden, so z. B. hinsichtlich der Infrastrukturpolitik, der Industrie- und Gewerbeförderung, der Umwelt-, Regional- und Dezentralisierungspolitik [13].

Parlament und Regierung lassen sich von Beiräten, Untersuchungskommissionen und den Interessenverbänden beraten. Die Fachministerien sind mit ihren Zentralen Verwaltungsämtern für die Durchsetzung der Raumordnungspolitik zuständig. Während die Ministerien lediglich die generellen Richtlinien und Rahmenbedingungen für die Politik festlegen, sind die Zentralen Verwaltungsämter mit der Ausformung dieser Fachpolitiken beauftragt, so z. B.

„Statens planverk" unter dem Wohnungsbauministerium für die Raumplanung. Statens planverk übernimmt auch im Rahmen der Regionalplanung koordinierende Funktionen für die Raumplanung [14].

2. Regionalebene (Staatliche Bezirksverwaltung/ Bezirkskommunale Verwaltung)

Alle 24 Regierungsbezirke haben in ihrer „Staatlichen Bezirksverwaltung" regionale Planungsabteilungen, die vom Provinzialrat und vom Regierungspräsidenten geleitet werden (vgl. Kap. I/3). Der Schwerpunkt der Aufgaben der Bezirksverwaltung liegt heute in der Gesellschaftsplanung, die sowohl regionalpolitische Planung als auch Raumplanung und die anderen Fachplanungen des staatlichen Sektors umfaßt. Die Ausformung dieser Planungen obliegt der Provinzialregierung, die für viele Fachbereiche durch Bezirksämter, die den Zentralen Verwaltungsämtern unterstehen, unterstützt wird. Dabei fallen für die Bezirksregierung vielfältige Koordinierungsaufgaben an, die auch die Interessen und Aufgaben der kommunalen Verwaltung berühren (vgl. Abb. 5).

---

[13] Vgl. Industridepartementet (Hrsg.): Att främ ja regional utveckling, SOU 1978 : 46, Stockholm 1978, S. 13 ff.

[14] Vgl. Bostadsdepartementet (Hrsg.): Fysisk riksplanering fullföljande av fastlagda riktlinjer, Bilag til regeringens beslut med anledning av planeringsskedet i den fysiska riksplaneringen, o.O., PM 1978 – 09 – 07, S. 7.

Abb. 8: **Übersicht über die Organisation der Regionalpolitik und Raumplanung im schwedischen Planungssystem**

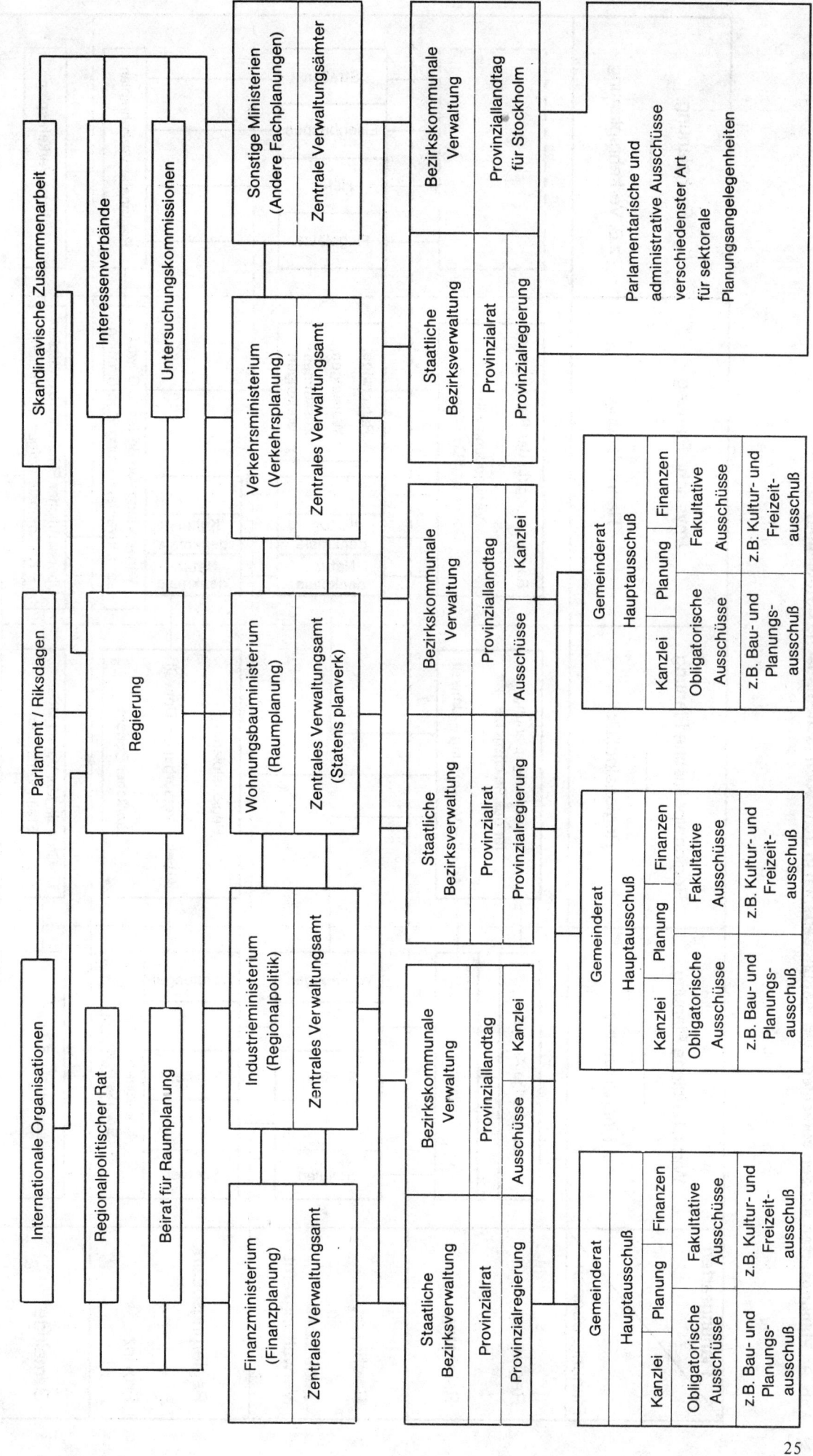

Abb. 9 **Planungsarten auf den verschiedenen Planungsebenen in Schweden (schematische Darstellung)**

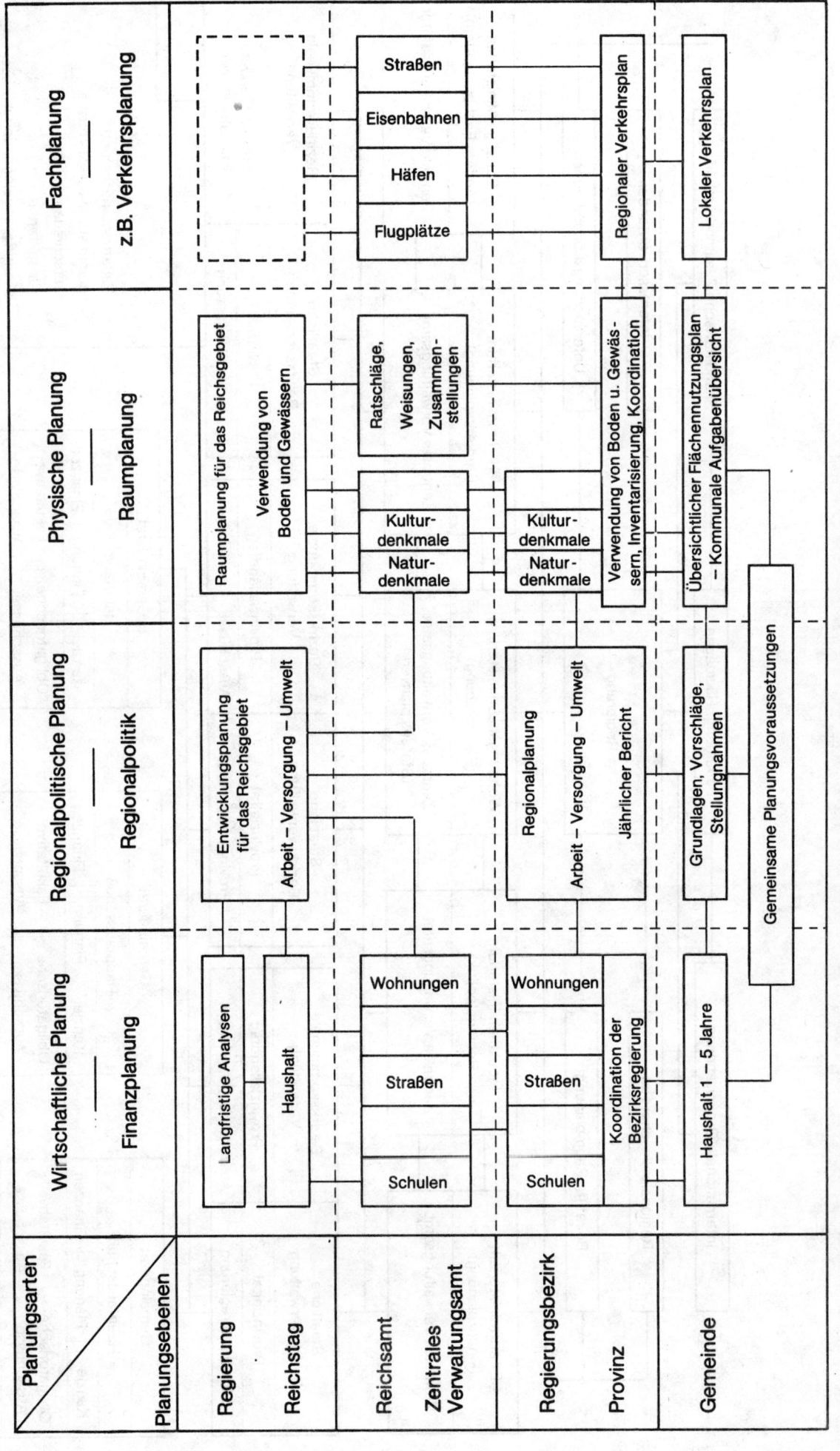

Planungsarten \ Planungsebenen	Wirtschaftliche Planung — Finanzplanung	Regionalpolitische Planung — Regionalpolitik	Physische Planung — Raumplanung	Fachplanung — z.B. Verkehrsplanung
Regierung / Reichstag	Langfristige Analysen; Haushalt	Entwicklungsplanung für das Reichsgebiet; Arbeit – Versorgung – Umwelt	Raumplanung für das Reichsgebiet; Verwendung von Boden und Gewässern	
Reichsamt / Zentrales Verwaltungsamt	Wohnungen; Straßen; Schulen		Ratschläge, Weisungen, Zusammenstellungen; Kulturdenkmale; Naturdenkmale	Straßen; Eisenbahnen; Häfen; Flugplätze
Regierungsbezirk / Provinz	Wohnungen; Straßen; Schulen; Koordination der Bezirksregierung	Regionalplanung; Arbeit – Versorgung – Umwelt; Jährlicher Bericht	Kulturdenkmale; Naturdenkmale; Verwendung von Boden u. Gewässern, Inventarisierung, Koordination	Regionaler Verkehrsplan
Gemeinde	Haushalt 1 – 5 Jahre	Grundlagen, Vorschläge, Stellungnahmen; Gemeinsame Planungsvoraussetzungen	Übersichtlicher Flächennutzungsplan – Kommunale Aufgabenübersicht	Lokaler Verkehrsplan

Quelle: Kommunaldepartementet (Hrsg.): Regional utvikilingsplanering – länsplanering m.m., Betänkande av länsdemokratikommittén, SOU 1978:35, Stockholm 1978, S. 163.

Abb. 10: **Generelles Konzept für politisch-administrative Planungen**

```
        ┌─────────────────────────────┐
        │  Rahmenbedingungen durch    │
        │  internationale Vereinbarungen │
        │  festgelegt                 │
        └─────────────────────────────┘
                      │
                      ▼
        ┌─────────────────────────────┐
        │  Rahmenbedingungen durch    │
        │  nationale Systeme          │
        │  vorgegeben                 │
        └─────────────────────────────┘
           │                    │
           ▼                    ▼
┌──────────────┐  ┌──────────────┐  ┌──────────────┐
│  Regionale   │  │ Regionale politische │  │ Innovation   │
│ sozio-ökonomische │→│ und administrative │→│ Planung Koordination │
│  Struktur    │  │ Strukturen und  │  │ Aufnahmefähigkeit │
│              │  │  Prozesse    │  │              │
└──────────────┘  └──────────────┘  └──────────────┘
```

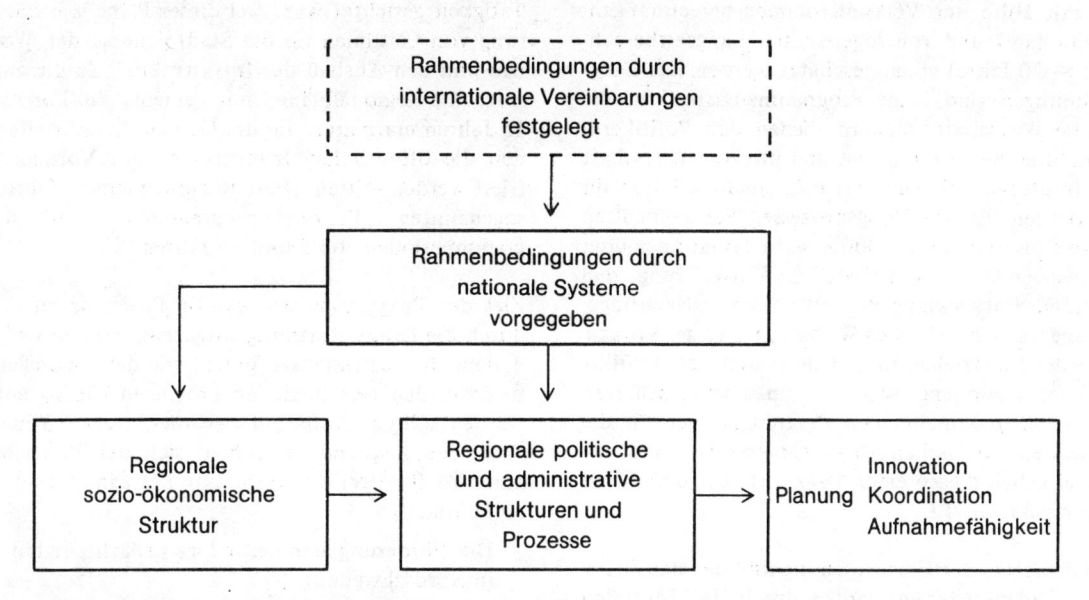

Quelle: Beckman, B.: Administrative conditions for regional planning, in: Information about Regional Policy and Regional Policy Research in Nordic Countries, Nord REFO 1978 : 1, Stockholm 1978, S. 92.

Die Bezirksregierung wird bei ihrer Tätigkeit von der „Bezirkskommunalen Verwaltung" unterstützt, die für Aufgaben mit ausgeprägtem kommunalen Charakter in Planung und Ausführung zuständig ist, wie z. B. für das Gesundheitswesen und gewisse Bildungsaufgaben, und durch einen direkt gewählten Provinziallandtag geleitet wird. Er übt die Kontrolle über die ihm obliegenden Tätigkeiten mit Hilfe von Ausschüssen und einer Kanzlei aus (vgl. Abb. 5).

Häufig wird der Provinziallandtag auch um Stellungnahme zu Vorlagen der Regierung, der Bezirksregierung und anderen Behörden gebeten, die zur Politikvorbereitung entwickelt werden [15]). Vor allem mit Hilfe dieser Stellungnahmen kann der kommunale Bereich starke Einflußnahme auf die Entwicklung der Leitbilder und Ziele ausüben, die der staatlichen Politik zugrunde liegen und in Ausführung der Reichstagsbeschlüsse und Regierungserlasse auch von der regionalen und kommunalen Ebene befolgt werden müssen (vgl. Abb. 9).

Als generelles Konzept für die Durchführung der politisch/administrativen Planung auf allen Planungsebenen wird heute in Schweden folgendes Konzept angesehen (vgl. Abb. 10).

Dieses Konzept zeigt deutlich die starke Stellung der regionalen Ebene im Planungssystem, und es deutet auf die Problemfelder Innovation, Koordination und Aufnahmefähigkeit der Planung hin, mit denen die Forschung sich zur Zeit in besonderem Maße auseinandersetzt.

3. Kommunale Ebene (Primärgemeinden)

Wie auch der Provinziallandtag, übt der Gemeinderat in der Gemeinde die Kontrolle über alle kommunalen Tätigkeiten aus und bestimmt die Zahl der Mitglieder in den Ausschüssen und in den übrigen Verwaltungsorganisationen. In den letzten Jahren richtet sich die Aufmerksamkeit der Planungsträger „Gemeinderäte" vermehrt auf längerfristige Planungsfragen. Deshalb wurden neue Formen der mehrjährigen Finanz-, Aufgaben- und Raumplanung entwickelt [16]). Die mehrjährigen Planungen, die vom Gemeinderat und vom Provinziallandtag zu bestätigen sind, werden laufend fortgeschrieben und basieren auf umfangreichen Analysen. Diese Arbeiten werden von den Ausschüssen des Gemeinderats, wie z. B. vom Bau- und Planungsausschuß, durchgeführt (vgl. Abb. 8 und 9). Kommunale Planungsgrundlagen und Planungen sind gleichzeitig Grundlagen für die regionalpolitischen Entwicklungsprogramme.

IV. Ziele und Instrumentarien ausgewählter räumlicher Planungen

1. Wirtschafts- und Finanzplanung

Grundlage der Wirtschafts- und Finanzplanung in Schweden ist der Finanzplan, der zweimal im Jahr vom Finanzministerium ausgearbeitet wird und seinen Niederschlag findet im vom Reichstag zu beschließenden Haushaltsplan. Die einzuschlagende Wirtschaftspolitik findet ihre Ausprägung in den Haushaltsplänen der Fachministerien, berührt jedoch mit Verpflichtungsermächtigungen über den Finanzplan auch längerfristige Planungen [17]).

---

[15]) Ministerium für Bezirks- und Gemeindeverwaltung (Hrsg.): Kommunale Selbstverwaltung in Schweden, a.a.O., S. 30.

[16]) Kommunaldepartementet (Hrsg.): Regional utvecklingsplanering – länsplanering m. m., Stockholm 1978, S. 37 ff.

[17]) Swedish Council for Building Research (Hrsg.): Research on Quality of Life in Urban Settlements in Sweden, Stockholm 1975, S. 17; Ministry of Physical Planning and Local Government (Hrsg.): Planning Sweden, Stockholm 1973, S. 39 ff.

Die Ausrichtung der Ziele der Wirtschaftsplanung, der Wirtschaftspolitik und ihrer Maßnahmen erfolgt auf der Grundlage der bisherigen und zu erwartenden Entwicklungen, die mit Hilfe der Volkseinkommensberechnungen (12 – 18 Monate) und von sogenannten Langzeitberechnungen (5 – 20 Jahre) vorausgeschätzt werden. Die Langzeitberechnungen sind keine Programmaussagen für die schwedische Wirtschaft, sondern dienen den Politikern, der Verwaltung, der öffentlichen und privaten Wirtschaft und den Interessenverbänden als Entscheidungshilfen für ihre politischen Entscheidungsprozesse. Sie beinhalten derzeit etwa bis zum Jahre 2000 u. a. Informationen über die zu erwartende weltwirtschaftliche Entwicklung, den Außenhandel, Entwicklung der inländischen Nachfrage, Entwicklung der schwedischen Wirtschaftszweige, Vorausschätzung der finanziellen Entwicklung und des Bevölkerungsrahmens. Diese langfristigen Vorausschauen schaffen damit auch einen gemeinsamen Referenzrahmen für die bevorstehenden politischen Diskussionen und Entscheidungen und geben diesen einen Langzeitbezug und damit größere Perspektiven [18].

Auf der Grundlage der Finanzplanung und der Haushaltspläne der Fachministerien werden durch die Zentralen Verwaltungsämter sektoral aufgeschlüsselte Investitionsrahmen und -quoten für die Regierungsbezirke zur Weiterverteilung an die Kommunen festgelegt und Mittel verteilt; z. T. werden die Investitionsmittel auch direkt an die Kommunen vergeben. Seit 1971 steuert die Provinzialregierung damit einen großen Teil der kommunalen Investitionen [19].

Wirtschafts- und Finanzplanung der Regierung sind das Spiegelbild und gleichzeitiger Ausdruck des auf den Prinzipien Gleichheit, Gerechtigkeit und soziale Sicherheit aufgebauten Wohlfahrtsstaates mit den derzeitigen Zielen: Stärkung der sozialen Marktwirtschaft, Sicherung des Wettbewerbs, Bekämpfung von Machtkonzentrationen, Förderung privater Investitionen und Verantwortung, Förderung des Mittelstandes, Dezentralisierung und Regionalisierung auf allen Gebieten, Sicherung der Energieversorgung und Sanierung der Gesamtwirtschaft. Mit Hilfe der Wirtschafts- und Finanzplanung soll künftig versucht werden, eine Politik der wirtschaftlichen Stabilisierung mit einem weiteren Ausbau des Wohlfahrtsstaates zu verbinden. Regionalisierung und Dezentralisierung sind wichtige Leitbilder zur Durchsetzung dieser Politik, die besondere Bedeutung erhält, wenn es einmal gelingen sollte, die ökonomische Planung, die Regionalplanung und die physische Planung zu einer konsistenten Gesamtplanung zusammenfassend zu koordinieren.

2. Regionalplanung und Regionalpolitik

2.1 Entwicklung der Provinzialprogramme 1970

Grundlage für die regionale Entwicklungspolitik (Regionalpolitik) in Schweden sind die Beschlüsse des Reichstages über eine „aktive Standortpolitik" von 1964, die in den 70er Jahren mehrfach auf der Grundlage der bisherigen Erfahrungen der systematischen Regionalpolitik revidiert wurden. Unter der verantwortlichen Leitung der Provinzialregierungen wurden in Verbindung mit umfassenden Untersuchungen und Prognosen „Pläne für öffentliche Investitionen" erarbeitet, die dazu geeignet sein sollten, die Ziele der Raumordnungspolitik mit Hilfe einer Regionalpolitik der Dezentralisierung zu unterstützen, die vor allem mit ihrer Stoßrichtung auf die Kommunen und ihre Tätigkeit gerichtet war. Ziel dieser Pläne war die Erarbeitung von Leitlinien für die Stadtplanung, den Wohnungsbau und den Ausbau der Infrastruktur. Zu diesem Zweck wurden Regionalpläne mit einem Zeithorizont von 15 Jahren erarbeitet, die die Gebiete herausstellen, in denen die öffentlichen Investitionen mit Vorrang konzentriert werden sollten. Diese Regionalplanung führte zu den sogenannten „Provinzialprogrammen 1970" mit Programmperioden von 5 und 10 Jahren [20].

Ziel der Programme war es, die Probleme zu lösen, die durch die Langzeitplanung aufgezeigt worden sind. Es galt darüber hinaus herauszufinden, wie die regionalen Strukturen in den verschiedenen Provinzen künftig entwickelt werden sollten. Aufgrund der unerfüllbaren Wünsche der Provinzen insgesamt entschied sich der Reichstag 1970 zunächst für zwei Schwerpunkte des Einsatzes der Regionalpolitik:

— Die Förderung der besonders benachteiligten Gebiete in Nordschweden;

— Maßnahmen zur Begrenzung des Städtewachstums in Stockholm, Göteborg und Malmö.

Auf der Grundlage der revidierten vorliegenden Planungen und Programme beschloß der Reichstag 1972 ein flächendeckendes regionales Handlungsprogramm für alle Provinzen Schwedens mit dem Ziel einer bestmöglichen Ausnutzung aller Landesressourcen, um die wesentlichen Wohlfahrtskomponenten — Einkommenserzielung (Arbeit), Versorgungsmöglichkeiten (Service) und gute Umwelt (Milieu) — allen Menschen zugänglich zu machen [21]. Mit Hilfe von u. a. Bevölkerungsrichtwerten für die einzelnen Provinzen, Anweisungen zur Beachtung der regionalpolitischen Ziele auf allen Planungsebenen und der Fortschreibungspflicht der Regionalplanung 1973/74 wurde die Durchsetzung der regionalen Entwicklungspolitik in den 70er Jahren betrieben. Seither wird die Regionalplanung von der Regierung und vom Reichstag als flächendeckendes System räumlicher Entwicklungsplanung für das ganze Land genutzt (vgl. Übersicht 1).

2.2 Wichtige regionalpolitische Ziele

Aufbauend auf den Erfahrungen der Regionalplanung und ihrer Durchsetzung zu Beginn der 70er Jahre beschloß der Reichstag im Jahre 1976 folgende regionalpolitischen Ziele [22]:

---

[18] Vgl. Ekonomidepartementet: Långtidsutredningen 1978, SOU 1978 : 78, Stockholm 1978; zur Methode der Berechnungen vgl. Finansdepartementet: Modeller för samhällsekonomisk perspektivplanering, SOU 1976 : 51, Stockholm 1976.

[19] Kommunaldepartementet (Hrsg.): Regional utvecklingsplanering – länsplanering m. m., a.a.O., S. 165.

[20] Vgl. *Lorendahl, B.:* Nordisk regionalekonomi, Stockholm 1974, S. 194 ff.

[21] Vgl. *Godlund, S.:* Regionalpolitik som idé och realitet, a.a.O., S. 48 ff.

[22] Vgl. Industridepartementet (Hrsg.): Nu startar länsplanering 1980!, Katrineholm 1978, S. 1.

Übersicht 1: *Planungsarten auf den verschiedenen Planungsebenen in Schweden*

Planungsarten → Planungsebenen ↓	Wirtschaftliche Planung Finanzplanung	Regionalpolitische Planung Regionalpolitik	Physische Planung Raumplanung	Fachplanung z.B. Verkehrsplanung
Regierung Reichstag	Regierungsplanung ist hauptsächlich sektorübergreifend und findet ihren Ausdruck im jährlichen Haushalt; langfristige Analysen sind Grundlage für langfristige Bewertungen.	Regionalplanung wird von Regierung und Reichstag als flächendeckendes System einer Entwicklungsplanung für das gesamte Land genutzt; Schwerpunkt der Planung und Maßnahmen liegt bei den Provinzen.	Raumplanung für das gesamte Reichsgebiet ist sektorübergreifende Flächennutzungsplanung; Richtlinien für die Verwendung von Boden und Gewässern werden festgelegt; gewisse kommunale Pläne werden auch von der Regierung für verbindlich erklärt.	Alle Verkehrsplanungen wurden im Herbst 1977 zentral ausgewertet; Erarbeitung von Richtlinien für die Verkehrsplanung.
Reichsämter Zentrale Verwaltungsämter	Planung ist sektoral aufgebaut; Investitionsrahmen und Quoten für die Regierungsbezirke werden zur Weiterverteilung an die Kommunen festgelegt; teilweise werden die Investitionsrahmen direkt an die Kommunen weitergegeben.		Die Festlegung von Kultur- und Naturdenkmalen kann als Beispiel dienen; ansonsten werden von den Reichsämtern Kontrollen der kommunalen Planungen ausgeübt und Normen sowie Planungsrichtlinien für die Planung auf nachgeordneten Planungsebenen festgelegt.	Die Verkehrsplanung ist sektoral für Straßen, Eisenbahnen, Häfen und Flugplätze aufgebaut.
Regierungsbezirk Provinz	Seit 1971 steuert die Provinzialregierung mit Hilfe von Investitionsrahmen und Investitionsquoten einen großen Teil kommunaler Investitionen.	Die regionalpolitische Planung legt fest, wie die vom Reichstag verabschiedeten Zielsetzungen hinsichtlich Beschäftigung, Versorgung und Umwelt verwirklicht werden sollen. Die Kommunen beeinflussen diese Planungen durch Vorschläge und Gutachten.	Staatliche Raumplanung betrifft nur flächenbeanspruchende sektorale Planungen, Kultur- und Naturdenkmale; die Bezirksregierung hat die Flächennutzungen zu inventarisieren und zu koordinieren; ansonsten übt der Staat nur die Kontrolle kommunaler Pläne aus, stellt sie fest und gibt den Kommunen Beratungshilfen.	Die regionale Verkehrsplanung soll die sektorale Verkehrsplanung auf regionalem Niveau koordinieren, unter Berücksichtigung kommunaler Interessen.
Kommunen	Die ökonomische Planung in der Kommune ist sowohl sektoral als auch sektorübergreifend im jährlichen Haushalt und in den mehrjährigen Haushaltsplänen festgelegt.	Durch gemeinsame Planungsvoraussetzungen ergeben sich vielfältige natürliche Ansatzpunkte und Verbindungen zur kommunalen Planung, die sich in kommunalen Wirtschaftsplänen niederschlägt.	Raumplanung ist sektorübergreifend; kommunale Übersichtspläne und Flächendispositionspläne werden unter Ausgleichsgesichtspunkten koordiniert; die staatlichen Richtlinien für die Verwendung von Boden und Gewässern werden auf das kommunale Planungsniveau transformiert und dort angewandt und durchgesetzt.	Kommunale Verkehrsplanung soll die örtlichen Ansprüche sichern und die Flächennutzungs- und Bauleitplanung verbessern.

Abb. 11: Ablauf des regionalen Planungsprozesses 1974/75

Regierung Reichstag	Weisungen/Anordnungen Richtlinien/Auswertung früherer Erfahrungen in der Regionalplanung	Regionalpolitisches Handlungsprogramm Richtlinien für Maßnahmen
Bezirksregierung	Planungsgrundlagen Problemanalysen, Prognosen, Strukturanalysen	Vorschlag für das Provinzialprogramm Ziele, Maßnahmen — Beschluß
Gemeinden Provinziallandtage	Auswertung, Zielsetzung und Maßnahmenvorschläge	Anhörung — Folgebeschlüsse
Intressen- verbände	Anhörung/Auswertung	

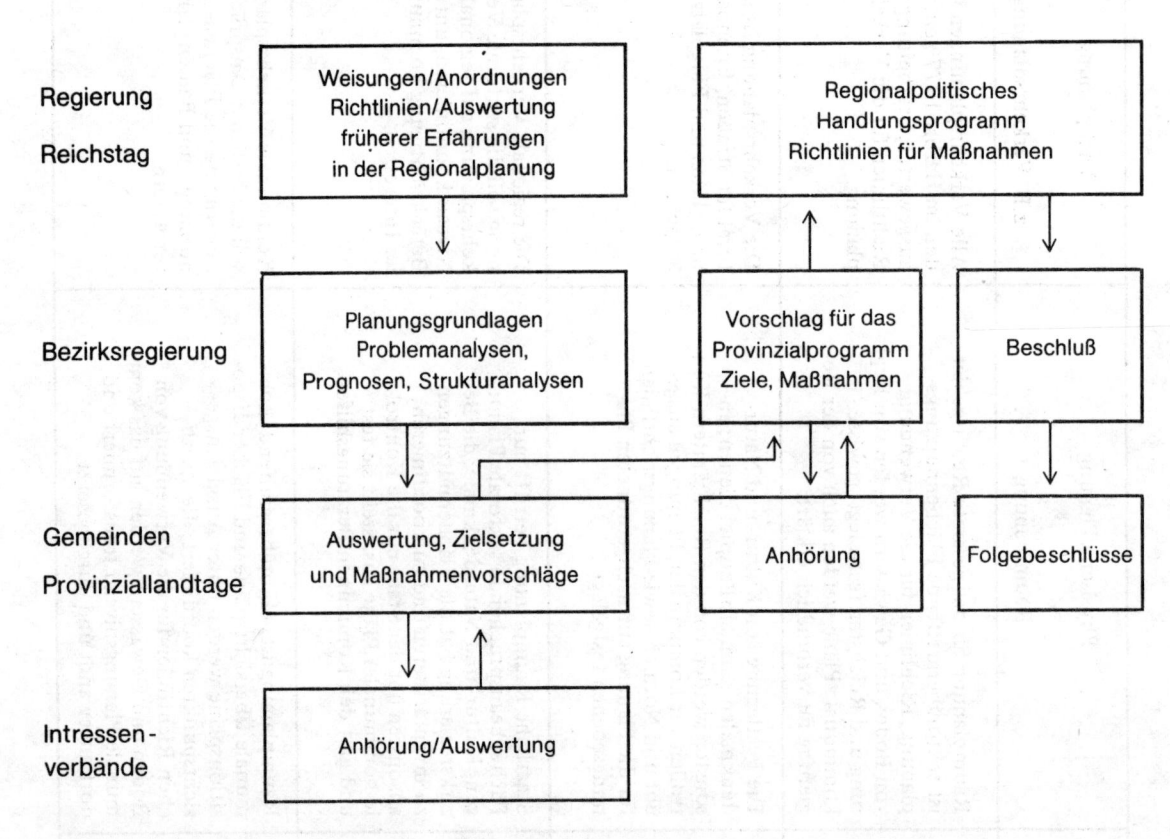

Quelle: Arbetsmarknadsutskottes betänkande: Samordnad sysselsättningsoch regionalpolitik, AU 1976/77 : 7.

- die Regionalpolitik soll derart intensiviert werden, daß allen Menschen in den verschiedenen Landesteilen gleichwertige Lebensverhältnisse hinsichtlich Einkommensmöglichkeiten, Versorgung sowie Freizeit und Erholung geboten werden;
- die Regionalpolitik soll künftig in vermehrtem Maße eine dezentralisierende Ausrichtung erhalten;
- die Regionalpolitik soll die zwischenregionalen Gleichgewichte verbessern.

Diese Ziele gehen von der Erkenntnis aus, daß

- eine funktionierende Wirtschaft und ein ausgebauter Industriesektor Voraussetzung für ein ausgebautes Versorgungssystem unter Einschluß gesellschaftlicher Einrichtungen sind;
- regionale Gleichgewichte und Entwicklung von Regionen mit unausgeglichenem Arbeitsmarkt durch die allgemeine Expansionskraft der Wirtschaft am besten gefördert wird.

Der Reichstag vertrat die Auffassung, daß der Regionalplanung im Zusammenhang mit der Entwicklung der Wirtschaft große Bedeutung zukommt und beschloß deshalb, die Provinzen anzuweisen, alle fünf Jahre ein „Provinzialprogramm" auszuarbeiten sowie dieses jährlich auszuwerten und laufend fortzuschreiben. Ausschlaggebend für diese Beschlüsse war die Erkenntnis, daß die Regionalplanung ein geeignetes Mittel zur Koordinierung der regionalpolitischen Maßnahmen in den verschiedenen staatlichen Sektoren darstellt.

2.3 Neues Planungsverfahren in der Provinzialplanung 1980

Im Juni 1978 beschloß die Regierung auf der Grundlage der Verordnung vom 03. März 1977 ein völlig neues Regionalplanungsverfahren für die Jahre 1978–80 mit dem Namen „Provinzialplanung 1980"[23]. Diese Provinzialplanung sollte vom Ansatz her dezentralisiert erfolgen und von einer breiten Mitwirkung geprägt sein. Sie setzte bereits 1976/77 mit der Festlegung von Zielsetzungen und Ausführungsbestimmungen ein. 1978 begann die Provinzialregierung mit der Erarbeitung der Planungsgrundlagen entsprechend den §§ 4, 6 und 7 der Regionalplanungsverordnung. Die Planungsgrundlagen sollen Zustandsbeschreibungen der Region, Prognosen und Problemanalysen enthalten. In die Regionalplanung sollen auch die bedeutendsten Planungen der öffentlichen Hand eingehen. Auch soll überprüft werden, inwieweit die Ziele für die Verwendung von Flächen und Gewässern (Raumplanungsziele) die Entwicklung der Provinz beeinflussen. Auf der Grundlage der so erarbeiteten Planungsunterlagen, die 1979 den Kommunen, Parteien, Interessenverbänden und der Öffentlichkeit zur Anhörung vorgelegt wurden, ist das „Provinzialprogramm 1980" in den Jahren 1979/1980 von den Provinzialregierungen erarbeitet worden.

---

[23] Vgl. Svensk författningssamling, SFS 1977 : 88, Förordning om länsplanering, Stockholm, 29. mars 1977; Industridepartementet (Hrsg.): Riktlinjer för länsplanering 1980, Stockholm 1978 – 06 – 15.

Abb. 12: Phasen der Regionalplanung innerhalb der Regionalpolitik in Schweden 1977 – 81 zur Erarbeitung der Regionalplanungsgrundlagen und der Regionalprogramme

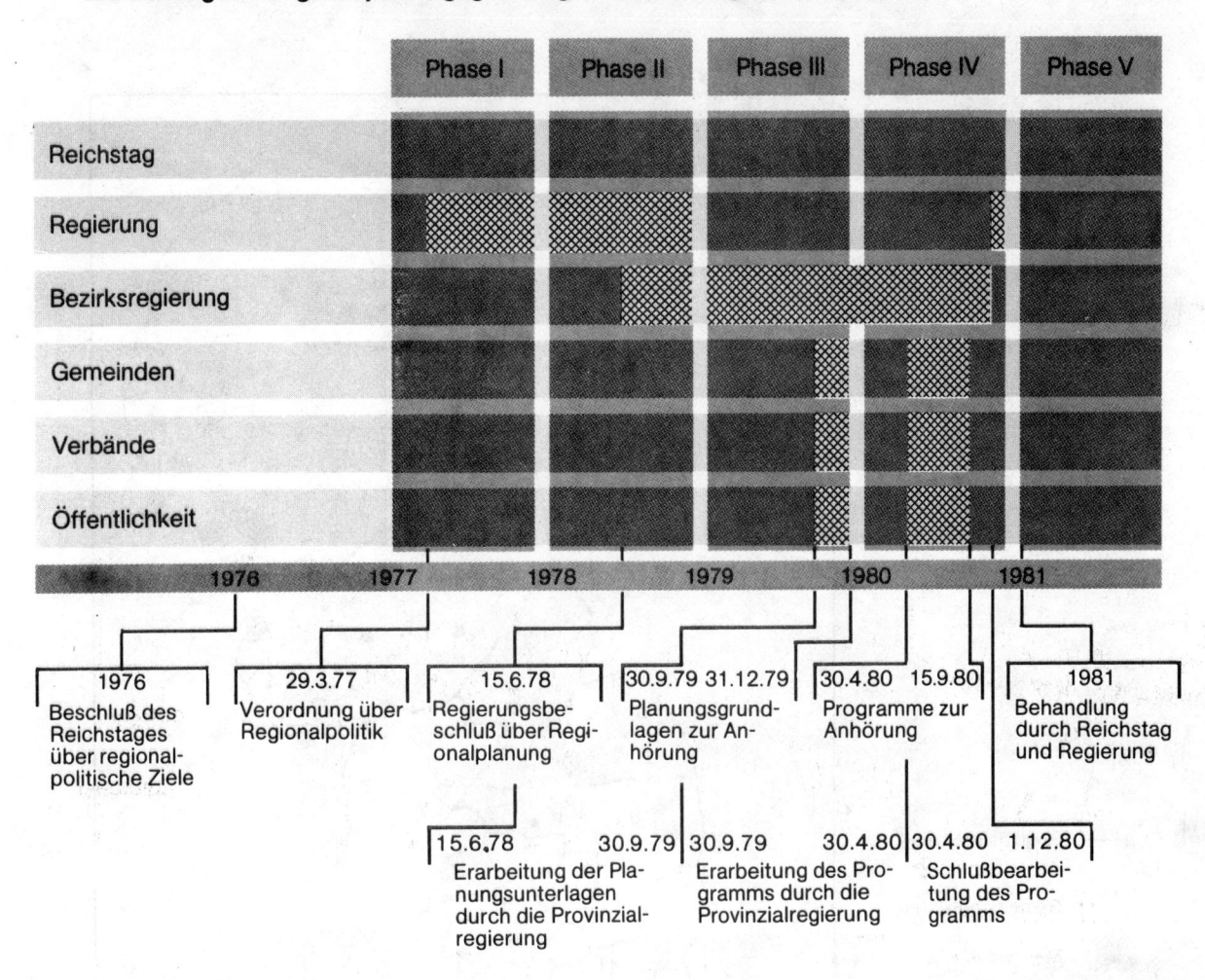

	Phase I	Phase II	Phase III	Phase IV	Phase V
Reichstag					
Regierung					
Bezirksregierung					
Gemeinden					
Verbände					
Öffentlichkeit					

Zeitachse: 1976 — 1977 — 1978 — 1979 — 1980 — 1981

- 1976: Beschluß des Reichstages über regionalpolitische Ziele
- 29.3.77: Verordnung über Regionalpolitik
- 15.6.78: Regierungsbeschluß über Regionalplanung
- 30.9.79 / 31.12.79: Planungsgrundlagen zur Anhörung
- 30.4.80 / 15.9.80: Programme zur Anhörung
- 1981: Behandlung durch Reichstag und Regierung

- 15.6.78 – 30.9.79: Erarbeitung der Planungsunterlagen durch die Provinzialregierung
- 30.9.79 – 30.4.80: Erarbeitung des Programms durch die Provinzialregierung
- 30.4.80 – 1.12.80: Schlußbearbeitung des Programms

Das Provinzialprogramm 1980 enthält:

– Vorschläge für allgemeine Richtlinien der Planung und eine Präzisierung der regionalpolitischen Ziele für die Region und

– Vorschläge für Maßnahmen zur Erreichung der gesetzten Ziele, wobei der Schwerpunkt der Vorschläge auf Maßnahmen liegt, die in der nächsten Fünfjahresperiode durchgeführt werden können.

Auch das Programm geht zur Anhörung an die Kommunen, politischen Parteien und Interessenverbände. Wenn es im Herbst 1980 fertiggestellt ist, wird es zur Stellungnahme und Behandlung an die Regierung und den Reichstag weitergeleitet. Nach positiver Stellungnahme von Regierung und Reichstag ist das „Provinzialprogramm 1980" das Handlungsprogramm der Regionalpolitik in der Provinz für die nächsten fünf Jahre, soweit Einkommenserzielungsmöglichkeiten, Versorgung und Freizeit und Erholung davon betroffen werden (Abb. 12) [24]. Dieser Planungsprozeß beinhaltet gegenüber früheren (Abb. 11) eine viel stärkere Mitwirkung des kommunalen Bereichs und der Öffentlichkeit. Es ist darüber hinaus vom Provinzialdemokratiekomitee vorgeschlagen worden, ein „Gesetz über Regionalplanung" zu schaffen und das Provinzialprogramm vor Weiterleitung an die Regierung vom Provinziallandtag beschließen zu lassen [25]. Es wird weiterhin erwogen, den Verlauf der Regionalplanung noch durch eine Regierungsvorlage über die künftige Regionalpolitik zu beeinflussen, die voraussichtlich 1981 vorgelegt werden soll.

Die Regierung hat bereits 1978 ausdrücklich festgelegt, daß alle Provinzen im Rahmen der vorgegebenen Zielsetzungen größtmögliche Freiheiten bei der Planung haben sollen. Die Planungsarbeit sollte vor allem geprägt sein von dem Willen zur Dezentralisierung [26]. Sie sollte auch auf einer breiten Mitwirkung der Öffentlichkeit aufbauen. Der räumlichen Verteilung der Beschäftigung sowie dem Ausbau der Versorgungs- und Siedlungsstruktur soll im Hinblick auf die Schaffung gleichwertiger Lebensverhältnisse im ganzen Land besonderes Augenmerk zugebilligt werden. Dies bedeutet nach dem Willen der schwedischen Regierung, daß in der Region Beschäftigungsmöglichkeiten, volle Versorgung, Erholungs- und Freizeitmöglichkeiten bei einer entsprechenden Umweltgestaltung und Flächennutzung möglich sein sollen.

Damit die Regionalplanung als Instrument zur Koordinierung der verschiedenen Planungsebenen und Planungssektoren genutzt werden kann, mußten Wertungen und Zielsetzungen zur Beurteilung der Planungen der verschiede-

---

24) Vgl. Industridepartementet (Hrsg.): Nu startar länsplanering 1980!, a.a.O., S. 2.

25) Vgl. Kommunaldepartementet (Hrsg.): Regional utvecklingsplanering – länsplanering m. m., a.a.O., S. 101 ff.

26) Vgl. Kommunaldepartementet (Hrsg.): Lägg besluten närmare människorna! Principbetänkande av decentraliseringsutredningen, SOU 1978 : 52, Stockholm 1978.

Abb. 13: **Raum- und Siedlungsstruktur in Schweden (Stand: 1973)**

- Regionalgrenzen
- Gemeindegrenzen
- Metropolen
- Oberzentren
- Mittelzentren
- Gemeindezentren

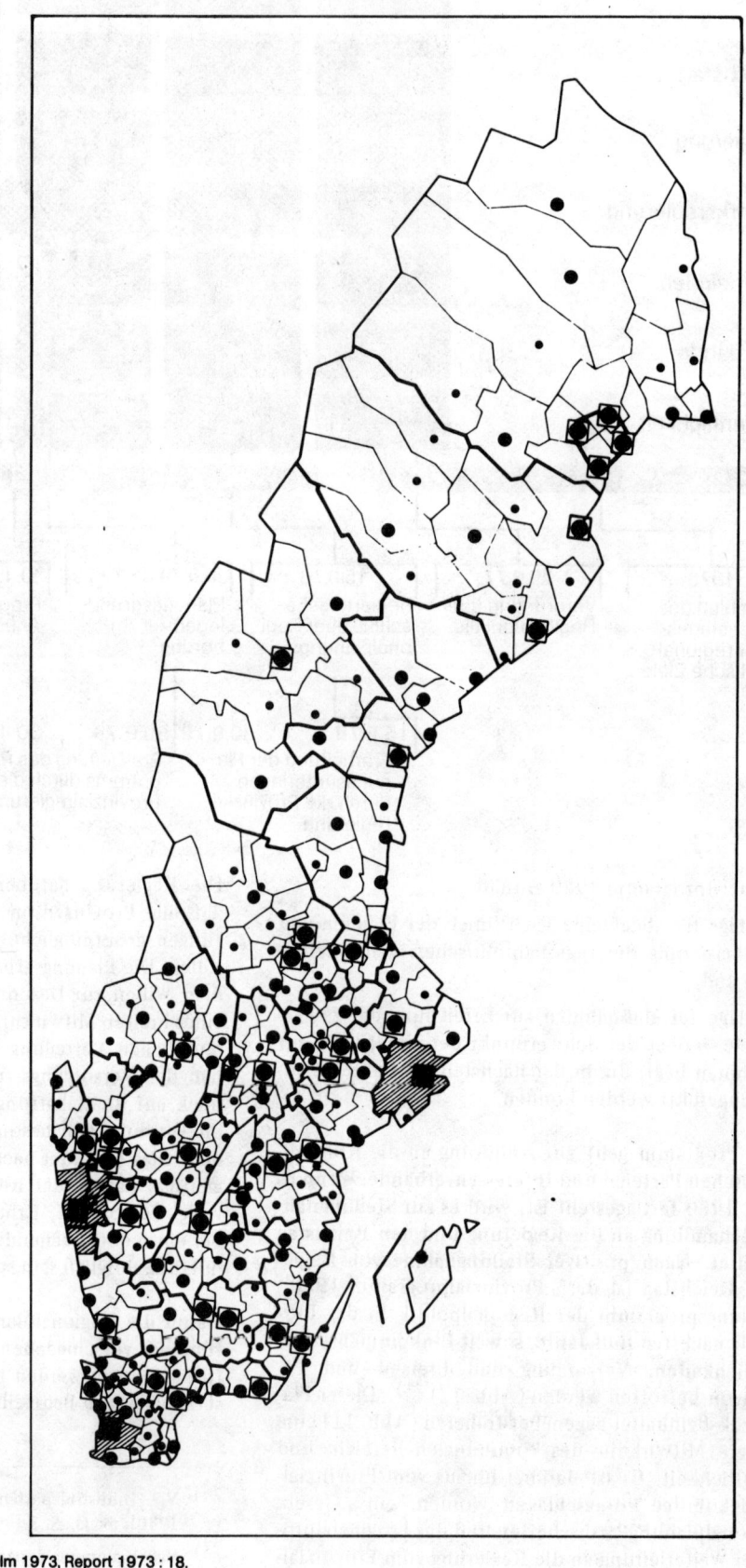

Quelle: Statens planverk, Stockholm 1973, Report 1973 : 18.

nen Provinzen durch gemeinsame Planungsinstrumente vergleichbar gemacht werden. Diese Instrumente enthalten unter anderem folgende wichtige Mittel [27]:

- Planungsrichtzahlen, als Daten für die Bevölkerungsentwicklung 1990 und 2000 im „Programm 1980", mit dem Ziel, für einen regionalen Ausgleich in der Bevölkerungsentwicklung zu sorgen und die planerischen Konsequenzen aus den zu erwartenden Bevölkerungsveränderungen absolut und regional zu ziehen;
- Planung der Raum- und Siedlungsstruktur auf der Grundlage der großstädtischen Verdichtungsgebiete, der Primär- (Ober-), Regional- (Mittel-) und Kommunalzentren (Grund-/Kleinzentren) [28], wodurch diesem Plan große Bedeutung für die Planung der Versorgungseinrichtungen, der Beschäftigungsmöglichkeiten und des Verkehrs zukommt;
- Abgrenzung von Fördergebieten für den Einsatz spezieller regionalpolitischer Maßnahmen (Investitionszuschüsse, Frachtkostenzuschüsse etc.) zur Schaffung von Arbeitsplätzen und Förderung wirtschaftsnaher Infrastruktur [29].

Für die regionale Entwicklungsplanung wurden in der Fünfjahresperiode 1973 – 1978 etwa 2,5 Milliarden Skr aufgewandt. Darüber hinaus sind bedeutende Mittel anderer Fachplanungen in die Provinzen geflossen. Die Regionalplanung soll deshalb darüber hinaus bei ihren Planungen auch regionalpolitische Richtlinien und Maßnahmenprogramme für andere Fachpolitiken auf der Grundlage vorhandener Reichstagsbeschlüsse und Regierungsvorlagen erarbeiten, so z. B. für Wirtschafts-, Beschäftigungs-, Landwirtschafts-, Forstwirtschafts- und Fischereipolitik sowie für Bildungs-, Verkehrs- und Umweltplanung. Eine Darstellung all dieser Ziele und Fördermittel würde hier zu weit führen.

2.4 Fortentwicklung der Regionalplanung

Abschließend sei zur schwedischen Regionalplanung noch hervorgehoben, daß die Regionalpolitik laut Regierungsbeschluß vom März 1979 für die Fünfjahresperiode 1979/80 – 1983/84 weitgehend unverändert weitergeführt wird [30]. Hauptzielsetzungen sind bestmögliche und möglichst gleichwertige Versorgung der Bevölkerung mit Arbeit und Dienstleistungen sowie Schaffung eines guten Wohnumfeldes (Milieu) in allen Teilen des Landes, so auch in der Stockholmer Region. Im Vordergrund stehen dabei gute Arbeitsmöglichkeiten auf den lokalen Arbeitsmärkten, d. h. die in einer zumutbaren Entfernung erreichbar sind. Da man aber aufgrund der Entwicklungsprognosen weiß, daß nicht alle Arbeitsmärkte gleichwertig ausgebaut werden können, muß sich die Bevölkerung in einigen Teilen des Landes auf einen Berufswechsel einstellen oder zur Abwanderung bereit sein.

In den ausbau- und förderungswürdigen Landesteilen sollen von der Regionalpolitik künftig vor allem konkrete Maßnahmen auf der Grundlage der stark geförderten Regionalplanung (länsplanering) koordiniert mit Maßnahmen anderer Ressorts durchgeführt werden. Die Auswahl und der Einsatz der Maßnahmen sollen so dezentralisiert wie möglich erfolgen [31]. Wichtigste Instrumente sind die Planung der Siedlungsstruktur nach dem zentralörtlichen System (Ortsplan), die nur geringfügig geändert wurde und künftig im Rahmen der Regionalplanung auch Pendlerregionen ausweisen soll, die Festlegung von Bevölkerungsrichtwerten für die Provinzen, die nicht verändert wurden, und die Einteilung des Landes in Fördergebiete, für die eine neue, sechsstufige Einteilung vorgeschlagen wurde. Wichtigste Kriterien für die Neuabgrenzung der regionalpolitischen Fördergebiete auf der Grundlage von Arbeitsmärkten sind der Beschäftigungsgrad, die Bevölkerungsentwicklung in der Region und die allgemeine Beschäftigungssituation in der jeweiligen Provinz.

Für die Fünfjahresperiode bis 1983/84 wurde von der Regierung ein Gesamtfördervolumen für die Regionalpolitik in Höhe von 7.400 Mio SKr vorgesehen, vor allem für Ansiedlungsmaßnahmen von Industrie- und Gewerbebetrieben, aber auch für Dienstleistungsbetriebe im öffentlichen Bereich im Zuge der Dezentralisierungsbestrebungen. Durch die Regionalpolitik sollen weiterhin insbesondere Maßnahmen in den peripheren ländlichen Räumen in Nordschweden unterstützt sowie die regionalwirtschaftliche Entwicklung in den sechs Hochschulregionen des Landes durch Regionalplanung und Regionalpolitik – nach den Vorschlägen der ERU – vorangetrieben werden [32].

3. Raumplanung (physische Planung)

3.1 Entwicklung der Ziele für die Nutzung von Flächen und Gewässern – Anfänge der Raumplanung

Aus der Erkenntnis, daß die wertvollen natürlichen Ressourcen des Landes knapp sind und deshalb eine langfristige Planung für die Nutzung der Naturressourcen unbedingt erforderlich ist, um nicht wieder gut zu machende Umweltschäden abzuwenden, wurde 1967 nach etwa 20jähriger Diskussion die erste Phase der Raumplanung auf Reichsebene in Schweden eingeleitet. Der Reichstag beauftragte die Regierung mit der Vorbereitung einer das ganze Land umfassenden Raumplanung. Zu diesem Zweck wurden 1968 bis 1970 viele Methodenstudien, Erhebungen und praktische Untersuchungen für Industrieansiedlungen etc. durchgeführt. Als vorläufiges Resultat dieser Untersuchungen legte die Regierung 1971 einen vom Innenministerium erarbeiteten Bericht über „die Verwendung von Flächen und Gewässern" vor [33], der u. a. Vorstellungen für den Schutz einiger Landesteile, Standorte für Industrieansiedlungen und Bereiche für Freizeitbebauung enthielt.

Auf der Grundlage dieses Berichtes beschloß der Reichstag 1972 „Richtlinien für die Verwendung von Flächen

---

[27] Vgl. Industridepartementet (Hrsg.): Riktlinjer för länsplanering 1980, a.a.O., S. 8.

[28] Vgl. *Lorendahl, B.:* Nordisk regionalekonomi, a.a.O., S. 201 ff.

[29] Vgl. Arbetsmarknadsdepartementet (Hrsg.): Regionalpolitiska stödformer och styrmedel, Stockholm 1978, S. 53 ff.

[30] Vgl. Regeringens proposition 1978/79 : 112, om regionalpolitik vom 22.03.1979, S. 1 f.

[31] Vgl. Regeringens proposition 1978/79 : 112, om regionalpolitik, a.a.O., S. 49 ff.

[32] Vgl. Regeringens proposition 1978/79 : 112, om regionalpolitik, a.a.O., S. 126 ff.

[33] Vgl. Innenriksdepartementet (Hrsg.): Hushålling med mark og vatten, SOU 1971 : 75.

Abb. 14: **Überblick über wichtige Karten aus dem Regierungsbericht 1971 über „Die Verwendung von Flächen und Gewässern"**

A Schutzwürdige Küsten- und Gebirgsgebiete

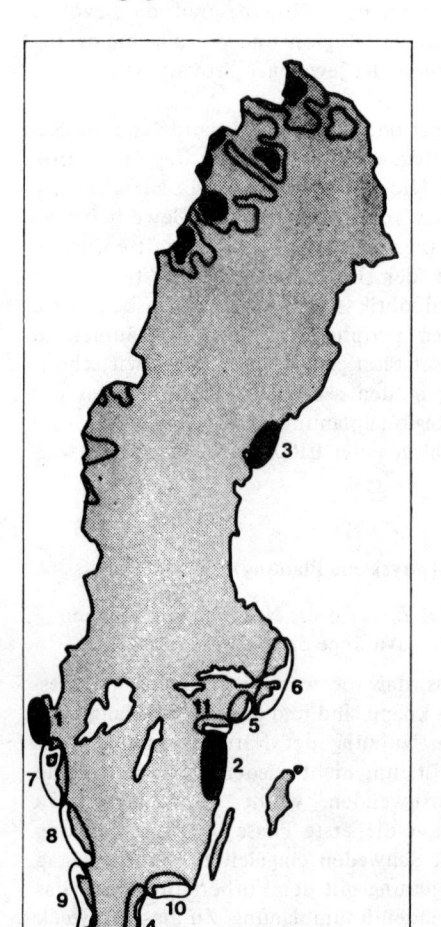

B Mögliche Standorte für die Neuansiedlung einiger näher untersuchter Industriezweige

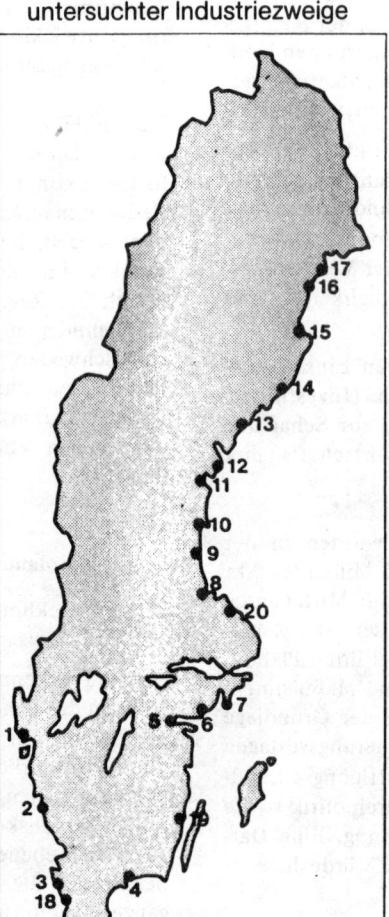

C Standorte für Freizeitbebauung

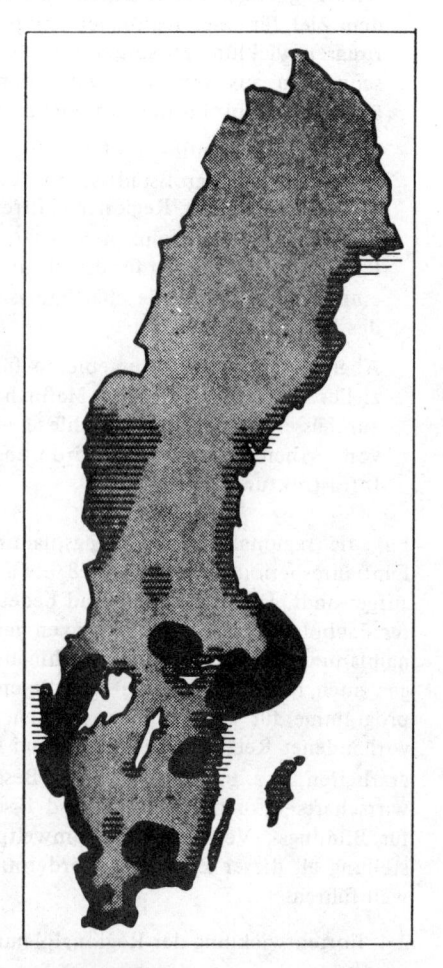

Quelle: SOU 1971:75, entnommen aus: Fysisk riksplanering, hrsg. vom Bostadsdepartementet Statens planverk, Stockholm Sept. 1979

und Gewässern in Schweden" für die Zukunft, das sogenannte Raumplanungsgesetz (prop. 1972 : 111). In der Diskussion über dieses Gesetz wurde vom Reichstag ausdrücklich der ökologische Ansatz als Ausgangspunkt für die Raumplanung festgelegt. Die Raumplanungsrichtlinien (vgl. Abb. 15) beinhalten sowohl Planungsinhalte als auch geographische Abgrenzungen, darunter insbesondere [34]:

- die Behandlung der verschiedenen konkurrierenden Ansprüche unterschiedlicher Gruppen bei der Nutzung von Flächen und Gewässern in der ökologisch richtigen Weise und um einen Handlungsspielraum für die Zukunft zu erhalten;
- die Art und Weise der Planung gewisser Gebiete, wie z. B. Küsten, Flußläufe und Gebirgsgegenden mit dem Ziel, auch künftig den öffentlichen Bedarf für Erholungsgebiete und unberührte Wildnis zu sichern;
- die Ausweisung gewisser Reichszonen, die unter den Gesichtspunkten des Naturschutzes, Denkmalschutzes und im Hinblick auf den Erholungsbedarf aus Landesinteresse in ihrer Nutzung kontrolliert werden sollten;
- Fragen der Standortfindung und Standortvorsorge für besonders umweltgefährdende und umweltbeeinflussende Industrie, wie z. B. für Kernkraftwerke und für die Schwerindustrie.

3.2 Planungsprogrammierung und Planungsdurchführung

Die Ausführung dieser Ziele und Maßnahmen erfolgte in zwei Abschnitten, in einem sogenannten Programmabschnitt und in einem Planungsabschnitt im Zuge der Raumplanungen der Provinzialregierungen und der kommunalen Planungen, insbesondere im Zuge der sogenannten Übersichtsplanungen (generalplanlegging). Das Wechselspiel und das Gegenstromverfahren in der Behandlung der Programm- und Planungsabschnitte durch die verschiedenen Planungsebenen illustriert Abbildung 16.

Auf der Grundlage dieser Richtlinien haben die Provinzialregierungen in Zusammenarbeit mit den Kommunen den Planungsbedarf ergründet und versucht herauszufinden, wie und mit welchen Maßnahmen die Planungen am besten ausgeführt werden könnten, um so zu einem Programm für die Planungen zu kommen. Das Planungsprogramm wurde von den Kommunen – den Richtlinien des Reichstages entsprechend – 1973/74 ausgewertet. Im Rahmen des Programmabschnitts wurde von der Regierung eine umfangreiche Öffentlichkeitsarbeit durchgeführt, die u. a. die Bevölkerung über die generellen Pla-

---

[34] Vgl. Regeringens Proposition med redovising av programskedet i den fysiska riksplaneringen, Prop. 1975/76 : 1, S. 2 f.

Abb. 15: **Hauptzüge der Richtlinien für die Nutzung der Naturressourcen in Schweden (Stand: 1972)**

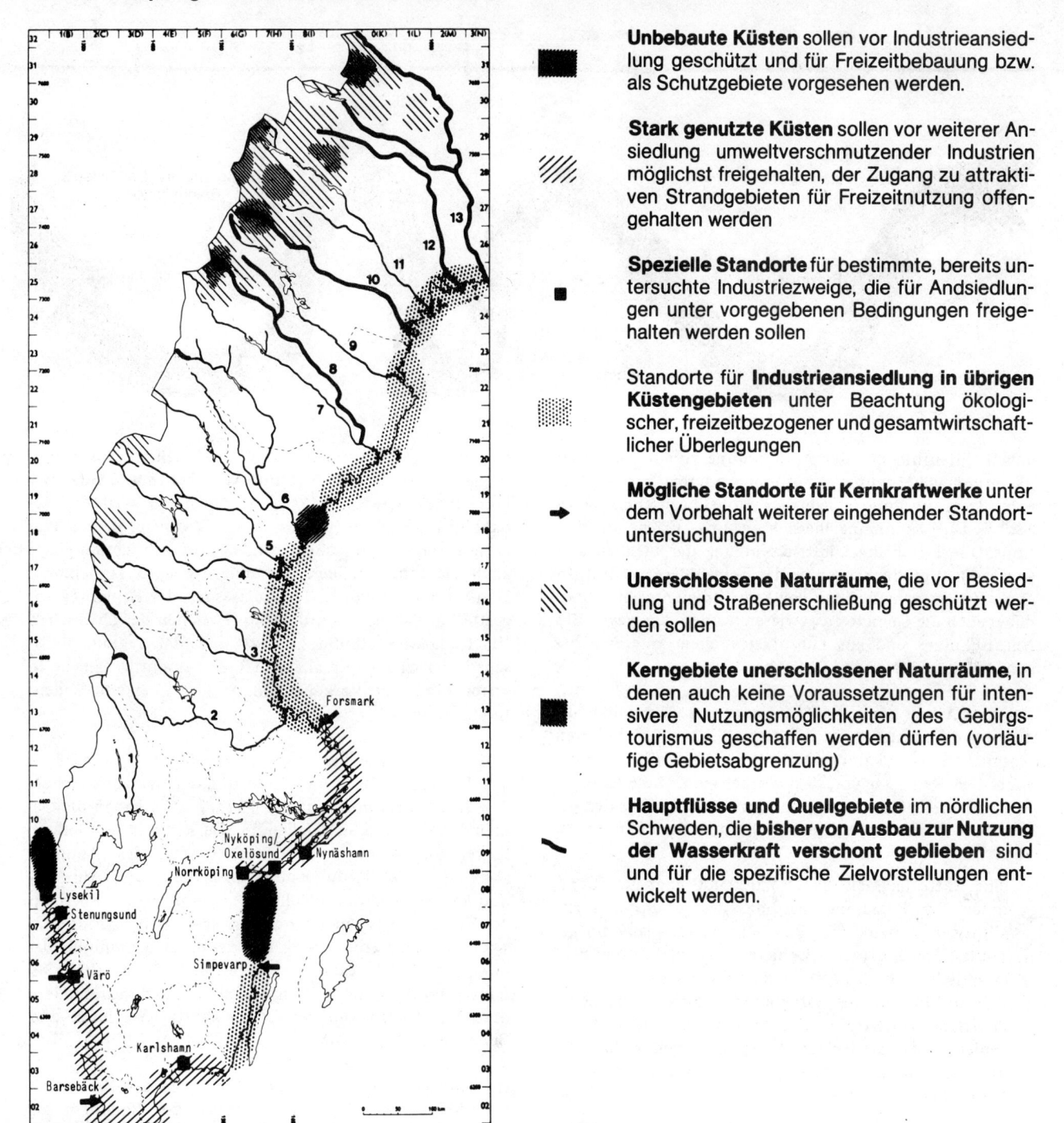

Unbebaute Küsten sollen vor Industrieansiedlung geschützt und für Freizeitbebauung bzw. als Schutzgebiete vorgesehen werden.

Stark genutzte Küsten sollen vor weiterer Ansiedlung umweltverschmutzender Industrien möglichst freigehalten, der Zugang zu attraktiven Strandgebieten für Freizeitnutzung offengehalten werden

Spezielle Standorte für bestimmte, bereits untersuchte Industriezweige, die für Andsiedlungen unter vorgegebenen Bedingungen freigehalten werden sollen

Standorte für **Industrieansiedlung in übrigen Küstengebieten** unter Beachtung ökologischer, freizeitbezogener und gesamtwirtschaftlicher Überlegungen

Mögliche Standorte für Kernkraftwerke unter dem Vorbehalt weiterer eingehender Standortuntersuchungen

Unerschlossene Naturräume, die vor Besiedlung und Straßenerschließung geschützt werden sollen

Kerngebiete unerschlossener Naturräume, in denen auch keine Voraussetzungen für intensivere Nutzungsmöglichkeiten des Gebirgstourismus geschaffen werden dürfen (vorläufige Gebietsabgrenzung)

Hauptflüsse und Quellgebiete im nördlichen Schweden, die **bisher von Ausbau zur Nutzung der Wasserkraft verschont geblieben** sind und für die spezifische Zielvorstellungen entwickelt werden.

Quelle: Bostadsdepartementet Statens Planverk, Fysisk riksplanering Stockholm 1979, S. 16.

nungsabsichten unterrichtete und zur Mitarbeit aufrief. In Beschreibungen, Übersichten und Plänen wurde daraufhin von den Kommunen konzeptionell dargelegt, wie die Flächennutzung künftig erfolgen soll, so z. B. für Besiedlung, landwirtschaftliche Nutzung oder für abzugrenzende Naturreservate. Die Kommunen haben das Planungsprogramm sodann der Provinzialregierung und dem staatlichen „Planverk" zugeleitet, die die Kommunalprogramme untersucht und zu jedem einzelnen Stellung bezogen haben.

Im Frühjahr 1975 hat die Regierung in einer Serie von Beschlüssen zur Planung in jeder Provinz Stellung genommen. In diesen Beschlüssen wurden eingehend die Voraussetzungen dargelegt, unter denen mit den weiteren Planungen über die „Verwendung von Flächen und Gewässern" in der Planungsphase verfahren werden sollte. Mit Regierungsbeschluß um die Jahreswende 1976/77 wurden die Kommunen sodann aufgefordert, Planungen über die zu ergreifenden Maßnahmen der Raumplanung bei den Provinzialregierungen einzureichen [35]. Die Gemeinden

---

[35] Vgl. Informationsblad utgivet av bostadsdepartementet: Hushålling med mark och vatten — Fysisk riksplanering, Stockholm, Sept. 1975; Bostadsdepartementet: Management of land and water resources — National physical planning in Sweden, Information published by the Ministry of Housing and Physical Planning, Stockholm, Sept. 1975.

Abb. 16: Die „Planungsschlange" der physischen Reichsplanung in Schweden 1969 – 74

| 1969 | 1970 | 1971 | 1972 | 1973 | 1974 |

Regierung und Reichstag Reichsämter

Provinzialregierung

Gemeinden

Gemeinden

Regierung und Reichstag Reichsämter

Provinzialregierung

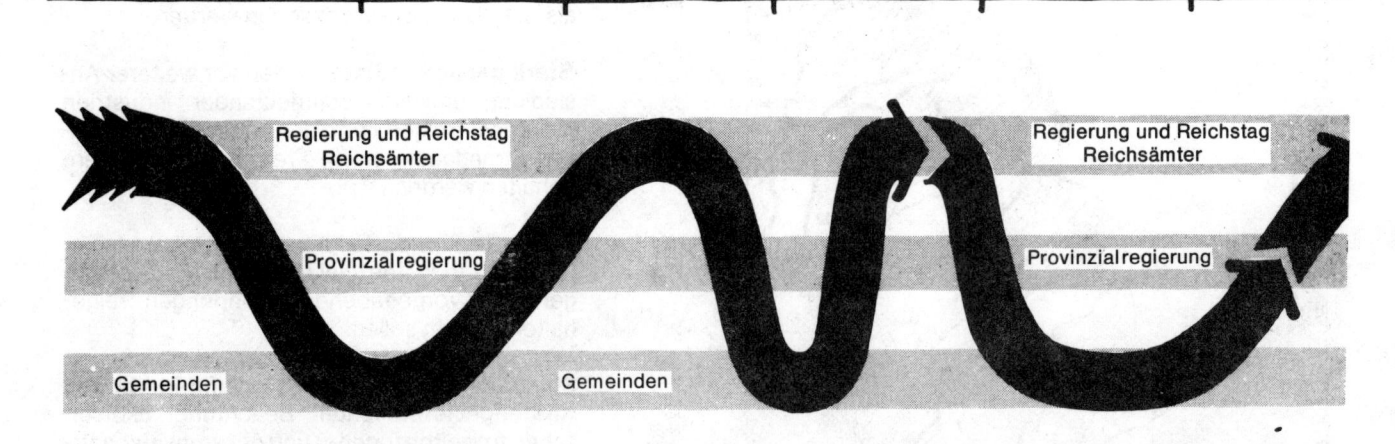

haben daraufhin mit der Ausarbeitung von sogenannten „Kommunalübersichten" begonnen, deren Erarbeitung vom Staat in unterschiedlicher Höhe bezuschußt wurde [36]. Die Kommunalübersichten und Flächendispositionspläne legten die künftige Nutzung der Flächen und Gewässer in großen Zügen für das Gemeindegebiet fest. In enger Zusammenarbeit mit den Provinzregierungen sollten dabei auch die Gebiete ausgewiesen werden, die wegen des Naturschutzes und aus kulturhistorischem Interesse besonders zu schützen sind (vgl. Abb. 17).

Bei ihrer Arbeit können die Provinzen und Gemeinden auf die von der Regierung in den letzten Jahren erarbeiteten Materialien zurückgreifen (prop. nr. 1975/76 : 1), die auch dem Reichstag vorgelegt worden sind. Diese Materialien enthalten zusammenfassend Auswertungen für den gesamten Planungsprogrammabschnitt, darunter z. B. auch [35]:

— eine Karte im Maßstab 1 : 2.000.000 über die Richtlinien der Regierung und/oder des Reichstages zur künftigen Nutzung der Flächen und Gewässer im gesamten Reichsgebiet — Gebiete, die u. a. von den geographischen Richtlinien berührt werden — worunter z. B. die Flächen für Nationalparke, die erstrebenswerte Art der Nutzung der Küsten, Flußläufe und Gebirgsgebiete sowie die Gebiete ausgewiesen werden, für die die Regierung besondere Planungsmaßnahmen vorschreibt (vgl. Abb. 14 u. 15);

— eine Karte im Maßstab 1 : 2.000.000, in der die verantwortlichen Zentralen Verwaltungsämter die Gebiete von Reichsinteresse ausweisen, die für Naturschutz, Erholung und Freizeit, für Landwirtschaft und aus kulturhistorischen Gründen von besonderer Bedeutung sind;

— zwei großmaßstäblichen Karten über Gebiete mit besonderer Bedeutung für Landwirtschaft (landwirtschaftliche Vorranggebiete) sowie über Standorte für umweltgefährdende Industrie, entsprechend einer Standortüberprüfung nach § 136 a Baugesetz.

Die in diesen großmaßstäblichen Karten festgelegten Gebiete müssen den ausgewiesenen Funktionen entsprechend bei allen weiteren Planungen über die Nutzung von Flächen und Gewässern von den Provinzialregierungen und von den Kommunen berücksichtigt werden.

In den Ausschußverhandlungen des Reichstages über den Regierungsbericht, die Nutzung der Flächen und Gewässer betreffend, wurde 1975/76 bezüglich der weiteren Behandlung des Problems beschlossen, künftig in den Planungsabschnitt auf der Grundlage der Programmphase auch die Probleme der Wasserversorgung aufzunehmen. Darüber hinaus wurde der Auffassung der Regierung zugestimmt, daß der Koordination zwischen der physischen Reichsplanung (Raumplanung) und der regionalpolitischen Entwicklungsplanung (Regionalpolitik) sowie in erster Linie der Verkehrsplanung hervorragende Bedeutung zukomme [37].

Auf der Grundlage der verschiedenen Reichstagsbeschlüsse aus den Jahren 1972 und 1975 und den dementsprechenden Regierungsverordnungen 1975/76 [38] haben die Gemeinden und die staatlichen Institutionen in den letzten Jahren umfassende Arbeiten im Rahmen des Planungsabschnittes der Raumplanung ausgeführt (vgl. Abb. 18) und im Bereich der Flächennutzungsplanung außerhalb der Verdichtungsgebiete große Erfolge erzielt, so z. B. hinsichtlich der Verbesserung der gesamten Kommunalplanung, der Erarbeitung von Richtlinien für die künftige Baugesetzgebung und deren Ausführung und insbesondere hinsichtlich der Planungen für die künftige Siedlungs- und Bebauungsentwicklung.

Im Frühjahr 1977 haben die Gemeinden den Provinzialregierungen als vorläufigen Abschluß der Planungsphase folgende Arbeiten vorgelegt [39]:

— Kommunalübersichten zur Flächen- und Gewässernutzung durch 260 Gemeinden, d. h. lediglich 11 Gemeinden, darunter 7 aus der Provinz Stockholm, sind ihren Verpflichtungen nicht nachgekommen;

---

36) Vgl. hierzu die Karten über die Verteilung der staatlichen Planungszuschüsse an die Kommunen im Zeitraum 1969–1979, Prop. 1978/79 : 213, a.a.O., S. 10.

37) Vgl. Civilutskottets betänkande, CU 1975/76 : 1, S. 6.

38) Vgl. Bostadsdepartementet (Hrsg.): Fysik riksplanering fullföljande av fastlagda riktlinjer, PM 1978-09-07, Stockholm 1978, S. 7.

39) Vgl. Bostadsdepartementet (Hrsg.): Fysik riksplanering, a.a.O., S. 21 ff.

Abb. 17: **Prinzipielle kartographische Ausweisungen in den kommunalen Übersichtsplänen und in den Flächendispositionsplänen – Planungsabschnitt (Stand: 1976/77)**

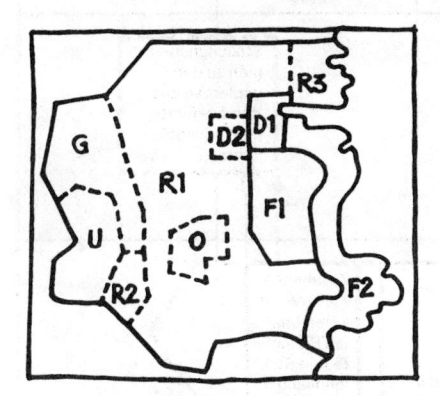

1. **Kommunalübersicht:**
   - Bebauungsvorschriften
   - Grundstücksnutzung
   - Planungsvorschriften
   - flächendeckend für die gesamte Gemeinde

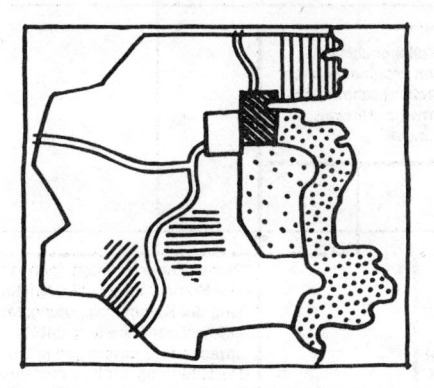

2. **Flächendispositionspläne:**
   - derzeitige und geplante Flächennutzung
   - flächendeckend oder für Teile der Gemeinde

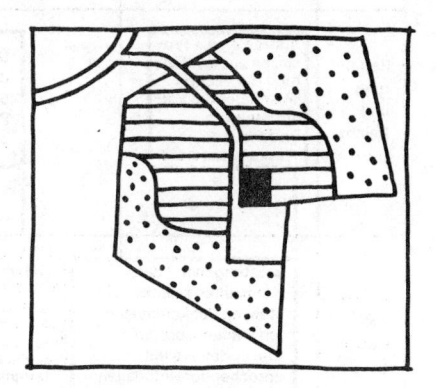

3. **Flächennutzungspläne für Gemeindeteile:**
   - konkrete derzeitige und geplante Flächennutzung
   - für z.B. Siedlungs-, Industrie- oder Erholungsflächen

Quelle: Statens planverk (Hrsg.): Beslut om marken, Stockholm 1978, S. 11 ff.

— Flächendispositionen für Gebiete, die nach den „geographischen Richtlinien" der Regierung besonders zu überprüfen waren (etwa 200 von 270 Gemeinden sind davon betroffen);

— Flächennutzungsplanungen für solche Räume in der Gemeinde, die mittelfristig erschlossen werden sollen oder in denen in absehbarer Zeit Konflikte hinsichtlich der künftigen Nutzung entstehen können (etwa 50 Gemeinden);

— Berichte über die Maßnahmen, die im Zusammenhang mit der Ausführung der Reichstags- und Regierungsrichtlinien über die Raumplanung in der Gemeinde durchgeführt werden sollen;

— Spezialberichte über Gebiete und Ausweisung dieser Räume, so z. B. von landwirtschaftlichen Vorranggebieten oder Erholungsgebieten, die von der Regierung und vom Parlament einer besonderen Planung (rskr 1975/76 : 46) anempfohlen wurden.

Von den insgesamt 277 schwedischen Gemeinden sind alle von den geographischen Richtlinien der Raumplanung betroffen; von diesen Gemeinden hatten 1979 266 kommunale Übersichtspläne und etwa 70 Gemeinden einen Flächendispositionsplan erarbeitet. In den restlichen Gemeinden werden diese Pläne zur Zeit noch entwickelt [40]. Insgesamt gesehen gibt es damit jetzt bereits Raumplanung flächendeckend für das ganze Land. Da die Raumplanung in den letzten Jahren so gut vorangeschritten ist und die Zusammenarbeit zwischen den Planungsebenen einerseits und die Kooperation zwischen den Planungsebenen und den Bürgern andererseits sich so gut entwickelt hat, ist eine fortgesetzte gleichzeitige Planung und Berichterstattung zur Raumplanung durch die Kommunen zukünftig nicht mehr erforderlich.

3.3 Künftige Ziele und Schwerpunkte der Raumplanung

Die schwedische Regierung will z. Zt., entsprechend ihren Beschlüssen von 1978/79 (prop. 1978/79 : 213), die auch kartographisch fixiert sind [41], folgende Ziele durchsetzen:

— den absoluten Schutz von „Landwirtschaftlichen Nutzflächen (LN)" vor Bebauung insoweit, wie die derzeitige LN in ihrem Gesamtflächenumfang nicht wesentlich verändert wird;

— Konkretisierung der Richtlinien für den Bau von Wochenend- und Freizeitwohnungen u. a. zum Schutz der Küsten, größerer Binnenseen und der Gebirgsgegenden.

Die Schwerpunkte der Raumplanung sollen, den neuesten Richtlinien der Regierung entsprechend, in den nächsten Jahren in folgenden Bereichen liegen [42]:

— Erarbeitung von Flächennutzungsplänen für die Siedlungs- und Verdichtungsgebiete, deren Erweiterung in den nächsten Jahren landwirtschaftliche Flächen in Anspruch nehmen wird;

— Erarbeitung von konkreten Plänen für künftige Freizeitbebauungen, insbesondere in den Gebieten, die im Rahmen der „geographischen Richtlinien" als Gebiete von Reichsinteresse für die Raumplanung ausgewiesen worden sind;

---

[40] Vgl. Bostadsdepartementet Statens Planverk: Fysisk riksplanering, Stockholm 1979, S. 24.

[41] Vgl. Regeringens proposition 1978/79 : 213, Redovisning av planeringsskedet i den fysiska riksplaneringen, Stockholm, d. 17. April 1979, S. 11 ff.

[42] Vgl. Bostadsdepartementet Statens Planverk: Fysisk riksplanering, a.a.O., S. 29.

Abb. 18: Arbeitsweise in der Raumplanung Schwedens von 1973 – 1978

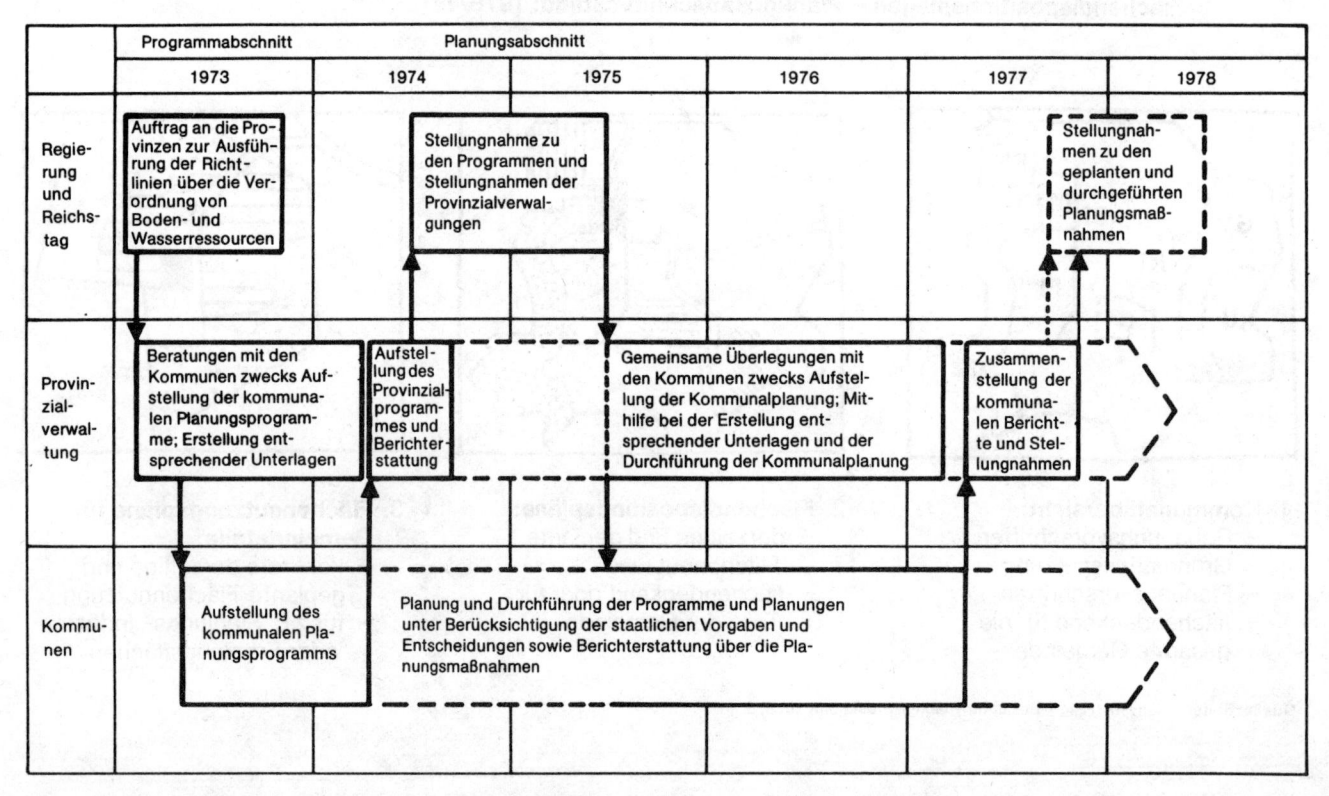

	Programmabschnitt	Planungsabschnitt				
	1973	1974	1975	1976	1977	1978
Regierung und Reichstag	Auftrag an die Provinzen zur Ausführung der Richtlinien über die Verordnung von Boden- und Wasserressourcen	Stellungnahme zu den Programmen und Stellungnahmen der Provinzialverwaltungen			Stellungnahmen zu den geplanten und durchgeführten Planungsmaßnahmen	
Provinzialverwaltung	Beratungen mit den Kommunen zwecks Aufstellung der kommunalen Planungsprogramme; Erstellung entsprechender Unterlagen	Aufstellung des Provinzialprogrammes und Berichterstattung	Gemeinsame Überlegungen mit den Kommunen zwecks Aufstellung der Kommunalplanung; Mithilfe bei der Erstellung entsprechender Unterlagen und der Durchführung der Kommunalplanung		Zusammenstellung der kommunalen Berichte und Stellungnahmen	
Kommunen	Aufstellung des kommunalen Planungsprogramms	Planung und Durchführung der Programme und Planungen unter Berücksichtigung der staatlichen Vorgaben und Entscheidungen sowie Berichterstattung über die Planungsmaßnahmen				

Quelle: Statens planverk (Hrsg.): den fysiska riksplaneringens planeringsskede, rapport 44 del 1, Stockholm 1978, S. 20.

— Fortsetzung und Vertiefung der Planungsarbeiten und Maßnahmen zur Sicherung der Flächen für Naturschutz, für Freizeit und Erholung sowie für Flächen von kulturhistorischem Interesse.

Die Regierung geht von der Erwartung aus, daß alle Gemeinden die Planungen und Maßnahmen durchführen, die nach den Regierungsrichtlinien und den Reichstagsbeschlüssen für die Raumplanung für erforderlich gehalten werden, wobei die notwendigen Arbeiten auch im Rahmen der allgemeinen kommunalen Flächennutzungsplanungen durchgeführt und auf dem laufenden gehalten werden können. Die Regierung will mit Nachdruck der Kritik des Schwedischen Rechnungshofes begegnen, wonach die Planungen und Maßnahmen der Kommunen nicht in allen Fällen den Erfordernissen der von Parlament und Regierung gesetzten Ziele und Richtlinien entsprochen haben [43]. Sie hat deshalb auch in den letzten Jahren durch das Staatliche Planungsamt eine Reihe von Planungshandbüchern erarbeiten lassen, die den Kommunen bei der Aufstellung ihrer Kommunalplanungen helfen sollen [44].

Weiterhin hat die schwedische Regierung die Provinzialregierungen gebeten, bis zum Jahre 1982 erneut (vgl. Abb. 18) ausführlich darüber zu berichten, wieweit die Arbeiten der Kommunen an der Raumplanung auf der Grundlage der Richtlinien von Parlament und Regierung fortgeschritten sind. Bereits 1980 sollten jedoch wichtige Fragen der künftigen Flächen- und Gewässernutzung, wie z. B. die der landwirtschaftlichen Vorranggebiete oder der Freizeitbebauung, im Zusammenhang mit der Regionalplanung innerhalb der Regionalpolitik als besonderer Problem- und Planungsbereich mitbehandelt und in die Maßnahmenplanungen der Regionalpolitik einbezogen werden, wie u. a. auch alle den Umweltschutz [45] und die Verkehrspolitik [46] berührenden Ziele und Maßnahmen. Im Jahre 1982 soll u. a. von den Bezirksregierungen auch ausführlich über die Studien zur Industriestandortplanung berichtet werden.

Die schwedische Raumplanung soll nach den Vorstellungen des Wohnungsbauministeriums vom Herbst 1979, die in einem Bericht [47] verbunden mit Vorschlägen für ein neues Planungs- und Baugesetz vorgelegt wurden, vor allem die Ressourcenplanung für Boden und Wasser wesentlich verbessern. In acht Punkten wurden die wichtig-

---

43) Vgl. Bostadsdepartementet (Hrsg.): Fysisk riksplanering, a.a.O., S. 4.

44) Vgl. hierzu Statens Planverk – Berichte über die verschiedenen Fachplanungen in der Kommune, die als Arbeitshilfen für die Gemeinden gedacht sind, so z. B.
   – den fysiska riksplaneringens planeringsskede, rapport 44 del 1, 1978;
   – jordbruket i kommunernas planering, rapport 44 del 3, 1978;
   – fisket i kommunernas planering, rapport 44 del 8, 1978;
   – naturvården i kommunernas planering, rapport 44 del 11, 1979.

45) Vgl. Schwedisches Institut (Hrsg.): Umweltschutz in Schweden, a.a.O., S. 3 f.

46) Vgl. Kommunikationsdepartementet (Hrsg.): Riktlinjer för trafikplanering, 1978-10-05, Stockholm 1978, S. 10 ff.

47) Vgl. Bostadsdepartementet (Hrsg.): Hushälling med mark & vatten 2, Del I Övervägandan, SOU 1979 : 54.

sten künftigen Ziele der Raumplanung, die sich aus der Ressourcenplanung ergeben, angesprochen [48]:

1. Begrenzung der Umweltverschmutzungen;
2. Schutz der Süßwasser- und Seewasserressourcen;
3. Erhöhte Aufmerksamkeit hinsichtlich der Umweltentwicklung insgesamt;
4. Stetige Verbesserung der Freizeit- und Erholungsmöglichkeiten;
5. Vorsichtige weitere Nutzung der einheimischen Energiequellen;
6. Schutz der Naturressourcen, wie z. B. der Bodenschätze, für künftige Produktionen;
7. Verbesserte Koordination der Siedlungsentwicklung mit größeren Investitionen im Transport- und Energiebereich, d. h. insbesondere zwischen der Raumplanungs-, der Regional- und der regionalen Verkehrspolitik;
8. Aufstellung vereinfachter Raumplanungsrichtlinien für die Bewirtschaftung von Boden und Wasser in der Form eines neuen Planungs- und Baugesetzes, das in erster Linie die Planung auf kommunalem Niveau ermöglichen und verbessern soll.

Abb. 19: Vorschläge für neuere räumliche Richtlinien für die Nutzung der Naturressourcen in Schweden

(Stand: 1979)

||||| Gebiete, die von **keiner umweltstörenden Industrie** beeinträchtigt werden sollen

≡ Gebiete, die als **unbebaute Küsten** bezeichnet werden und für die die eingeschränkten Planungsziele dieser Gebietskategorien gelten sollen

▩ Gebiete, die als **stark entwickelte Küstenzonen** bezeichnet werden und von Industriealisierung verschont bleiben sollen

|||| Gebiete, in denen eine **Beeinträchtigung durch ungereinigte Abwässer** nicht zugelassen werden soll

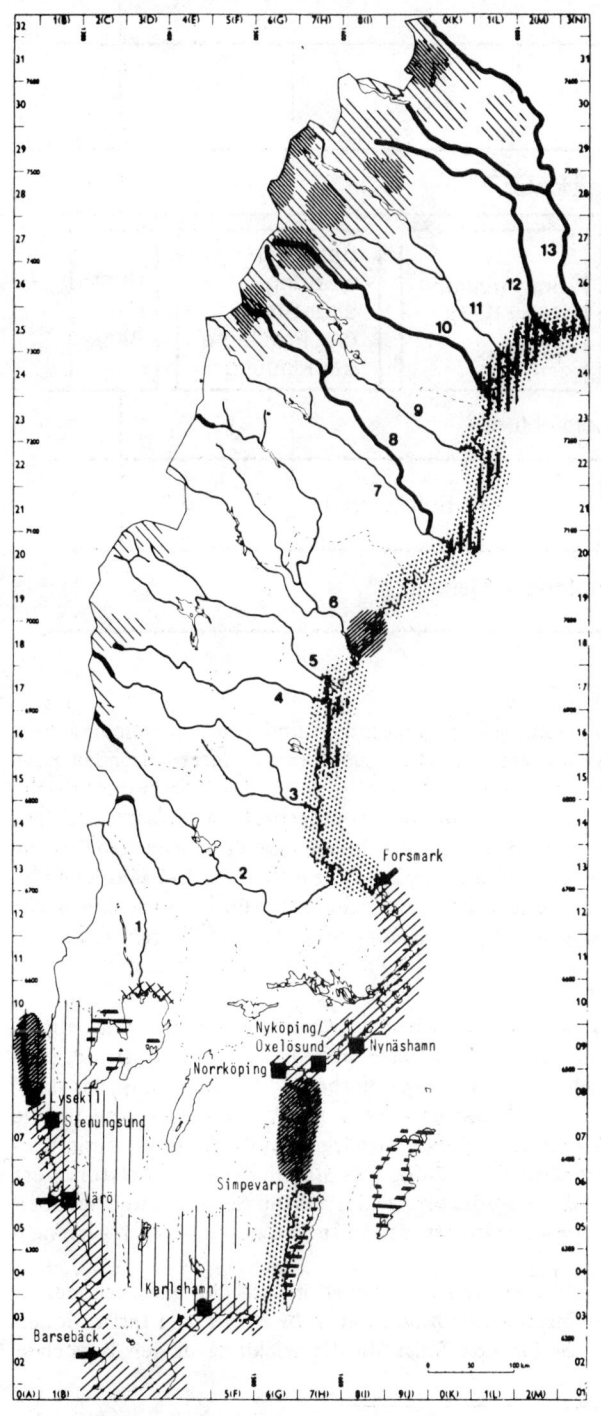

Quelle: Bostadsdepartementet Statens Planverk, Fysisk riksplanering Stockholm 1979, S. 36 und SOU 1979 : 54.

---

[48] Vgl. Bostadsdepartementet Statens Planverk, Fysisk riksplanering a.a.O., S. 34 f.; Statens Planverk: Regeringsförslag om fortsatt fysisk riksplanering, Statens Planverk aktuellt 3 (1979), S. 91–96.

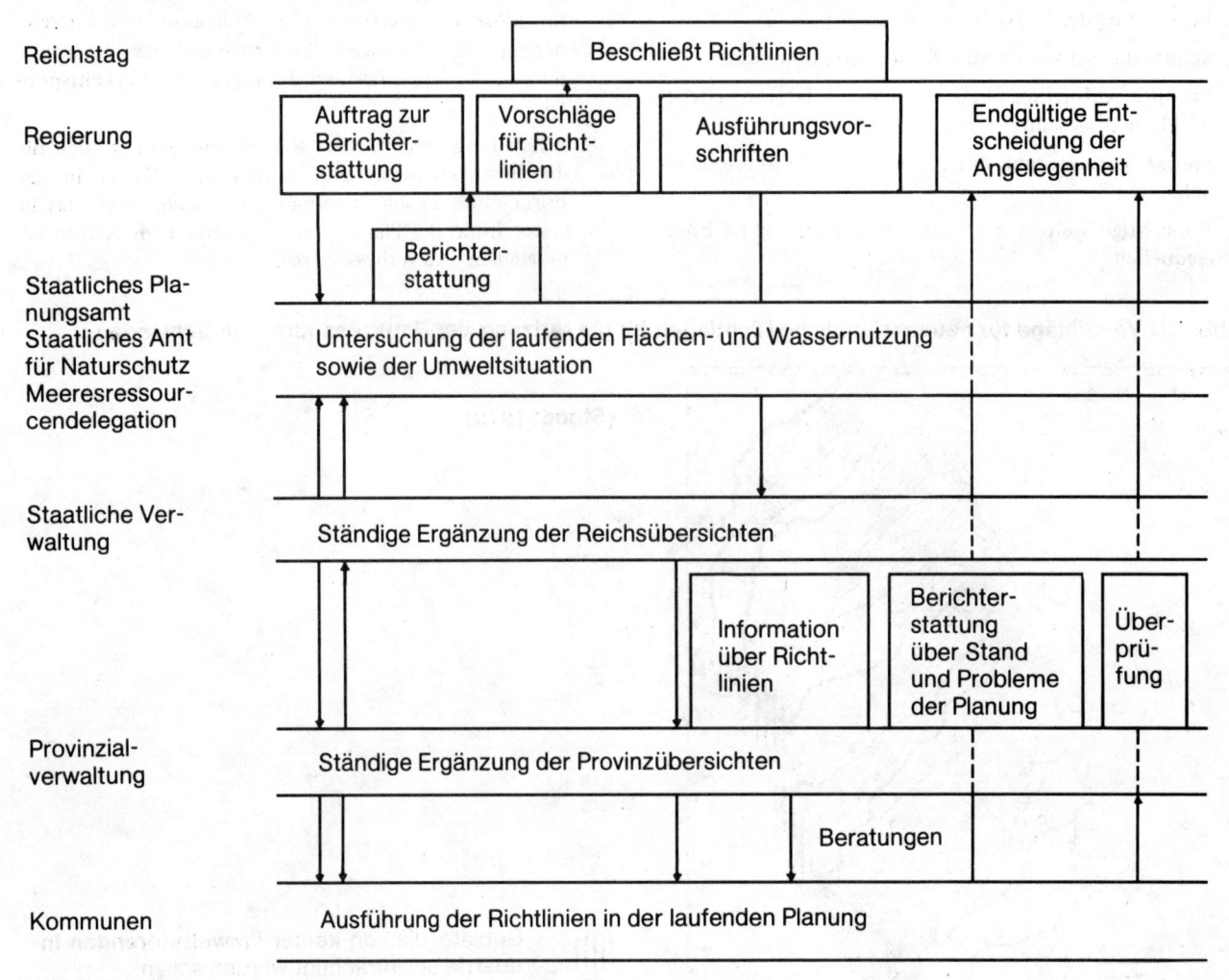

Abb. 20: Vorschläge für die künftige Durchführung der Raumplanung in Schweden

Reichstag		Beschließt Richtlinien		
Regierung	Auftrag zur Berichterstattung	Vorschläge für Richtlinien	Ausführungsvorschriften	Endgültige Entscheidung der Angelegenheit
Staatliches Planungsamt / Staatliches Amt für Naturschutz / Meeresressourcendelegation		Berichterstattung		
	Untersuchung der laufenden Flächen- und Wassernutzung sowie der Umweltsituation			
Staatliche Verwaltung	Ständige Ergänzung der Reichsübersichten			
		Information über Richtlinien	Berichterstattung über Stand und Probleme der Planung	Überprüfung
Provinzialverwaltung	Ständige Ergänzung der Provinzübersichten			
			Beratungen	
Kommunen	Ausführung der Richtlinien in der laufenden Planung			

Quelle: SOU 1979 : 54

Über diese verbalen Zielsetzungen hinaus wurden auch Vorschläge für neue räumliche (geographische) Richtlinien vorgelegt, die die früheren Vorstellungen aus dem Jahre 1972 (vgl. Abb. 15) ein wenig ändern bzw. ergänzen (vgl. Abb. 19). Diese Änderungen betreffen vor allen Dingen das Verbot einer Ansiedlung umweltverschmutzender Industrien in einigen Landesteilen, den verstärkten Schutz der Richtlinien für unbebaute Küsten für die Inseln Öland und Gotland und andere Gebiete sowie ein Verbot für die weitere Zuleitung ungereinigter Abwässer in die Flüsse und Seen in bestimmten Räumen.

Darüber hinaus wurden Vorschläge für die Planung von Gebieten mit besonderen Problemen (qualitative und quantitative Wasserversorgung, Freizeithausbebauung, Überschwemmungsgebiete, Sand- und Kiesgewinnung) und für Gebiete mit unausgenutzten Ressourcen (Torfgewinnung, Windkraftausnutzung, Bodenschätze, Freizeitnutzung) erarbeitet.

3.4 Vorschläge für das künftige Planungsverfahren

Das Wohnungsbauministerium hat 1979 auch Vorschläge für die künftigen Planungsphasen erarbeitet (vgl. Abb. 20). Danach sollen die wichtigsten vom Reichstag verabschiedeten Richtlinien der Raumplanung in das neue Planungs- und Baugesetz aufgenommen und von den Gemeinden in eigener Verantwortung im Rahmen ihrer laufenden konkreten Planungsarbeiten – unter der Kommunalaufsicht der Provinz – in die Planungspraxis umgesetzt werden. Können sich die Gemeinden und Provinzen dabei nicht einigen, soll die Regierung entscheiden. Der jährliche Planungsbericht der Provinzen soll künftig auch den Sachstand der Raumplanung und die besonderen Raumplanungsprobleme in der Provinz mit einschließen.

Nicht zuletzt zu diesem Zweck wurden eindeutige Richtlinien für die Kompetenzabgrenzung in der Frage der physischen Raumplanung erarbeitet [49]. Danach ist das staatliche Planungsamt künftig auf Verwaltungsebene für die Koordinierung aller Angelegenheiten der Boden- und Wassernutzung zuständig. Das Staatliche Amt für Naturschutz für die Koordinierung aller aus der Sicht des Reiches übergeordneten Fragen der Umwelt und die kürzlich gegründete „Meeresressourcendelegation" für alle Angelegenheiten des Meeresterritoriums. Aufgabe dieser drei Institutionen ist es, für den Staat die Entwicklung in den Bereichen

---

[49] Bostadsdepartementet Statens Planverk (Hrsg.): Fysisk riksplanering, a.a.O., S. 41 ff.

Boden- und Wassernutzung, Umwelt- und Meeresterritorien zu beobachten, darüber zu berichten und der Regierung – falls erforderlich – Vorschläge für die Veränderung der raumplanerischen Ziele und Maßnahmen zu unterbreiten.

Die Regierung hat 1979 in einer Regierungsvorlage und in einem Planungsbericht ihre Raumplanungsvorhaben für die nächste Zukunft und das beabsichtigte Planungsverfahren für diesen Zeitraum offengelegt. Sie hat – wie bereits berichtet – darüber hinaus auch Vorschläge für ein neues Planungs- und Baugesetz dem Reichstag zur Beratung und Entscheidung vorgelegt. Die Regierung hat weiterhin 1979 die Provinzialregierungen damit beauftragt, bis Ende 1980 über bestimmte Fragen der Boden- und Wassernutzung, wie etwa die Entwicklung der Freizeitbebauung in bestimmten Landesteilen, zu berichten. Sie beabsichtigt, auf der Grundlage dieser Berichterstattung eventuell 1981 die erforderlichen Beschlüsse über Zieländerungen bzw. neue Planungsmaßnahmen zu fassen. Ein entsprechender Vorgang soll u. a. mit veränderten Fragestellungen 1982/83 ablaufen, d. h. die Provinzialregierungen berichten dann allgemein über den Stand ihrer Planungen, über spezielle Planungsprobleme und über die von der Regierung vorgeschlagene Fragestellung (vgl. hierzu Abb. 18 und 20). Auf der Grundlage dieser Berichtung wird die Regierung dann eventuell wiederum neue Vorstellungen zur physischen Raumplanung erarbeiten.

Auf der Grundlage einer Regierungsvorlage (Prop. 1980/81 : 183) hat der Reichstag im Mai 1981 Beschlüsse darüber gefaßt, wie die Arbeit der „Physischen Reichsplanung (FRP)" zukünftig fortgesetzt werden soll. Folgende wichtige Entscheidungen sollen abschließend hervorgehoben werden [50]:

– Bei der Planungsaufstellung und im Planungsablauf soll den Kommunen nach wie vor eine zentrale Rolle bei der Reichsplanung zukommen; die Reichsplanung selbst soll aber weiterhin durch den Reichstag mit Hilfe der Gesetzgebung gesteuert werden;

– als neue wichtige Planungsaufgaben wurden die Fragen der künftigen Energieversorgung und der Schutz und die Nutzung der Meeresressourcen herausgestellt, wozu von den Provinzen bis 1982 umfangreiche Materialien und Untersuchungen vorgelegt werden sollen;

– die Provinzen sollen weiterhin in der Reichsplanung eine Koordinations- und Bündelungsfunktion insbesondere dadurch ausüben, daß sie a) zusammen mit den Kommunen ständig überprüfen, inwieweit Planung und Berichterstattung verbessert werden können, b) im Rahmen der vielfältigen Fachplanungen bemüht sind, die verschiedenen Reichsinteressen zu wahren, c) sich ständig um geregelte Kontakte zu den Reichsämtern bemühen, um die Fachplanungen zu koordinieren, d) streitige Fragen über die Nutzung der Naturressourcen zwischen den Gemeinden und der Provinzverwaltung der Regierung zur Abwägung und Entscheidung vorlegen.

Der Reichstag hat in seinen Beschlüssen vom Mai 1981 ausdrücklich hervorgehoben, daß er mit der auf der Grundlage seiner Beschlüsse von 1972 durchgeführten „Physischen Reichsplanung (FRP)" zufrieden ist und seine in die Raumplanung gesetzten Erwartungen als erfüllt ansieht.

V. Kurze Zusammenfassung und Ausblick

1. Schweden hat sich in den letzten 100 Jahren von einem der ärmsten Länder Europas zum vermutlich wohlhabendsten Land der Erde entwickelt. Mit Hilfe einer Einwohnerzahl von etwa 8 Millionen Menschen und umfangreichen Ressourcen sowie einer konsequenten Neutralitätspolitik hat es sich einen Reichtum erarbeitet, der diesem Land eine allumfassende Wohlfahrtspolitik erlaubt.

2. Seit dem II. Weltkrieg hat man in Schweden mit Hilfe umfangreicher Planungsstäbe und Planungsabteilungen innerhalb des öffentlichen Sektors, der inzwischen etwa 30 % aller Beschäftigten umfaßt, ein umfassendes Planungssystem aufgebaut, in dem seit Ende der 60er Jahre auch die Raumordnung in der Form von „ökonomischer Langzeitplanung", „regionaler Entwicklungsplanung" und „Raumplanung" ihren Eingang gefunden hat.

3. Während das Finanzministerium mit seiner ökonomischen Planung/Finanzplanung die Daten für alle Fachplanungen setzt, fügt sich die regionale Entwicklungsplanung/Regionalplanung des Industrieministeriums und die physische Planung/Raumplanung des Wohnungsbauministeriums mit zum Teil sehr detaillierten übergeordneten sektorübergreifenden Zielen und Maßnahmen in den von Regierung und Finanzminister gesetzten großen Rahmen kurz-, mittel- und langfristiger Politik ein.

4. Die eigene Ziele verfolgenden und koordinierenden Fachpolitiken „Regionalpolitik" und „Raumplanungspolitik" haben sich im letzten Jahrzehnt auf der Grundlage von Richtlinien des Parlaments und der Regierung auf regionaler Ebene und auf kommunaler Ebene voll entfalten können. Den „Provinzialregierungen" und den bezirkskommunalen „Provinziallandtagen" kommen im Rahmen der räumlichen Planungen Bündelungsfunktionen und Koordinierungsfunktionen zu.

5. Mit Hilfe der Regionalpolitik sollen in allen Landesteilen gleichwertige Lebensverhältnisse hinsichtlich der Einkommenserzielungsmöglichkeiten, der Versorgungsmöglichkeiten sowie der Freizeit und Wohnumwelt geschaffen werden. Diesem Zweck sollen eine konsequente Dezentralisierungspolitik und Beschäftigungspolitik dienen, denen ein ganzes Arsenal von Förderungsmöglichkeiten zur Seite stehen. Auf der Grundlage umfangreicher Analysen und Prognosen wird z. Zt. das Provinzialprogramm 1980 (länsplanering 1980) erarbeitet, das die Planungsrichtung angeben und die regionalpolitischen Ziele und Maßnahmen für die einzelnen Regionen des Landes, insbesondere für die nächsten fünf Jahre, präzisieren soll. Alle Planungen werden konsequent nach dem Gegenstromprinzip durchgeführt. Sie bauen auf einer breiten Mitwirkung der Öffentlichkeit auf.

6. Die Raumplanung soll neben der Regionalpolitik eine effektive Nutzung der natürlichen Ressourcen sichern. Die künftige Verwendung von Flächen und Gewässern soll auf der Grundlage des sogenannten Raumplanungsgesetzes nach ökologischen Gesichtspunkten erfolgen und ist auf bestimmte geographisch abgegrenzte Räume (z. B. Küsten,

---

[50] Statens planverk: Fortsatt fysisk riksplanering, aktuellt 3 (1981), S. 99–101.

Flußläufe, Gebirgsgegenden) sowie auf spezielle Aufgaben (z. B. Naturschutz, Denkmalschutz, Erholungsbedarf) ausgerichtet. Auf einer Programmetappe und einem Planungsabschnitt aufbauend, wurden für die meisten Gemeinden des Landes, nach einheitlichen Richtlinien des Parlaments und der Regierung, übersichtliche Flächendispositionen und Flächennutzungsplanungen sowie Spezialplanungen, wie z. B. für landwirtschaftliche Vorranggebiete und Industriestandorte, im Gegenstromverfahren von den Gemeinden und Provinzialregierungen erarbeitet.

7. Die Schwerpunkte der künftigen Raumordnung in Schweden liegen eindeutig in der Harmonisierung der Lebensbedingungen zwischen den Regionen, in einer konsequenten Entwicklungs- und Beschäftigungspolitik für besonders notleidende Gebiete, unterstützt durch eine effektive Ansiedlungs- und Dezentralisierungspolitik, sowie in der Intensivierung der Flächennutzungsplanungen, der Sicherung von Erholungsgebieten und dem Natur- und Landschaftsschutz. Zu diesem Zweck ist die schwedische Regierung bemüht, die ökonomische Langzeitplanung und die regionale Entwicklungspolitik einerseits sowie die Regionalpolitik und die Raumplanung andererseits besser als bisher zu koordinieren, neue Planungsgesetze, Planungsverfahren und Planungstechniken zu entwickeln, und sie sektorübergreifend und zur Koordination aller anderen Fachpolitiken zu nutzen, wobei den Provinzen aus demokratischen Gründen (Mitwirkung, Bürgernähe) und insbesondere den Provinzialregierungen als regionalen Bündelungsbehörden besondere Bedeutung zukommt und künftig vermehrt zukommen soll. Dabei gilt es vor allem, die ökonomische Langzeitplanung auf nationaler Ebene mit den Problemen und langfristigen Möglichkeiten auf kommunaler Ebene in Einklang zu bringen [51].

Die Raumplanung soll jedoch künftig, vor allem nach den 1979 entwickelten Vorstellungen des Entwurfs eines neuen Planungs- und Baugesetzes, auf der Grundlage der sehr weitgehenden staatlichen Planungsrichtlinien vor allem in den Gemeinden erfolgen. Für die künftigen Planungsverfahren ist im Gegenstromverfahren der sogenannten „Planungsschlange" ein zweijähriger Zyklus von Berichterstattung, neuen Entscheidungen der Regierungen und der Regierungs- und Planungsergänzungen vorgesehen.

8. Im Hinblick auf die veränderten Planungsvoraussetzungen, insbesondere des Bevölkerungsrückganges und der sich wandelnden Bevölkerungsstruktur, wird es künftig in vermehrtem Maße darauf ankommen, regionale Umverteilungen auf den verschiedensten Sektoren vorzunehmen, so z. B. im Dienstleistungssektor. Verminderte finanzielle Ressourcen und neue regionale Probleme erfordern die Entwicklung eines neuen raumordnerischen und regionalpolitischen Instrumentariums. Wachstumsrückgänge, Stagnations- und Kontraktionsprobleme stellen die Landesentwicklungsplanungen vor neue Probleme. Diese können nach Auffassung schwedischer Wissenschaftler nicht mit Hilfe sektoraler Politiken und Teillösungen bewältigt werden. Hierzu bedarf es einer neuen Planungsphilosophie [52], die allen Teilräumen und allen Planungsebenen größtmögliche Selbständigkeit und Individualität zubilligt und gleichzeitig diesen Teilräumen aller Art eine neue Solidarität hinsichtlich der Entwicklung größerer Räume bis hin zu einer neuen Weltordnung zumutet.

---

51) Vgl. *Holm, P.:* Samspelet mellan nationell, regional och kommunal utveckling och planering — några synpunkter inför 80-talet, in: Att forma regional framtid, a.a.O., S. 176 ff.

52) Vgl. *Godlund, S.:* Regionalpolitik som idé och realitet, a.a.O., S. 67 f; *Hägerstrand, T.:* Att skapa sammanhang i människans värld — problemet, in: Att forma regional framtid, a.a.O., S. 183—197.

Raumordnung und Landesplanung in Norwegen

von
Viktor Frhr. von Malchus

INHALT

I. Besondere Rahmenbedingungen der Planung
   1. Natürliche Verhältnisse – Besiedlung – Bevölkerungsentwicklung
   2. Wirtschaftliche Entwicklung – Beschäftigung
   3. Verfassung und Verwaltung

II. Entwicklung der Orts-, Regional- und Landesplanung
   1. Erste Ansätze – Überblick
   2. Auf- und Ausbaupolitik 1945 bis 1965
   3. Regional- und Stadtentwicklungsplanung 1965 bis 1976
   4. Konsolidierung der Raumplanung ab 1973 und neue Tendenzen

III. Grundsätze, Organisation und Durchführung der Planung auf den verschiedenen Planungsebenen
   1. Arbeitsteilung zwischen Staat, Bezirkskommune und Kommune
   2. Planungen auf nationaler Ebene
   3. Planungen auf Provinzebene
   4. Planungen auf kommunaler Ebene

IV. Allgemeine und spezielle Planungsinstrumente
   1. Planungsinstrumente im Rahmen der Provinz- und Kommunalplanung
   2. Strand- und Gebirgsgebiete
   3. Städtebau- und Bodenpolitik
   4. Waldwirtschaft, Erholung, Natur- und Landschaftsschutz
   5. Sonstige Instrumente zur Durchführung der Planungen

V. Maßnahmen zur Koordinierung der Planung
   1. Koordinationsbedarf
   2. Koordination von Raumordnung und Finanzplanung
   3. Koordination von Raumordnung und Fachplanungen
   4. Querschnittsbezogene Planung der Naturressourcen
   5. Koordinationsaufgaben im Rahmen bedeutender Problembereiche

VI. Vorschlag für neues Planungsrecht: Gesetz über die lokale und regionale Planung (Planungsgesetz)
   1. Vorüberlegungen
   2. Wichtige Inhalte des Gesetzentwurfs
   3. Ausblick: Inkrafttreten und weitere Gesetzesvorhaben

VII. Kurze Zusammenfassung und Ausblick

I. Besondere Rahmenbedingungen der Planung

1. Natürliche Verhältnisse – Besiedlung – Bevölkerungsentwicklung

Die raumordnerischen und landesplanerischen Probleme Norwegens haben vielfach ihren Ausgangspunkt in den schwierigen natürlichen Verhältnissen und in den geographischen Dimensionen des Landes (vgl. Abb. 1). Die Gesamtlänge des Landes beträgt 1.752 km. Das Land ist an seiner breitesten Stelle 430 km, an der schmalsten Stelle 6,3 km breit. Es wird von unzähligen Fjorden und Gebirgsketten zerschnitten. Die Grenze mit Schweden mißt 1.619 km, mit Finnland 716 km und mit der UdSSR 196 km. Norwegen hat eine Küste, die insgesamt 21.000 km lang ist. Die durchschnittliche Höhe des Landes über NN beträgt 500 m; 40 % davon liegen über 600 m NN, etwa 50 % über der Baumgrenze. Die Größe des norwegischen Hauptgebietes (ohne Svalbard, Jan Mayen, Boovet Island und Peter Island) umfaßt 323.895 km², davon gehören 6 % zu den 50.000 Inseln entlang der Küste, von denen etwa 2.000 bewohnt sind. 70 % der Gesamtfläche des Landes sind für eine Besiedlung nicht geeignet.

Abb. 1   *Norwegen in Europa*

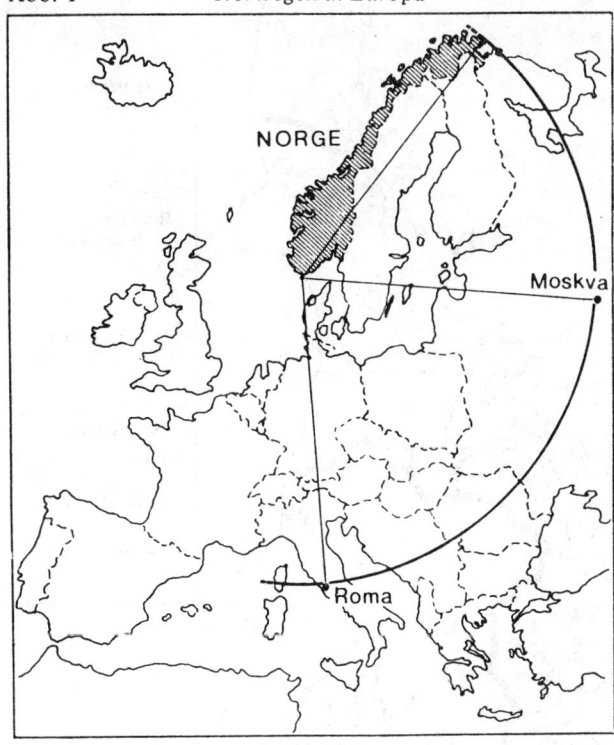

All diese schwierigen natürlichen Bedingungen, das harte Klima im Inland, die von hoher Reliefenergie geprägte Topographie und die verkehrsgeographisch fern von den europäischen Entwicklungsachsen gelegenen Standorte des Landes haben die Siedlungs- und Wirtschaftsstruktur Norwegens stark beeinflußt und behindern seine Entwicklung [1].

---

[1] Vgl. *Malchus, V. Frhr. v.*: Artikel „Norwegen" im Handwörterbuch der Raumforschung und Raumordnung, 2. Auflage, II. Band, Hannover 1970, Sp. 2125 ff.

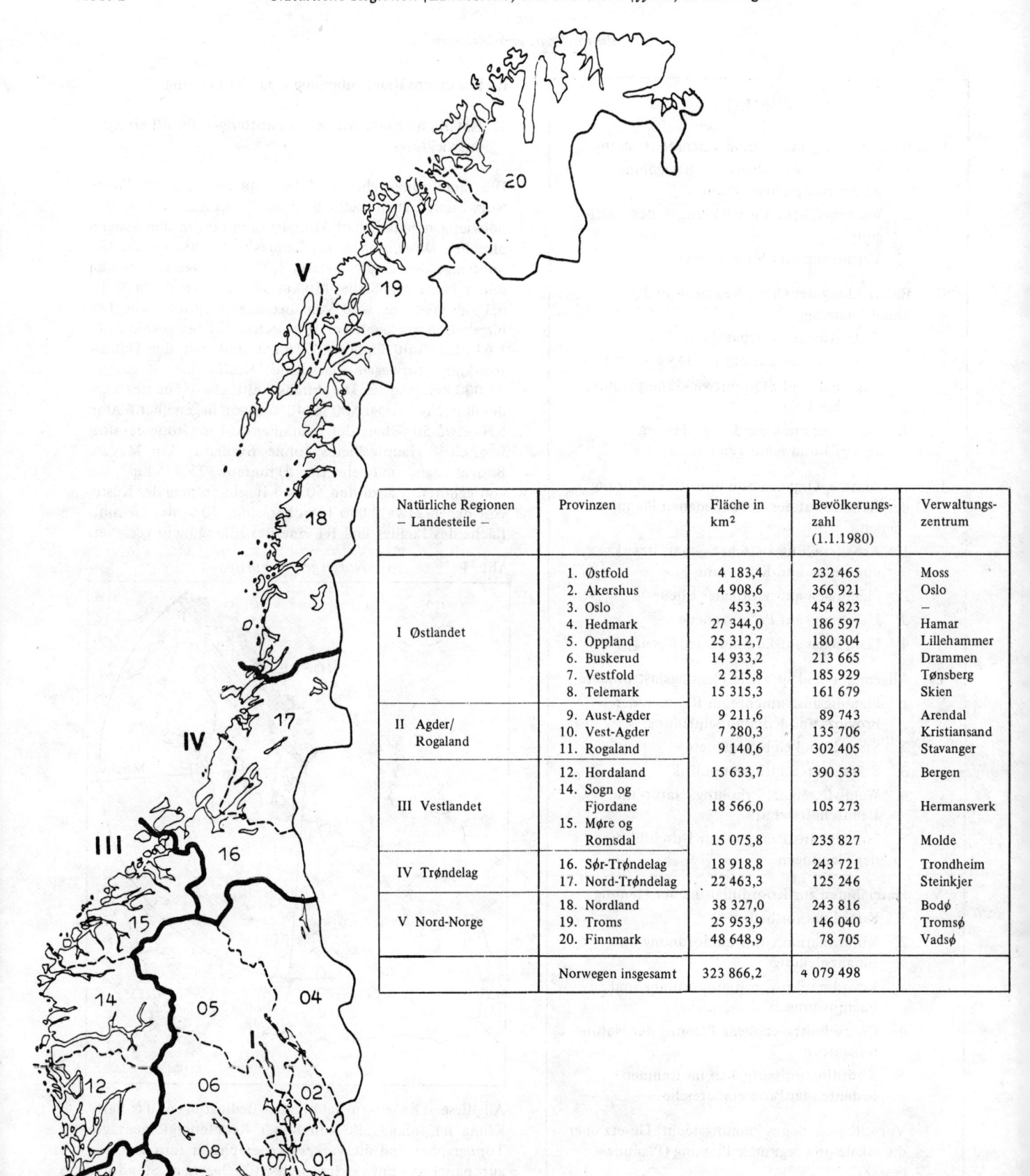

Abb. 2 *Natürliche Regionen (Landesteile) und Provinzen (fylke) in Norwegen*

Natürliche Regionen – Landesteile –	Provinzen	Fläche in km²	Bevölkerungszahl (1.1.1980)	Verwaltungszentrum
I Østlandet	1. Østfold	4 183,4	232 465	Moss
	2. Akershus	4 908,6	366 921	Oslo
	3. Oslo	453,3	454 823	–
	4. Hedmark	27 344,0	186 597	Hamar
	5. Oppland	25 312,7	180 304	Lillehammer
	6. Buskerud	14 933,2	213 665	Drammen
	7. Vestfold	2 215,8	185 929	Tønsberg
	8. Telemark	15 315,3	161 679	Skien
II Agder/ Rogaland	9. Aust-Agder	9 211,6	89 743	Arendal
	10. Vest-Agder	7 280,3	135 706	Kristiansand
	11. Rogaland	9 140,6	302 405	Stavanger
III Vestlandet	12. Hordaland	15 633,7	390 533	Bergen
	14. Sogn og Fjordane	18 566,0	105 273	Hermansverk
	15. Møre og Romsdal	15 075,8	235 827	Molde
IV Trøndelag	16. Sør-Trøndelag	18 918,8	243 721	Trondheim
	17. Nord-Trøndelag	22 463,3	125 246	Steinkjer
V Nord-Norge	18. Nordland	38 327,0	243 816	Bodø
	19. Troms	25 953,9	146 040	Tromsø
	20. Finnmark	48 648,9	78 705	Vadsø
	Norwegen insgesamt	323 866,2	4 079 498	

Quelle: Miljøverndepartementet: Oversikt over norsk planleggingslovgivning og planapparatets oppbygging, Oslo 1977, S. 40.

Abb. 3   *Siedlungsstruktur in Norwegen (1970)*

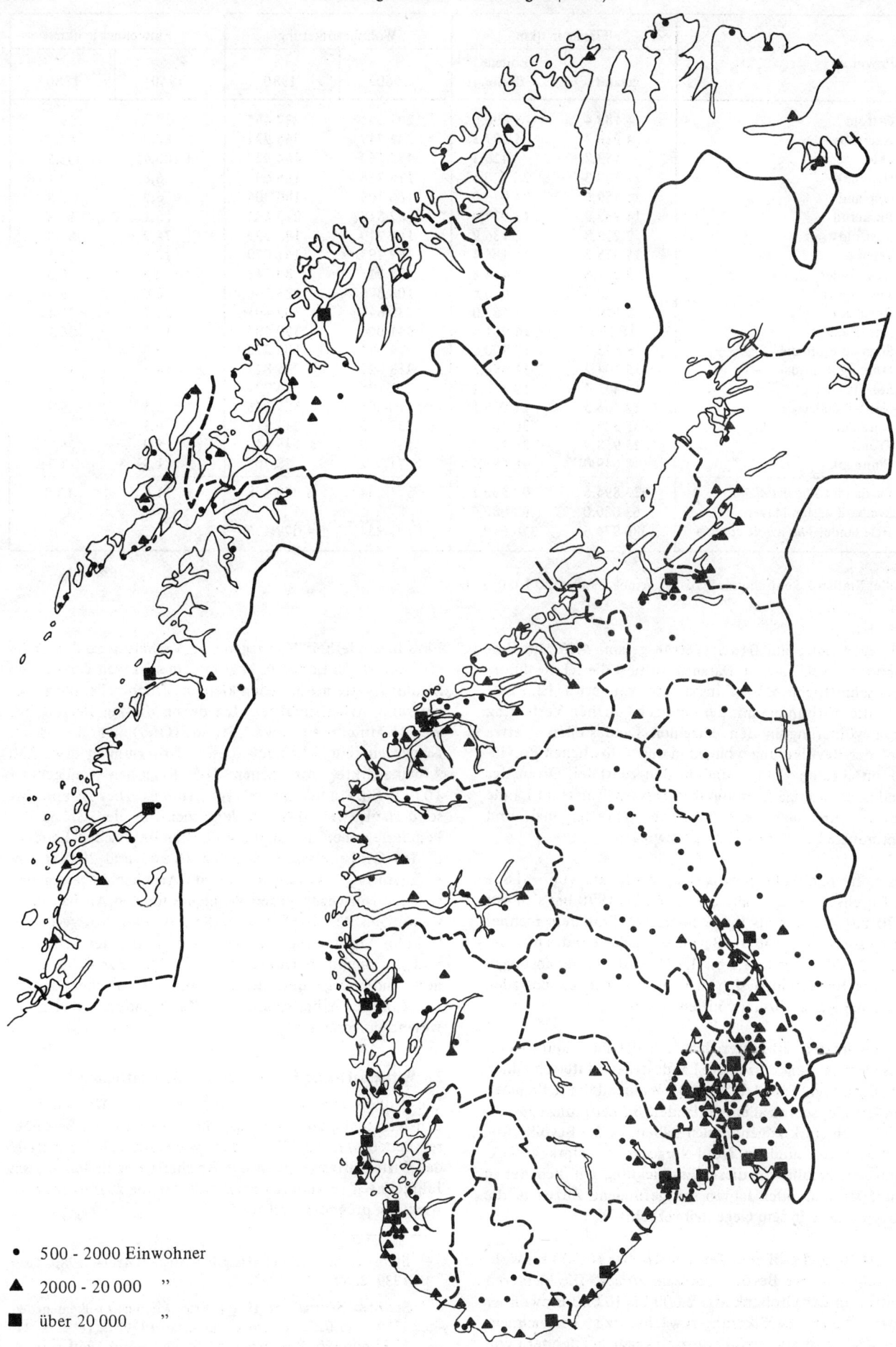

- • 500 - 2000 Einwohner
- ▲ 2000 - 20 000   "
- ■ über 20 000   "

Quelle: Miljøverndepartementet: Oversikt over norsk planleggingslovgivning og planapparatets oppbygging, a.a.O., S. 39.

Tab. 1 Fläche, Bevölkerung und Bevölkerungsdichte 1960 und 1980 in Norwegen

Provinzen	Fläche in qkm		Wohnbevölkerung		Einwohner je qkm	
	gesamt	Bodenfläche	1960	1980	1960	1980
Østfold	4 183,4	3 890,6	202 641	232 465	52,2	59,3
Akershus	4 916,7	4 587,3	233 747	366 921	50,9	80,0
Oslo	453,7	426,3	475 562	454 823	1 103,4	1 002,5
Hedmark	27 388,3	26 120,1	176 718	186 697	6,8	7,1
Oppland	25 259,6	24 073,0	166 109	180 304	6,9	7,5
Buskerud	14 933,2	13 927,9	182 518	213 665	13,1	15,3
Vestfold	2 215,8	2 136,9	160 219	185 929	74,9	87,0
Telemark	15 315,3	14 186,4	149 797	161 679	10,6	11,4
Aust Agder	9 211,8	8 484,8	77 045	89 743	9,0	10,6
Vest Agder	7 280,3	6 816,5	108 876	135 706	16,0	19,9
Rogaland	9 140,6	8 553,0	238 641	302 405	28,0	35,4
Hordaland	15 633,7	14 961,5	341 006	390 533	15,1	26,1
Sogn og Fjordane	18 633,5	17 900,0	99 844	105 273	5,6	5,9
Møre og Romsdal	15 104,2	14 596,3	213 027	235 827	14,5	16,2
Sør-Trøndelag	18 831,4	17 875,4	212 125	243 721	11,7	13,6
Nord-Trøndelag	22 463,3	21 056,1	116 635	125 246	5,5	5,9
Nordland	38 327,0	36 301,8	237 193	243 816	6,5	6,7
Troms	25 953,9	25 121,2	127 549	146 040	5,0	5,8
Finnmark	48 649,0	46 498,7	71 982	78 705	1,5	1,7
Fastlandet The mainland	323 894,6	307 538,1	3 591 234	4 079 498	11,6	13,2
Svalbard og Jan Mayen	63 080,0	63 080,0				
Hele landet The whole country	386 974,6	370 618,1	3 591 234	4 079 498		

Quelle: Statistisk Sentralbyrå: Statistisk Årbok 1980, Oslo 1980, S. 7.

Norwegen hatte am 01.01.1980 insgesamt 4,07 Mio Einwohner [2] (vgl. Tab. 1). Daraus resultiert die relativ dünne durchschnittliche Besiedlungsdichte von etwa 12,5 Ew/km^2, die, verbunden mit der unterschiedlichen Verteilung der Bevölkerung in den einzelnen Landesteilen — etwa 50 % der Bevölkerung wohnen in den südöstlichen Provinzen im Raume Oslo — und in den zentralen Orten des Landes, schwierige Kommunikationsverhältnisse im Lande bedingen und eine dezentralisierte starke regionale und kommunale Eigenentwicklung erzwingen.

Das hohe natürliche Bevölkerungswachstum von + 0,8 % im Durchschnitt der Jahre von 1960 bis 1970 hat sich seit 1970 auf weniger als 0,3 % reduziert. Trotzdem rechnet Norwegen damit, daß die Bevölkerung des Landes bis zum Jahre 2.000 auf etwa 4,2 bis 4,4 Mio Einwohner ansteigen und die Entwicklung sich in den einzelnen Landesteilen gleichmäßiger als bisher vollziehen wird [3].

In den letzten 20 Jahren hat sich die Bevölkerungsentwicklung in den einzelnen Landesteilen unterschiedlich vollzogen (vgl. Tab. 1 u. Abb. 4). Während die südlichsten Landesteile, so vor allem Østlandet, im Zeitraum 1960 bis 1970 noch stark zugenommen haben, ist die Bevölkerung in Vestlandet und in Nord-Norge relativ stark zurückgegangen. Parallel zu dieser Entwicklung hat sich der in den 50er und 60er Jahren stattgefundene Zuzug in die großen Städte in sein Gegenteil verkehrt.

Die Städte und größeren Zentralorte über 10.000 Einwohner gehen in der Bevölkerungszahl zurück. Die kleineren Zentren in der Größenklasse 2.000 bis 10.000 Einwohner haben hohe Bevölkerungszuwächse zu verzeichnen. Gleichzeitig ist ein Bevölkerungsrückgang bei den fern von größeren Zentren liegenden Gemeinden zu beobachten.

Eine Besonderheit Norwegens, im Verhältnis zu den anderen nordischen Ländern, liegt in dem sehr weit verstreuten Siedlungssystem mit vielen kleinen örtlichen Pendlerregionen und Arbeitsmärkten, bei denen die Pendlerzeit pro Weg 45 Minuten bis etwa 1 Stunde (Oslo) nicht übersteigt. Norwegen teilt sich nach diesem Kriterium in etwa 230 Arbeitsmärkte, von denen 165 Regionen weniger als 10.000 Einwohner haben (vgl. Abb. 6). Dies ist eine Besonderheit, weil das Schwergewicht in der Größe der Pendlerregionen in den anderen skandinavischen Ländern in den Größenklassen zwischen 10.000 und 20.000 Einwohnern liegt. Aus der Größe der Arbeitsmärkte ergeben sich für Norwegen große Probleme für den Ausbau eines vielseitigen Arbeitsplatzangebotes. In ganz Norwegen besteht in Verbindung mit der Entwicklung der Bebauung und der Siedlungsstruktur eine Tendenz zur Ausweitung der Pendlerwege und zur Zunahme der Wochenpendler. Die Zahl der Arbeitsmärkte wird sich dadurch aber nicht wesentlich verändern.

2. Wirtschaftliche Entwicklung — Beschäftigung

Die großen Strukturveränderungen in der Wirtschaft in den letzten Jahrzehnten sind für Norwegen von besonderer Bedeutung; Tabelle 2 zeigt, wie stark sich die Anteile der Wirtschaftszweige an der Beschäftigung in den letzten Jahrzehnten verändert haben und wie die zukünftige Entwicklung prognostiziert wird.

---

[2] Statistisk Sentralbyrå (Hrsg.): Statistisk Årbok 1980, Oslo 1980, S. 6 f.

[3] Statistisk Sentralbyrå (Hrsg.): Framskriving av folkemengden 1979 — 2.025, regionale tall Oslo 1979, S. 16 u. S. 24; *Myklebost, H.*: Bosetningsutviklingen i Norge 1960 — 1970, hrsg. vom Statistisk Sentralbyrå, Artikler 115, Oslo 1979.

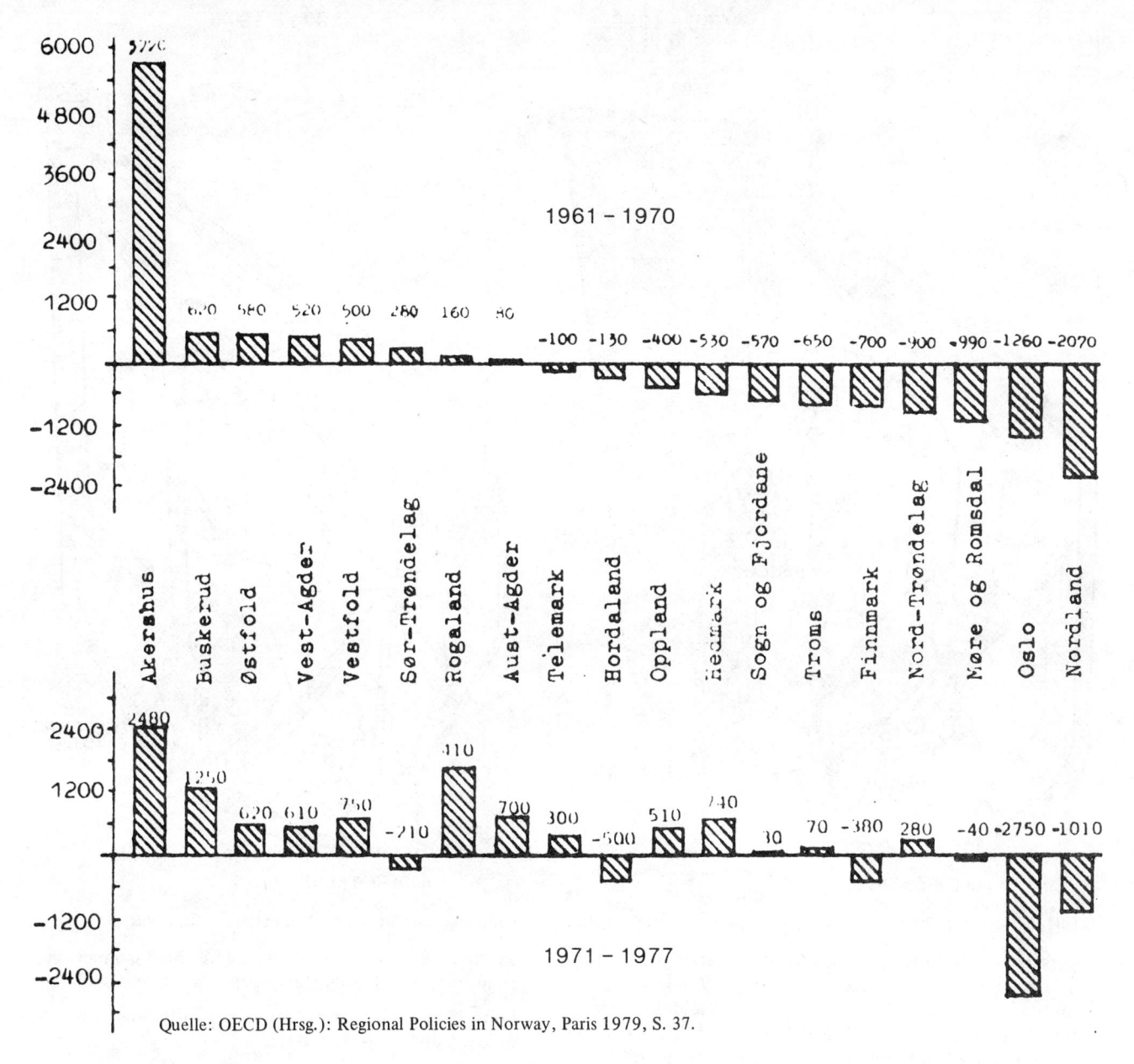

Abb. 4 *Durchschnittliche jährliche Wanderungsbilanz der Einwohner in den Provinzen 1961–1970 und 1971–1977*

Quelle: OECD (Hrsg.): Regional Policies in Norway, Paris 1979, S. 37.

Bei insgesamt geringer durchschnittlicher Arbeitslosigkeit (1977 = 1,1 %), mit allerdings starker regionaler Differenzierung (Oslo = 0,6 % – Nordnorwegen = 2,8 %), hat die Gesamtbeschäftigung auch in den 70er Jahren weiter zugenommen. Mit einem weiteren Anstieg – wenn auch eventuell etwas abgeschwächt – wird gerechnet. Besonders starke Rückgänge in der Beschäftigung haben sich in den primären Wirtschaftszweigen und bei der Seefahrt außerhalb des Landes ergeben. Das produzierende Gewerbe hat eine relativ stabile Entwicklung zu verzeichnen. Neben dem Bereich der Öl- und Gasproduktion werden besondere Beschäftigungszuwächse in allen Dienstleistungsbereichen erwartet, so vor allem in der öffentlichen Verwaltung, die eine Zentralisierungstendenz in den größeren Zentralorten des Landes aufweist. Größten Anteil an dieser Beschäftigungsentwicklung haben die bisher tendenziell zurückgebliebenen Gebiete gehabt. Diese positive Entwicklung hat in den letzten Jahren jedoch einen Rückschlag erlitten. Insbesondere für Nordnorwegen werden wegen Ressourcenknappheit in der Fischerei Rückgänge in der Zahl der Arbeitsplätze und damit Abwanderungen für die 80er Jahre erwartet.

Betrachtet man die regionalen Unterschiede in der Einkommensentwicklung, so zeigt sich, daß zwischen den südlichen und nördlichen Regionen beträchtliche Unterschiede bestehen. Es ist beachtenswert, daß sich diese Einkommensunterschiede im Laufe der letzten 20 Jahre vermindert haben [5]. Unterschiede in den Lebensbedingungen ergeben sich hauptsächlich aus den verschiedenartigen Versorgungsmöglichkeiten in den dünnbesiedelten Gebieten, besonders in den westnorwegischen Räumen mit ihren vielen Inseln und in Nordnorwegen. Während z. B. in der Oslo-Region 316 Einwohner auf einen Arzt kamen, mußten in Nordnorwegen 675 Einwohner von einem Arzt versorgt (1976) werden.

---

4) Vgl. Miljøverndepartementet: Om regional planlegging og forvaltning av naturressursene, St. meld. nr. 25 (1977–78), Oslo, S. 128 f.

5) Vgl. OECD (Hrsg.): Regional Policies in Norway, Paris 1979, S. 9 u. S. 41 ff.; *Aase, A.:* Inter-regional and intra-urban variations in level of living. In: Settlement systems and regional policies, Warszawa 1980, S. 315–331.

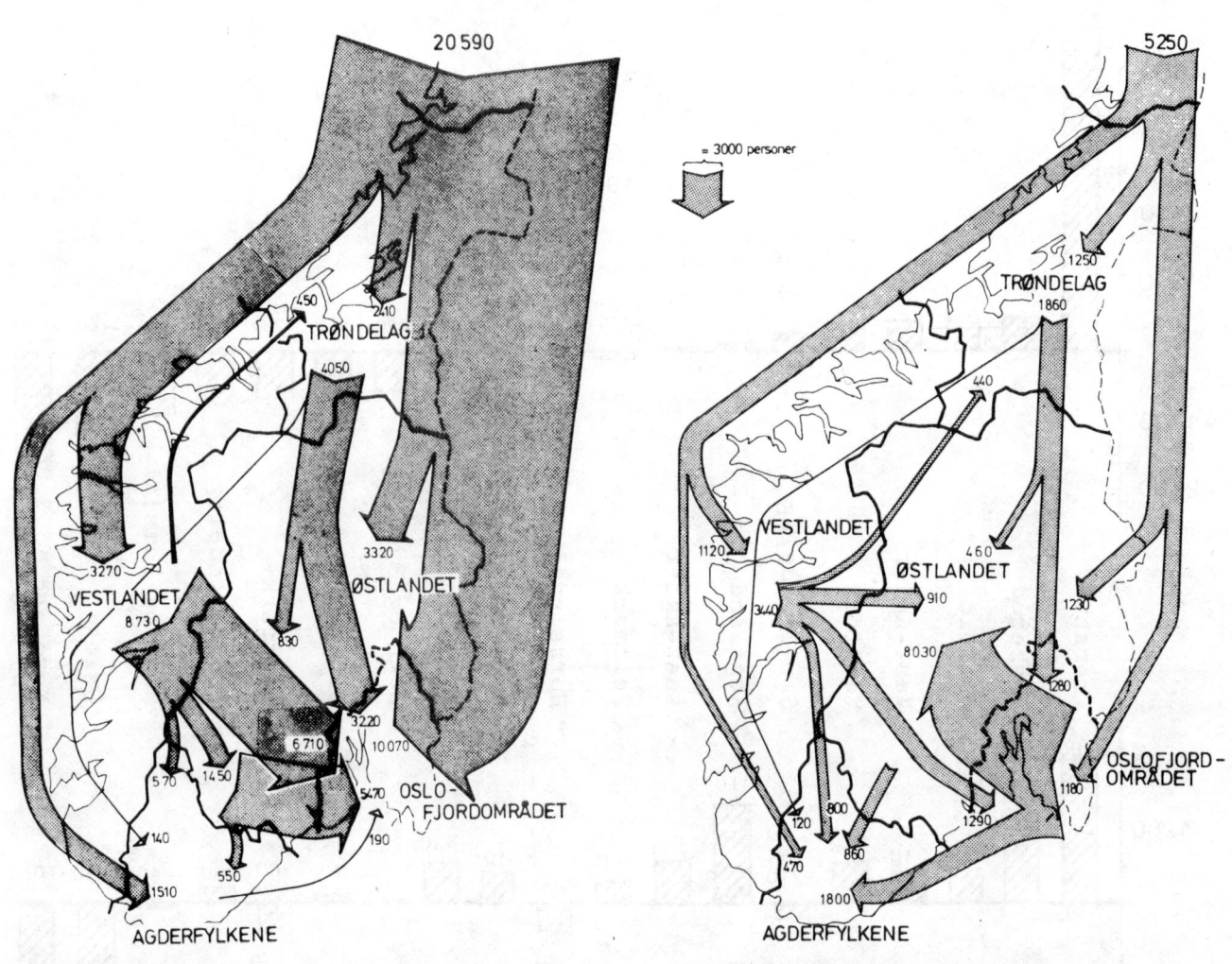

Abb. 5 *Nettopendlerströme im Inland zwischen den norwegischen Landesteilen 1966–1970 und 1971–1975*

Quelle: Miljøverndepartementet: Om regional planlegging og forvaltning av naturressursene, St. meld. nr. 25 (1977–78), S. 42.

Insgesamt hat Norwegen seit 1916 einen Anstieg des Bruttoinlandsprodukts zu verzeichnen, der 1978 bei 230 Punkten lag (Index 1960 = 100) und damit das durchschnittliche Wachstum im OECD-Europa erheblich übertraf (OECD = + 200 Punkte). In nicht unerheblichem Ausmaß hat die norwegische Öl- und Gasproduktion zu dieser Entwicklung beigetragen. Die hohen Investitionen in diesem Wirtschaftsbereich im letzten Jahrzehnt haben dazu geführt, daß Norwegen in Europa einziger Nettoexporteur von Öl ist [6]. Der Anteil der Öl- und Gasproduktion am norwegischen Bruttosozialprodukt macht heute etwa 20 % aus. Ein starker Anstieg der Ölproduktion wird erwartet, auch wenn vom norwegischen Parlament eine langsame Ausbeute der Ölressourcen beschlossen worden ist [7]. Mit Hilfe der großen Staatseinkünfte aus der Öl- und Gasproduktion und der Förderung der Firmen, die sich am industriellen Engagement der Ölindustrie beteiligen, soll die norwegische Industrie umstrukturiert und noch wettbewerbsfähiger gemacht werden. Dem Ausbau der Infrastruktur in allen Landesteilen und einer intensiven Regionalpolitik wird in einer sogenannten Fünfpunktestrategie besondere Bedeutung für die Entwicklung der norwegischen Wirtschaft in den nächsten Jahren zugemessen [8]:

– Dämpfung der Inlandsnachfrage, insbesondere des privaten Verbrauchs;

– einkommenspolitische und andere Maßnahmen zur Dämpfung der Kostensteigerungen auf allen Gebieten;

– hohe industrielle Investitionen zur Erhöhung von Produktion und Produktivität;

– Förderung langfristiger Strukturverbesserungen in der Wirtschaft in Verbindung mit einer Verminderung kurzfristig wirkender Subventionen;

– umfassende Nutzung arbeitsmarktpolitischer Maßnahmen zur Unterstützung schwacher gesellschaftlicher Gruppen und zur Förderung der Arbeitskräftemobilität durch Beratung und Schulung.

Diese Strategie soll auch der Durchsetzung des Regierungsprogramms zur qualitativen Verbesserung der gesellschaftlichen Bedingungen dienen, das auch die Verfassungswirklichkeit verbessern soll.

---

[6] Vgl. Artikel „Norwegen – Reichtum mit Risiko", Wirtschaftswoche Nr. 28 vom 11.07.1980, S. 12–14.

[7] Vgl. Finans- og tolldepartementet: Tillegg til langtidsprogrammet 1978–1981, St. meld. nr. 76 (1977–78), S. 30 f.

[8] Vgl. Finans- og tolldepartementet: Tillegg til langtidsprogrammet 1978–1981, a.a.O., S. 47.

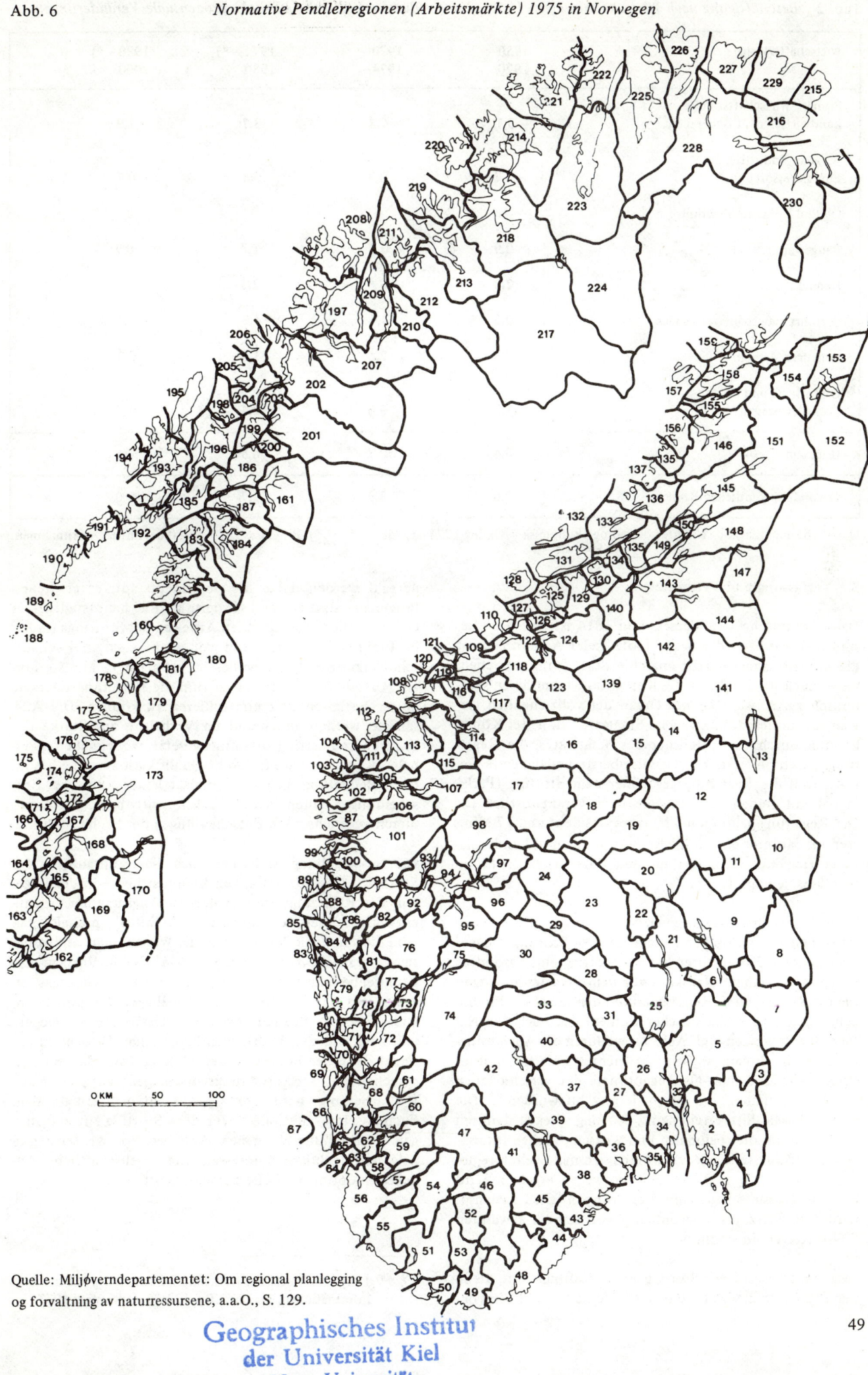

Abb. 6 *Normative Pendlerregionen (Arbeitsmärkte) 1975 in Norwegen*

Quelle: Miljøverndepartementet: Om regional planlegging og forvaltning av naturressursene, a.a.O., S. 129.

Tab. 2 *Beschäftigung nach Wirtschaftszweigen 1950–2000 – durchschnittliche jährliche prozentuale Veränderungen*

Wirtschaftszweige	1950–1970	1970–1974	1974– *)1980	1980– *)2000
Primäre Wirtschaftszweige Landwirtschaft, Fischerei etc.	– 3,1	– 6,2	– 3,7	– 1,9
Bergbau, Industrie, Energieversorgung	0,7	0,3	– 0,8	– 0,7
Öl- und Erdgasproduktion	–	–	–	0,5
Baugewerbe	0,9	– 0,2	1,2	0,9
Handel	2,2	0,6	2,3	1,0
Seefahrt außerhalb des Landes	0,3	– 4,4	– 4,0	– 3,1
Sonstiger Verkehr	0,8	2,5	1,0	– 0,3
Öffentliche und private Dienstleistungen	1,5	3,8	2,4	1,7
Insgesamt	0,4	0,7	0,8	0,6
Davon im öffentlichen Bereich	3,0	3,9	2,7	2,0

Quelle: St. meld. nr. 50: Naturressourcer og økonomisk utvikling 1974–1975. *) Prognose 1974–1980 bei mittleren Annahmen.

3. Verfassung und Verwaltung

Das norwegische Grundgesetz von 1814 ist eine der ältesten Verfassungen der Welt. Trotz vieler Änderungen ist die konstitutionelle Erbmonarchie Staatsform geblieben, wenn auch die Funktion des Königs im wesentlichen symbolischer Art ist. Oberstes Organ der vollziehenden Gewalt ist formell der „König im Staatsrat", d. h. der König, beraten durch die Mitglieder des Staatsrates, die Regierung. Faktisch ist der Staatsrat oberste vollziehende Gewalt, weil die Regierung gegenüber dem Storting (Parlament) mit seinen 155 Abgeordneten verantwortlich ist. Der Regierung gehören der Ministerpräsident und 17 Minister an, darunter der für die Raumordnung und Landesplanung zuständige Minister für den Umweltschutz (Miljøverndepartementet).

Gemäß § 75 der norwegischen Verfassung liegt die Legislative beim norwegischen Parlament, dem Storting. Gegenüber anderen Parlamenten hat das Storting eine besondere Eigenart: In einem Halbkreis vor dem Präsidenten sitzen die direkt gewählten Repräsentanten der einzelnen Provinzen (fylker) in alphabetischer Reihenfolge nach den Namen der Provinzen (vgl. Abb. 7), wodurch die Abgeordneten sich im hohen Maße nicht mehr als Vertreter ihrer Partei, sondern auch als Abgeordnete der verschiedenen Landesteile fühlen, von denen sie gewählt wurden [9]. Die geographische Sitzverteilung im Storting spiegelt dadurch auch deutlich die regionalen und wirtschaftlichen Interessen der Landesteile wieder, woraus sich nicht selten regionale Koalitionen z. B. für Nordnorwegen ergeben. Wird ein Stortingsmitglied zum Regierungsmitglied ernannt, wird sein Platz als Abgeordneter von seinem gewählten Stellvertreter eingenommen.

Insgesamt besteht das Storting aus 155 Mitgliedern, die in den Provinzen gewählt werden. Im Verhältnis zur Einwohnerzahl werden dabei die der Hauptstadt ferngelegenen Provinzen stärker repräsentiert als die hauptstadtnahen Gebiete. Die vorbereitenden Arbeiten des Stortings finden in Fraktionssitzungen und vor allem auch in Fachausschußsitzungen statt, wobei in etwa jedem Ministerium ein Ausschuß zugeordnet ist, um die Regierungstätigkeit besser begleiten und kontrollieren zu können. Die Ausschüsse werden annähernd im Verhältnis zur Stärke der Parteien im Storting zusammengesetzt, wobei neben regionalen Kriterien auch fachliche Qualifikationen eine besondere Bedeutung haben. Grundsätzliche politische Entscheidungen fallen in den Fraktionssitzungen. Sie dominieren gegenüber den Entscheidungen der Fachausschüsse.

Die Gesetzgebung ist immer noch die Hauptaufgabe des Stortings. Gesetzesinitiativen kommen heute in der Regel von der Regierung, die vor der Ausarbeitung der Gesetzentwürfe zumeist ein staatliches Komitee einschaltet, in dem die staatliche Verwaltung, die Wissenschaft und wichtige Organisationen vertreten sind. Nach Vorlage des Komiteeberichtes arbeitet die Regierung den Gesetzesvorschlag aus und übermittelt ihn an die zuständigen Fachausschüsse zur Behandlung, die ihrerseits die Angelegenheit auch mit den Fraktionen besprechen. Das Parlament reicht dann der Regierung den Gesetzesvorschlag mit entsprechenden Überarbeitungsvorschlägen zurück. Nach Überarbeitung wird der Gesetzesentwurf erneut dem Fachausschuß zugeleitet oder dem Storting zur endgültigen Verhandlung übergeben. Auf diese Art werden regionale und fachliche Interessen und gesellschaftliche Anliegen in optimaler Weise berücksichtigt.

---

[9] Vgl. Kgl. Norwegisches Außenministerium (Hrsg.): Norwegen – Informationen, Bericht UDA 132/77, Oslo, März 1977.

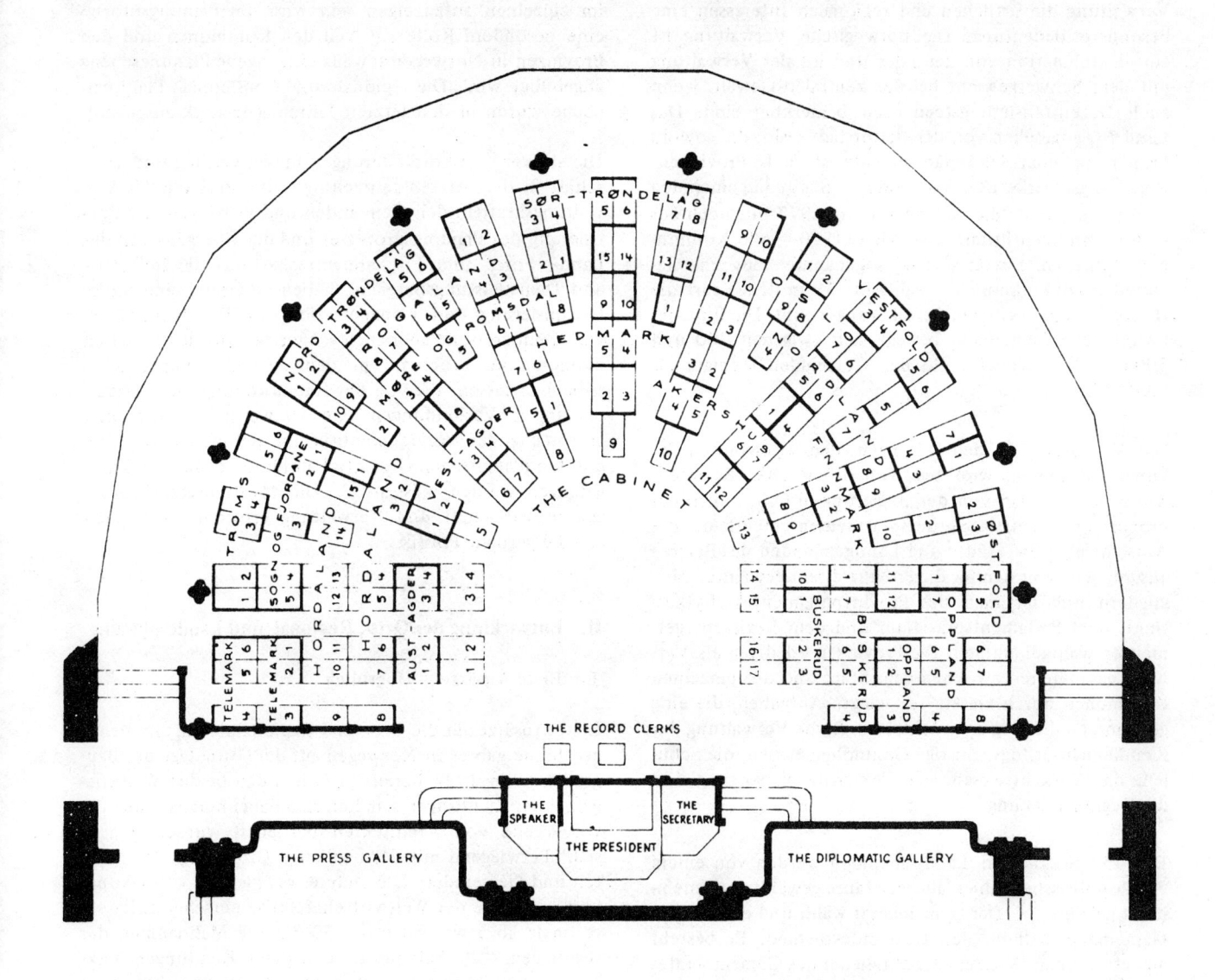

Abb. 7 *Sitzverteilung im Norwegischen Parlament (Storting)*

MEMBERS OF THE STORTING

Aust-Agder	(4)
Vest-Agder	(5)
Akershus	(10)
Buskerud	(7)
Finnmark	(4)
Hedmark	(8)
Hordaland	(15)
Møre og Romsdal	(10)
Nordland	(12)
Oppland	(7)
Oslo	(15)
Rogaland	(10)
Sogn og Fjordane	(5)
Telemark	(6)
Troms	(6)
Nord-Trøndelag	(6)
Sør-Trøndelag	(10)
Vestfold	(7)
Østfold	(8)

THE MINISTERS

1 Minister of Commerce
2 Minister of Finance
3 Minister of Agriculture
4 Minister of Industry
5 Minister of Social Affairs

6 Minister of Justice
7 Law of Sea Minister
8 Minister of Foreign Affairs
9 Prime Minister
10 Minister of Church and Education

11 Minister of Local Government and Labour
12 Minister of Oil and Energy
13 Minister of Consumer Affairs
   and Government Administration
14 Minister of Fisheries
15 Minister of Communications

16 Minister of Environment
17 Minister of Defense

Quelle: Ministry of Environment: Summary Paper on Norwegian Economy etc.,
OECD-Study-Tour 5. – 9. June 1978 to Norway, Oslo 1978, S. 18.

Wie im Storting bekommen auch in der norwegischen Verwaltung die örtlichen und regionalen Interessen eine besondere Bedeutung. Die norwegische Verwaltung ist eine Kombination von zentraler und lokaler Verwaltung mit dem Schwergewicht bei der zentralen Gewalt, wenn auch Dezentralisierungstendenzen bemerkbar sind. Das Land ist, abgesehen von der Hauptstadt Oslo, die sowohl Primär- als auch Sekundärgemeinde ist, in 18 Provinzen/ Regierungsbezirke/Bezirks- oder Sekundärgemeinden (fylke) eingeteilt, die seit dem Jahre 1977 nur noch aus 454 Kommunen/Primärgemeinden (1950 = 680 Kommunen) bestehen. Davon sind 47 sogenannte städtische Gemeinden (Bykommuner – vgl. Abb. 3), in denen fast die Hälfte der norwegischen Bevölkerung wohnt. Die Einwohnerzahl der Gemeinden bewegt sich zwischen 300 und 500.000 Ew, wobei 55 % der Gemeinden weniger als 5.000 Einwohner haben.

Die Verwaltung in den Provinzen, den sogenannten Sekundärgemeinden, wird teils von öffentlichen Beamten, wie z. B. von dem von der Regierung in Oslo ernannten Provinzgouverneur/Regierungspräsidenten geführt, der die Aufsicht über die Städte und Landgemeinden des Bezirks ausübt, teils von den für die Provinz direkt gewählten Mitgliedern und Organen des Provinzparlamentes (Fylkesting), dem Parlamentspräsidium und dem Bezirksbürgermeister wahrgenommen. Die Provinzen erledigen als Verwaltungseinheiten zwischen dem Staat und den einzelnen Kommunen durch Gesetz festgelegte Aufgaben, die eine gemeinsame Lösung erfordern, so z. B. die Verwaltung der Krankenhäuser, das sonstige Gesundheitswesen, die Schulen, das Verkehrswesen, die Elektrizitätsversorgung und die Regionalplanung.

Die 454 Stadt- und Landgemeinden werden von einem durch politische Wahlen alle vier Jahre gewählten Gemeinderat geleitet [10]. Der Gemeinderat wählt und ernennt ein Gemeindepräsidium, den Gemeindevorstand. Er besteht aus etwa einem Viertel aller Mitglieder des Gemeinderates und führt die Aufsicht über die Verwaltung. Mit dem Gemeinderat wird auch gleichzeitig der Bezirkstag oder Provinzialtag gewählt, der aus seiner Mitte wiederum den Bezirksausschuß oder Provinzausschuß wählt. Gemeinderat und Provinzialtag arbeiten mit Hilfe einer Reihe von Fachausschüssen, so u. a. auch mit Bau- und Planungsausschüssen (vgl. Kap. III). Der Gemeinderat und der Provinzialtag wählen aus ihren Reihen einen Bürgermeister.

Die Bürgermeister repräsentieren die Gemeinde als höchste öffentlich bestellte Delegierte der Gebietskörperschaft.

Die Leitung der Verwaltung in der Gemeinde liegt zumeist in den Händen eines Stadt- oder Gemeindedirektors (rådmann). In den Aufgabenbereich der Kommunalverwaltung fallen u. a. Schul- und Kirchenfragen, Sozial- und Gesundheitswesen, Straßenverkehrsfragen und örtliche Bau- und Planungsfragen [11]. Innerhalb der durch Gemeindegesetz von 1954 bestimmten Grenzen haben die Gemeinden seit 1837 für ihre örtliche Selbstverwaltung große Handlungsfreiheit. Der Provinzgouverneur prüft z. B. die Beschlüsse der Gemeindevertretungen nur auf ihre Rechtmäßigkeit. Einige Beschlüsse allerdings, wie z. B. die über Eigentumserwerb oder über Planung, unterliegen auch einer Zweckmäßigkeitskontrolle durch die Provinz oder sogar durch das Ministerium.

Den Primär- und Sekundärgemeinden kommt, wie noch im einzelnen aufzuzeigen sein wird, im Planungsprozeß eine besondere Rolle zu, weil den Kommunen und den Provinzen in Norwegen jeweils eine eigene Planungsebene zugebilligt wird. Die regionale und kommunale Planungsebene wurde in den letzten Jahren sehr stark ausgebaut.

Die starken Strukturänderungen in Verwaltung und Wirtschaft in den letzten Jahrzehnten, die Stärkung der Verwaltungskraft in den Gemeinden und Provinzen, die Politisierung des Planungsprozesses und der Übergang von der Land-, Forst- und Fischereiwirtschaft auf die Industrie- und Dienstleistungsbereiche, haben einerseits eine starke Urbanisierung und Konzentration der Bevölkerung bewirkt, andererseits aber auch schwierige soziologische und ökonomische Probleme in den Abwanderungsgebieten entstehen lassen, die von der Raumordnung und Landesplanung in Verbindung mit der Umweltpolitik und einer entsprechenden Regionalpolitik im Rahmen einer integrierten planerischen Gesamtschau für das ganze Land aufgefangen werden müssen [12]. Die Maßstabsvergrößerungen in Wirtschaft und Verwaltung erfordern aber auch eine bürgernahe Politik.

II. Entwicklung der Orts-, Regional- und Landesplanung

1. Erste Ansätze – Überblick

Erste Ansätze für die Orts- und Regionalplanung im heutigen Sinne gab es in Norwegen auf der Grundlage des Baugesetzes von 1924 bereits zwischen den beiden Weltkriegen. Zwei Richtungen schälten sich dabei heraus. Eine, die vorwiegend von Architekten betrieben wurde, befaßte sich überwiegend mit der baulichen Ordnung in den Städten und Gemeinden. Die andere, vorwiegend von Ökonomen als Folge der Weltwirtschaftskrise eingeleitet, leitete erstmals ab etwa Mitte der 30er Jahre Maßnahmen der regionalen Wirtschaftspolitik ein. Beide Richtungen wirkten – wenn auch im bescheidenen Ausmaße – bereits in der Vorkriegszeit im Sinne einer regionalen Entwicklungspolitik.

Läßt man diese ersten Ansätze außerhalb der weiteren Überlegungen, dann kann man die Entwicklung der norwegischen Orts-, Regional- und Landesplanung stark vereinfachend in etwa drei Phasen einteilen:

– Die Zeit der Auf- und Ausbaupolitik nach dem letzten Kriege etwa bis zur Mitte der 60er Jahre, mit verschiedenen Ansätzen und Methoden der physischen und ökonomischen Planung;

---

10) Vgl. Kgl. Norwegisches Außenministerium (Hrsg.): Die Lokalverwaltung in Norwegen, Dokument UDA 135/77, Oslo, Januar 1977; Kommunal- og arbeidsdepartementet: Om mål og retningslinjer for reformer i lokalforvaltningen, St. meld. nr. 31 (1974–75).

11) Vgl. *Jansen, E.*: Kommunalpolitik auf Europa gerichtet. Die Stellung der kommunalen Gebietskörperschaften im gesamtstaatlichen Gefüge, 2. erweiterte Auflage, o. O., April 1975, S. 145 ff.

12) Vgl. Miljøverndepartementet (Hrsg.): Oversikt over norsk planleggingslovgivning og planapparatets oppbygging, Oslo 1977, S. 4; Kommunal- og arbeidsdepartementet: Den lokale statsforvaltning, St. meld. nr. 40 (1978–79).

Tab. 3   *Entwicklung des Planungssystems in Norwegen im Überblick (1924–1981)*

Zeit	Rechtliche Grundlagen – Maßnahmen	Wichtige Ziele
1924	Baugesetz 1924	Bauliche Ordnung
1935	Regionalwirtschaftliche Maßnahmen	Bekämpfung der regionalen Arbeitslosigkeit
1945	Integrierte Aufbau- und Entwicklungspolitik	Aufbau vom Kriege verwüsteter Regionen besonders in den nördlichen Teilen des Landes
1950	Regionale Wirtschaftspolitik – Einrichtung regionaler Planungsbüros – makroökonomische Planung	Einleitung einer regionalen Politik für Vollbeschäftigung
1952	Nord-Norwegen-Plan	Wiederaufbau – Entwicklung
1961	Regionaler Ausbau- und Entwicklungsfonds	Schaffung von Arbeitsplätzen
1965	Baugesetz 1965 – Neuorganisation der Planung Planung in Gemeinden, Gemeindezusammenschlüssen, Landesteilen	Entwicklungspolitik für verdichtete Gebiete und ländliche Räume
1973	Aufstellung von Provinzialplänen (Regionalplänen) Koordination öffentlicher Planungen und Finanzpolitik auf allen Planungsebenen	Schutz der natürlichen Ressourcen und der Umwelt
1980	Einbringung des Planungsgesetzes – Neuorganisation der Planung	Vereinfachung der Planung – Bürgernähe
1982	Verabschiedung des Planungsgesetzes?	Regionale Energiepolitik?

Quelle: Lt. freundlicher Mitteilung des Norwegischen Umweltministeriums im Jahre 1980.

— die Phase der Entwicklungspolitik für verdichtete Gebiete im Zusammenhang mit einer verstärkten Stadtentwicklungspolitik und regionalen Wirtschaftspolitik von 1965 bis etwa 1974, mit einer Neuorganisation der Regionalplanung und dem Versuch einer Integration von physischer und ökonomischer Planung innerhalb neuer Zielsetzungen;

— die Phase der verstärkten Beachtung der Natur- und Umweltressourcen im Zusammenhang mit regionaler Gleichgewichtspolitik und örtlicher Wohnumfeldpolitik ab Anfang der 70er Jahre, mit verstärkter Integration der Planung in den Verwaltungsaufbau und den Verwaltungsvollzug, aber weiterhin mit unterschiedlicher Zuständigkeit für Raumplanung und Regionalpolitik; Bemühungen um bürgernahe Planung.

2. Auf- und Ausbaupolitik 1945 bis 1965

Raumordnungspolitik wurde in Norwegen schon kurz nach Beendigung des II. Weltkrieges als Teil der Gesellschaftspolitik und als neue wichtige politische Aufgabe gewertet. Sie sollte die räumlichen Voraussetzungen zur Verwirklichung der verfassungsgemäßen Ordnung der Gesellschaft schaffen und die Planung nach den gesellschaftspolitischen Ordnungszielen ausrichten. Wichtige Instrumente der Raumordnungspolitik in Norwegen wurden die Wirtschaftspolitik und -planung, die Regionalpolitik, die Regionalplanung und der Distriktsausbau.

Die Wirtschaftspolitik, die nach dem II. Weltkrieg eingeleitet wurde, stand unter dem Schlagwort „Wirtschaftsplanung bei Geistesfreiheit". Ihre Hauptziele waren, alle Voraussetzungen für eine laufende Verbesserung des Lebensstandards zu schaffen und bei Vollbeschäftigung, hohen Investitionsraten, Preisstabilität und Zahlungsbilanzausgleich für einen Einkommensausgleich zwischen den Einkommen in dem primären und sekundären Wirtschaftsbereich zu sorgen. Die auf diese Aufgaben ausgerichtete gesamtwirtschaftliche Planung galt als Instrument zur Vorbereitung sozialökonomischer Entscheidungen im öffentlichen und privaten Bereich der Wirtschaft und sollte eine wirksame Zusammenarbeit zwischen den Entscheidungsträgern beider Bereiche gewährleisten. Die norwegische Planungskonzeption versuchte, die freiheitlichen

Prinzipien der Staats- und Wirtschaftsordnung mit der pragmatischen Lösung sozialökonomischer Probleme in optimale Übereinstimmung zu bringen.

Die ersten Ansätze zu einer koordinierten Regionalplanung gehen auf die Jahre 1948/49 zurück, als man in den drei Provinzen Nordnorwegens, die vom Kriege stark heimgesucht und teilweise völlig niedergebrannt worden waren, Planungsbüros einrichtete. Diese sollten in Zusammenarbeit mit dem Arbeitsdirektorat im Kommunal- und Arbeitsministerium die Probleme dieser Provinz untersuchen und Entwicklungsvorschläge unterbreiten. Auf der Grundlage dieser Untersuchungen wurde ein Nord-Norwegen-Plan als Zehnjahresprogramm (1952–1961) erstellt [13]. Der Wiederaufbau Nord-Norwegens nach den großen Kriegszerstörungen konnte Ende der 50er Jahre als weitgehend abgeschlossen gelten. Mit seinen besonderen Problemen wird Nord-Norwegen jedoch immer ein planerisches Problem bleiben [14].

Um 1950 wurden unter der Leitung des Kommunal- und Arbeitsministeriums in allen Provinzen des Landes Planungsbüros eingerichtet. 1953 lagen für fast alle Gebiete nach einem Muster erarbeitete regionalstatistische Beschreibungen vor. Ihre Ausarbeitung war von allen Fachbehörden und Sachverständigenbeiräten auf Provinzebene unterstützt worden. Die zentrale Regionalplanungsbehörde im Kommunalministerium überprüfte und genehmigte die Veröffentlichung dieser Analysen, die fortan die Diskussion regionalpolitischer Entscheidungen auf regionaler und zentraler Ebene unterstützten.

Über die Tätigkeit der regionalen Planungsstellen wurden Jahresberichte angefertigt, die der Fortschreibung der regionalstatistischen Analysen dienten. 1957 wurden die Planungsbüros auf Provinzebene dem Provinzialgouverneur untergeordnet. Die Leiter der Büros blieben Staatsangestellte und wurden weiterhin vom Ministerium berufen. Hauptaufgabe der Büros sollte es sein, eine planmäßige und rationelle Wirtschaftsentwicklung in der Provinz anzustreben und eine Koordinierung der Fachplanungen herbeizuführen.

Bald mußte man jedoch erkennen, daß eine isolierte Betrachtung und Behandlung regionaler Entwicklungsprobleme bei Nichtbeachtung der gesamtwirtschaftlichen Interdependenzen auf die Dauer nur wenig Erfolg hat. Deshalb schuf man 1961 einen neuen Entwicklungsfonds zur Förderung der Investitionstätigkeit in allen rückständigen Regionen unter zentraler Leitung mit einem Beratungsgremium von Vertretern aller Provinzen. Seit 1963 fungierte als zentrales Koordinationsorgan zwischen den regionalen Planungsinstitutionen und den für die gesamtwirtschaftliche Planung zuständigen Stellen die im Kommunal- und Arbeitsministerium neu geschaffene Abteilung für Regionalplanung. Damit wurde der Ausgangspunkt für die neuere Organisation der Landes- und Regionalplanung geschaffen.

Raumplanung und regionale Wirtschaftspolitik waren in dieser Periode voneinander völlig unabhängige Politikbereiche mit unterschiedlichen Ansätzen, Zielen und Strategien: Raumplanung war Architektur und Städtebaupolitik, angesiedelt im kommunalen Bereich und im zuständigen Kommunalministerium; regionale Wirtschaftspolitik wurde ausschließlich unter wirtschaftlichen Gesichtspunkten von den Provinzverwaltungen und dem Wirtschaftsministerium betrieben. Eine Koordination mit Hilfe des Kommunal- und Arbeitsministeriums kam erst 1963 zustande.

3. Regional- und Stadtentwicklungsplanung 1965 bis 1973

Die gesamte neuere Planungs- und Baugesetzgebung dieser Periode ist in Norwegen im großen und ganzen in einem Gesetz verankert gewesen, im Baugesetz von 1965, das das Baugesetz von 1924 ablöste. Die Novellierung des Baugesetzes wurde durch ein 1954 eingesetztes Komitee vorbereitet, das 1960 seine Stellungnahme abgab. Es dauerte also immerhin noch 5 Jahre, bis das neue Baugesetz in Kraft treten konnte.

Die großen strukturellen Unterschiede der einzelnen Landesteile machten ein elastisches Gesetzeswerk notwendig, das den speziellen Verhältnissen leicht angepaßt werden konnte. Das Baugesetz hat deshalb Generalklauselcharakter mit delegierter Normensetzungsbefugnis. Die Gemeinden können mit Zustimmung des zuständigen Ministeriums auf dem Verordnungswege die meisten Gesetzesparagraphen schwächen oder stärken, je nach der örtlichen Situation. Das Baugesetz wie auch die flankierenden Gesetze sichern den Gemeinden im Rahmen der gesetzlichen Bestimmungen die volle Planungshoheit.

Die wichtigsten Gesetzesbestimmungen des Baugesetzes 1965 lassen sich wie folgt zusammenfassen:

a) Alle Gemeinden des Landes müssen vorbereitende Bauleitpläne (Generalpläne) ausarbeiten, die die künftige Flächennutzung ausweisen und die notwendigen Investitionen darlegen (physisch-ökonomische Planung).

b) Die Gemeinden werden verpflichtet, dem vorbereitenden Bauleitplan in ihrer weiteren Ausbaupolitik zu folgen und ihn durch detaillierte Bauleitpläne zu konkretisieren.

c) Sämtliche Bauleitpläne sollen sich in Regionalpläne einfügen, die für zwei oder mehrere Gemeinden von den Kommunen selbst aufgestellt werden können und entweder eine Gesamtplanung für den Planungsraum darstellen oder nur einzelne Sektoren des gesellschaftlichen Zusammenlebens umfassen, wie z. B. die Wasserversorgung.

d) Finden sich Gemeinden nicht zu einer interkommunalen Zusammenarbeit zusammen, so können, falls notwendig, der Provinzialgouverneur und das Ministerium die Initiative zur Ausarbeitung eines Regionalplanes übernehmen.

---

13) Vgl. *Hofstad, S.:* Regionalplanung im Aufbau, Raumforschung und Raumordnung, Heft 3 (1958), S. 140–146; Kommunal- og arbeidsdepartementet (Hrsg.): Om et utbyggingsprogram for Nord-Norge, St. meld. nr. 108, Oslo (1972–73); *Hofstad, S.:* Ergebnisse der Landesentwicklungspolitik in Nord-Norwegen, Raumforschung und Raumordnung, Heft 5/6, 1980, S. 219 ff.; *Heyerdal-Jensen, K. M.:* The North Norway Development Programmes. In: Settlement systems and regional policies, Warszawa 1980, S. 153–167.

14) Vgl. *Mydske, P. K.:* Beslutnings- og planleggingssystemet, a.a.O., S. 3.

e) Regionalpläne und Generalpläne haben lediglich empfehlenden, Bauleitpläne dagegen entweder für Teile oder für das gesamte Planungsgebiet juristisch bindenden Charakter.

f) Eine Landesplanung für das gesamte Land wird durch das Gesetz nicht institutionalisiert; das Ministerium kann jedoch eine planerische Zusammenarbeit zwischen mehreren Regionen verlangen.

Das Gesetz legte auch im einzelnen das Planungsverfahren für die verschiedenen Planarten fest. Die Planungsarbeit auf allen Planungsebenen wird immer durch die vom Volk gewählten politischen Organe beaufsichtigt, so durch Parlament und Regierung auf Landesebene, durch den Regionalplanungsrat bei der Regionalplanung und den Ausschuß für Flächennutzungsplanung auf kommunaler Ebene. Nach dem Willen des Gesetzgebers sollen alle Regionalpläne langfristig angelegt werden, die notwendigen Entwicklungsziele und die zur Durchführung notwendigen Maßnahmen aufzeigen; der Generalplan hingegen hat kurzfristige Ziele für einen überschaubaren Zeitraum zu verfolgen.

Neben den durch Gesetz begründeten Planungsinstitutionen wurden 1965 auch für einige Landesteile Planungskomitees (Abb. 8) gegründet, die den kommunalen und interkommunalen Planungsorganen die notwendigen Richtlinien für die nach dem Baugesetz von 1965 aufzustellenden Regional- und Generalpläne geben sollten. Die Geschäftsstellen dieser Komitees wurden der Abteilung für Regionalplanung im Kommunal- und Arbeitsministerium zugeordnet. Der Grund für diese Maßnahmen war die Erkenntnis, daß Landesplanung auf provinzieller Basis die sozialkonomischen Verflechtungen größerer Landeszentren, die sich oft über mehrere Provinzen erstrecken, nicht berücksichtigen könne und deshalb weiträumige Planungen notwendig seien [15]. Diese Planungen für Landesteile (Gebietsentwicklungspläne) sollten den Rahmen für die notwendigen öffentlichen Investitionen aufzeigen, Siedlungskonzepte entwickeln, Hinweise für die Flächendispositionen, die Wasserversorgung und die Abwasserbeseitigung geben und die notwendigen Maßnahmen für den Ausbau der Verkehrsinfrastruktur, insbesondere für Häfen und Flugplätze, aufzeigen.

Die Ausarbeitungen der Planungskomitees für die Landesteile (landsdelskomiteer) wurden zwischen 1969 und 1973 abgegeben, von der Regierung eingehend behandelt und zusammengefaßt dem Storting vorgelegt [16]. Diese Berichte und ihre Ergebnisse haben sehr zur Ausformung der künftigen Ziele für die Raumordnung und Regionalpolitik in Norwegen beigetragen. Sie haben aber auch eine große Bedeutung für die grenzüberschreitende Zusammenarbeit der Provinzialplanungen erhalten. Die Gebietsentwicklungsplanung mit Hilfe der Planungskomitees für Landesteile kann seit Mitte der 70er Jahre als abgeschlossen gelten.

Auf der Grundlage des Baugesetzes von 1965 wurde in allen Provinzen die Regionalplanung im Planungszeitraum 1965–1975 kräftig ausgebaut. Über den Stand, die Erfolge und Mißerfolge der Regionalplanung wird in Kapitel III berichtet.

Die Raumplanung dieser Periode wurde vor allem ein Hilfsmittel zur Steuerung der baulichen Entwicklung in

Abb. 8 *Planungsgebiete für Landesteile in Norwegen 1965–1973*

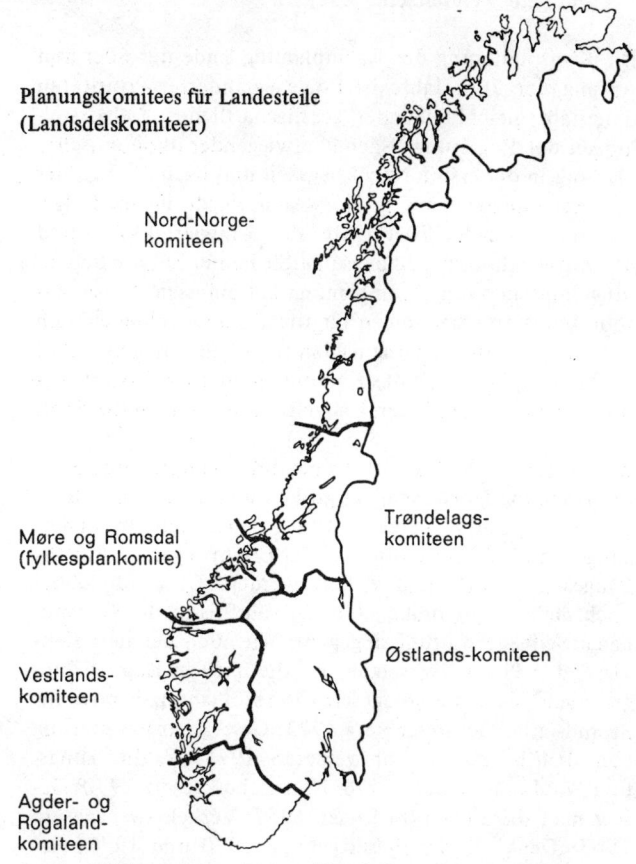

Planungskomitees für Landesteile (Landsdelskomiteer)

Nord-Norge-komiteen

Trøndelags-komiteen

Møre og Romsdal (fylkesplankomite)

Vestlands-komiteen

Østlands-komiteen

Agder- og Rogaland-komiteen

Quelle: Miljøverndepartementet (Hrsg.): Oversikt over norsk planleggings – lovgivning og planapparatets oppbygging, Oslo 1977, S. 34.

dichtbesiedelten Gebieten, wobei die zweckmäßige Flächennutzung und der sparsame Gebrauch von Boden- und Trinkwasser mit im Vordergrund der Planungsüberlegungen standen. In dieser Periode wurden auch die früher unterschiedlich ressortierende Raumplanung und die regionale Wirtschaftsförderung formal auf der Ebene der Provinzen in die Verwaltung integriert. Langsam wurde versucht, sowohl physische Planung wie auch ökonomische Planung in einer Planungsorganisation zusammenzuführen. Darüber hinaus begann sich das Raumplanungssystem sowohl auf allen alten wie auf neuen Verwaltungsebenen auszubreiten, wobei Kommune, Region (mehrere Gemeinden), Provinz, Landesteile bereits einbezogen wurden und sich der Wunsch nach einer fünften Planungsebene (Planung auf Reichsniveau) ausbreitet.

---

15) Vgl. *Malchus, V.* Frhr. v.: Artikel „Norwegen" im Handwörterbuch der Raumforschung und Raumordnung, a.a.O., Sp. 2139.

16) Vgl. St. meld. nr. 27 (1971–1972): Om regionalpolitikken og lands- og landsdelsplanleggingen; St. meld. nr. 108 (1972–1973); St. meld. nr. 33 (1973–1974): Om et utbyggingsprogram for Nord-Norge; St. meld. nr. 8 (1975–1976): Om landsdelsplan for Agder og Rogaland.

4. Konsolidierung der Raumplanung ab 1973 und neue Tendenzen

Die Konsolidierung der Raumplanung Ende der 60er und Anfang der 70er Jahre ist Folge veränderter Prioritäten innerhalb gleichbleibender gesellschaftlicher Zielvorstellungen der Regierung. Nach überwiegender ökonomischer Planung in der ersten Nachkriegszeit und nach Ausbau des Raumplanungssystems in Norwegen wurde in der Folge, also im Laufe der 70er Jahre, den Umweltfaktoren und der Entwicklung der Lebensqualität immer höhere Bedeutung innerhalb der Raumplanung beigemessen. Diese veränderten Voraussetzungen für die Planung schlugen sich auch in der Gesetzgebung nieder. So wurde zunächst 1972 die Planungsabteilung des Kommunal- und Arbeitsministeriums dem neugebildeten Umweltministerium zugeordnet.

Wie bereits ausgeführt, ist die gesamte Planungs- und Baugesetzgebung Norwegens im großen und ganzen im „Baugesetz von 1965" geregelt. Unter den neuen Voraussetzungen und auf der Grundlage der Erfahrungen mußte das Baugesetz mehrfach novelliert werden. Es wurde dabei noch mehr als ursprünglich den Bedürfnissen der kommunalen Selbstverwaltung angepaßt. Wie auch bei allen flankierenden Planungsgesetzen, auf die noch in Kap. IV eingegangen wird (Bodengesetz 1955; Planungsgesetz für Strand- und Gebirgsgebiete 1973; Gesetz zur Erneuerung von dichtbebauten Wohngebieten 1976; Waldnutzungs- und Waldschutzgesetz 1976; Naturschutzgesetz 1970; Gesetz über das Leben im Freien 1957; Verkehrswegegesetz 1963; Denkmalschutzgesetzgebung 1920 und 1975; Gesetz gegen Verschmutzung 1978), überläßt es die norwegische Planungsgesetzgebung der kommunalen Selbstverwaltung, die wichtigsten Planungs- und Entwicklungsangelegenheiten in eigener Regie zu lösen.

Die wichtigsten Grundzüge der gesetzlichen Bestimmungen nach den letzten Novellierungen des Baugesetzes vom 1. Juni 1973 lassen sich wie folgt zusammenfassen [17]:

a) Innerhalb der Planungsprozesse müssen alle Interessen zum frühestmöglichen Zeitpunkt bei der Planung berücksichtigt werden;

b) alle Gemeinden müssen vorbereitende Bauleitpläne (Generalpläne) aufstellen; die Gemeinden sind verpflichtet, den vorbereitenden Bauleitplan durch detaillierte Bauleitpläne – vor allem für zu bebauende Gebiete – zu konkretisieren; Bebauungspläne (Maßstab 1 : 500 – 1 : 2000) sind verbindlich; vorbereitende Bauleitpläne (Maßstab 1 : 5000 – 1 : 10.000) und Regionalpläne (Maßstab 1 : 10.000 – 1 : 50.000) haben lediglich empfehlenden Charakter; das novellierte Baugesetz verpflichtet die Gemeinden nicht mehr zu interkommunaler Zusammenarbeit, sondern überläßt dies den Gemeinden; sollte eine Zusammenarbeit zwischen den Gemeinden notwendig werden und die Gemeinden dies trotzdem nicht für erforderlich erachten, können der Provinzgouverneur oder das verantwortliche Ministerium die Initiative zur Ausarbeitung eines Regionalplanes übernehmen;

c) Provinzpläne müssen für alle Provinzen (fylker) nach einem vorgegebenen Mindestinhalt ausgearbeitet werden. Für die Aufstellung der Regionalpläne ist die kommunale Verwaltung der Provinzen verantwortlich, die die Kommunen anhören muß; Provinzpläne und vorbereitende Bauleitpläne können für das gesamte Gebiet oder für Teile des Planungsgebietes vorübergehend durch Veränderungssperren für verbindlich erklärt werden; das Gesetz gibt dem verantwortlichen Fachministerium die Möglichkeit, die Provinzen – soweit erforderlich – zur planerischen grenzüberschreitenden Zusammenarbeit zu verpflichten; die Provinzpläne müssen vor der Verbindlichkeitserklärung dem Ministerium vorgelegt werden, das sich zu den Plänen äußern muß;

d) Planungen für Landesteile wird es in Zukunft nicht mehr geben, vorläufig auch kein Raumordnungskonzept für das gesamte Land.

Die derzeit laufende Planungsphase wird entscheidend von der Umweltpolitik im weitesten Sinne geprägt. Die wichtigsten Zielsetzungen allgemeiner Art werden auf Reichsebene festgelegt und flächenbezogen in den Provinzplänen und Kommunalplänen konkretisiert. Die im letzten Jahrzehnt vollzogenen Änderungen auf dem Gebiet der Planungsorganisation sowohl im Aufbau als auch in der fachlichen Zusammensetzung der Planungseinrichtungen – auf die noch einzugehen sein wird (vgl. Kap. III) – sind sehr groß und wegen der noch laufenden Funktionalreform im kommunalen Bereich auch noch nicht abgeschlossen.

Das derzeitige Baugesetz legt das Planungssystem eindeutig fest und macht den „vorbereitenden Bauleitplan" und den „Provinzplan" zu den politisch wichtigsten Plantypen: der Gemeinderat ist für die Aufstellung und Durchführung des vorbereitenden Bauleitplanes, das Provinzparlament für den Provinzplan verantwortlich. Das Gesetz legt im einzelnen das Planungsverfahren für die verschiedenen Planarten fest. Hauptprinzip der physisch-ökonomischen Planung ist die rechtzeitige Beteiligung aller öffentlichen und privaten Interessen am Planungsprozeß, dem immer ein einheitliches Kontaktschema zugrunde liegt (vgl. Abb. 9).

Abb. 9 *Kontaktschema für den Planungsprozeß*

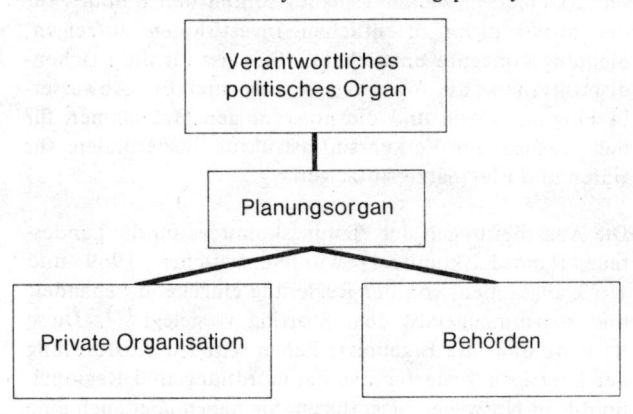

```
        Verantwortliches
        politisches Organ
               |
         Planungsorgan
          /         \
Private Organisation   Behörden
```

Einen Raumordnungsplan für das gesamte Land wird es in Norwegen vorläufig noch nicht geben. Das Baugesetz sieht einen derartigen Plantyp nicht vor.

Aufgabe des Staates ist es in Norwegen, die Zielsetzungen für die Raumordnung und Landesplanung festzulegen und die kommunalen und provinziellen Planungen zu kontrollieren. Die Verantwortung für die Durchführung der

---

17) Vgl. Miljøverndepartementet (Hrsg.): Oversikt over norsk planleggingslovgivning of planapparatets oppbygging, Oslo 1977, S. 5.

Abb. 10 *Planungsrhythmus für wichtige Planungen in Norwegen*

Planungsebene	Planungsart	Zeithorizont in Jahren
Nationale Ebene	Nationalbudget	1 - 4
	Langzeitprogramm Fachpläne/Sektorpläne	4 - 25
Provinz-/Bezirkspläne	Provinz-/Bezirkspläne Fachpläne/Sektorpläne	4 -
Interkommunal	Regionspläne	4 -
Kommunal	Generalpläne/Flächennutzungspläne	4 -
Betrieb	Betriebsplan/Betriebsbudget	5 - 20

Quelle: Lt. freundlicher Mitteilung des Norwegischen Umweltministeriums 1980.

Raumordnung und Landesplanung in Norwegen liegt voll bei der Regierung des Landes [18]. Insofern hat Norwegen einen dreistufigen Planungsaufbau, d. h. die Planungsebenen Staat, Provinzen und Gemeinden (vgl. Abb. 10).

In den Jahren 1971/72 hat die Regierung dem Parlament einen größeren Bericht über Raumordnung und Regionalpolitik vorgelegt, worin Zielsetzungen und Instrumente im breiten regionalpolitischen Zusammenhang offengelegt wurden [19]. Das Storting behandelte die Vorlage 1973. Auf der Grundlage der Parlamentsdebatte beschloß das Umweltministerium als oberste Planungsbehörde die Ausarbeitung eines umfassenden neuen Planungsgesetzes. Der Entwurf für dieses Gesetz wurde 1976 fertiggestellt und den Provinzen, Gemeinden und Organisationen zur Stellungnahme zugeleitet. Diese Stellungnahmen liegen seit Ende 1977 vor und wurden vom Umweltministerium überprüft. Ende 1980 hat die Regierung daraufhin dem Parlament einen Gesetzesvorschlag für ein neues Gesetz über „Lokale und regionale Planung (Planungsgesetz)" vorgelegt [20]. Zu den wichtigsten Aussagen dieses neuen Gesetzesentwurfes wird am Schluß dieses Berichtes (Kap. VI) eingehend Stellung genommen. Demokratisierung und Dezentralisierung der Planung und eine Vereinfachung der Planungsgesetzgebung und des Planungssystems sind die Hauptanliegen des neuen Planungsgesetzes.

III. Grundsätze, Organisation und Durchführung der Planung auf den verschiedenen Planungsebenen

1. Arbeitsteilung zwischen Staat, Bezirkskommune und Kommune

Parlament und Regierung haben auf dem Hintergrund vielfältiger Erfahrungen mit der Planungsarbeit in der Nachkriegszeit Ende der 70er Jahre grundsätzliche Prinzipien für die künftige Raumordnung und Landesplanung festgelegt: Planung auf allen Planungsebenen soll eine praktische Hilfe für die künftige Nutzung der Ressourcen und die regionale Entwicklung sein. Dabei wurde besonderer Wert auf folgende Grundsätze gelegt [21]:

---

[18] Vgl. Ministry of Environment (Hrsg.): Survey of Norwegian planning legislation and organisation, Oslo 1975, S. 32 f.

[19] Vgl. Stortingsmelding – nr. 27 – (1971–72) – Om regionalpolitikken og lands – og landsdelsplanleggingen, Oslo 1972.

[20] Vgl. Miljøverndepartementet: Lov om lokal og regional planlegging (Planleggingsloven), Ot. prp. nr. 22 (1980–81), Oslo 1980.

[21] Vgl. Miljøverndepartementet: Om regional planlegging og forvaltning av naturressursene, a.a.O., S. 35; NOU 1976 : 47: Miljøvernpolitikken, Oslo 1976.

- Die politischen Steuerungsorgane in den Gemeinden, Provinzen und beim Staat sollen im Rahmen der Verfassung die Verantwortung für Planung und Verwaltung der physischen und ökonomischen Ressourcen tragen;
- die Verantwortung für die Planung und deren Durchführung soll auf der Planungsebene wahrgenommen werden, auf der die Aufgaben zur Lösung anstehen;
- die Planungsgesetze müssen vereinfacht und koordiniert werden;
- alle Maßnahmen zur Ressourcennutzung, zum Umweltschutz und zur Landesentwicklung müssen auf der Grundlage koordinierter Planungen erfolgen, die auch langfristige Ziele der Ressourcenverwaltung und der Regionalpolitik beinhalten.

Die dabei erforderliche Arbeitsteilung zwischen Staat, Provinzen und Kommunen kann nicht für alle Zeit verbindlich festgelegt werden, sondern sie muß sich ständig den gesellschaftlichen Entwicklungen anpassen. Es wird Aufgabe des Parlamentes (Storting) sein, die erforderliche Funktionsverteilung auf dem Hintergrund der Dezentralisierungs- und Demokratisierungsziele wahrzunehmen, d. h. die Aufgaben sollen möglichst bürgernah erledigt werden, um die Mitwirkung der Bürger am Planungsgeschehen zu gewährleisten.

Für das Verhältnis Staat – Provinz ist inzwischen vom Storting mehrfach deutlich gemacht worden, daß der Staat bei den Provinzen und Gemeinden die Ziele durchsetzen darf, die im nationalen Interesse liegen. Diese Ziele finden ihren Ausdruck in Gesetzen und Parlamentsberichten, so etwa in den Veröffentlichungen zur Finanzplanung, dem Nationalbudget, in den Langzeitplänen etc. (vgl. Abb. 12). Dem Nationalbudget mit seinen Zielen und Maßnahmen für die wirtschaftliche Entwicklung des Landes und dem Langzeitprogramm kommen dabei besondere Bedeutung zu.

Der Parlamentsbericht über „Regionalplanung und die Verwaltung von Naturressourcen"[21] legt zwei Grundprinzipien für das Verhältnis der Planungen auf Provinzebene zur Kommunalebene fest:

1. Der Provinz-/Bezirksplan soll lediglich die Angelegenheiten in einer Gemeinde behandeln, die von regionalem Interesse oder von Reichsinteresse sind, d. h. wo kommunale Beschlüsse wesentliche Bedeutung über die Gemeindegrenzen hinaus haben würden;
2. die Bezirksplanung soll in enger Zusammenarbeit mit den Gemeinden durchgeführt werden, und sie soll auf kommunalen Planungen aufbauen, soweit diese nicht im Gegensatz zu den Bezirks- bzw. Reichsinteressen stehen.

Auf der Grundlage des Baugesetzes haben die Bezirksgemeinde und die Provinzen in diesem Rahmen gegenüber den Gemeinden:

- eine Koordinationsverantwortung hinsichtlich der Flächennutzung, des Wohnungsbaus, des Verkehrs, der Gemeindeökonomie und der Gemeindeinvestitionen;
- eine Beratungsfunktion insbesondere für die Bauleitplanung;
- eine Fachplanungsaufgabe im Sozial- und Gesundheitssektor, im Schulwesen und für den Verkehr;
- sowie eine Ratgeberfunktion für alle Angelegenheiten, die das direkte Verhältnis Gemeinde – Staat betreffen.

Staat, Provinz/Bezirksgemeinde und Kommunen sollen in allen Planungsfragen eng zusammenarbeiten.

Die norwegische Regierung fordert in ihren letzten Langzeitprogrammen einen verstärkten Ausbau des Planungsapparates, der z. T. auch zwischenzeitlich bereits, nicht zuletzt durch den Aufbau des Umweltministeriums, durchgeführt wurde. Die langfristigen Entwicklungsprogramme sollen intensiver durch langfristige Staatshaushaltspläne konkretisiert und mit Hilfe der physisch-ökonomischen Planungen der Provinzen und Gemeinden (Provinzpläne, Generalpläne, Bebauungspläne) – in Zeit und Raum – langfristig in die Tat umgesetzt werden, insbesondere durch Anpassung der öffentlichen Investitionen an die gesamtwirtschaftlichen und regionalen Entwicklungsziele und Entwicklungsplanungen (vgl. Abb. 12).

Innerhalb ihrer langfristigen Wirtschaftsplanung verfolgt die Regierung als Hauptziele, die Entwicklungsmöglichkeiten der einzelnen Landesteile zu fördern, das Anwachsen des Verdichtungsraumes Oslo durch konstruktive Dezentralisierungspolitik abzuschwächen und Provinzpläne und kommunale Entwicklungspläne für alle Landesteile ausarbeiten zu lassen, um den Bedürfnissen der Bevölkerung nach Arbeitsplätzen, nach Versorgung mit öffentlichen Gütern, Diensten und Erholungsmöglichkeiten unter Beachtung des Umweltschutzgedankens und der bestmöglichen Nutzung der Ressourcen gerecht zu werden. Die angestrebte Dezentralisierungspolitik soll durch den Ausbau wachstumskräftiger Zentralorte gefördert und durch die regionale Wirtschaftspolitik, die Arbeitsmarktpolitik und durch Maßnahmen der Sozialpolitik unterstützt werden. Man war sich darüber klar, daß der Abbau der interregionalen Wohlstandsunterschiede nur über eine Förderung der Siedlungsstruktur im Hinblick auf eine räumliche Konzentration mit disperser Schwerpunktbildung erreicht werden könne. Diese Zielsetzung ist in Norwegen, wie auch in anderen skandinavischen Staaten, nicht unumstritten geblieben.

2. Planungen auf nationaler Ebene

Von den Erfahrungen in der Planungsarbeit ausgehend, die seit dem Inkrafttreten des Baugesetzes von 1965 gewonnen werden konnten, gibt es seit der Novellierung des Baugesetzes im Jahre 1973 in Norwegen drei raumbedeutsame Planungsebenen (vgl. Abb. 10):

Staat = Festlegung der Zielsetzungen für das gesamte Land,

Provinz = Aufstellung und Durchführung des Provinzplanes,

Kommune = Aufstellung und Ausführung des vorbereitenden Bauleitplanes und der Bebauungspläne.

Mit der Einführung der Provinzialplanung haben nunmehr alle drei Planungsebenen gleiche Voraussetzungen. Planung wird gelenkt und kontrolliert von politischen Organen, Planung verfügt über eine eigene Verwaltung, und jede Verwaltungsebene hat jeweils ein eigenes Besteuerungsrecht.

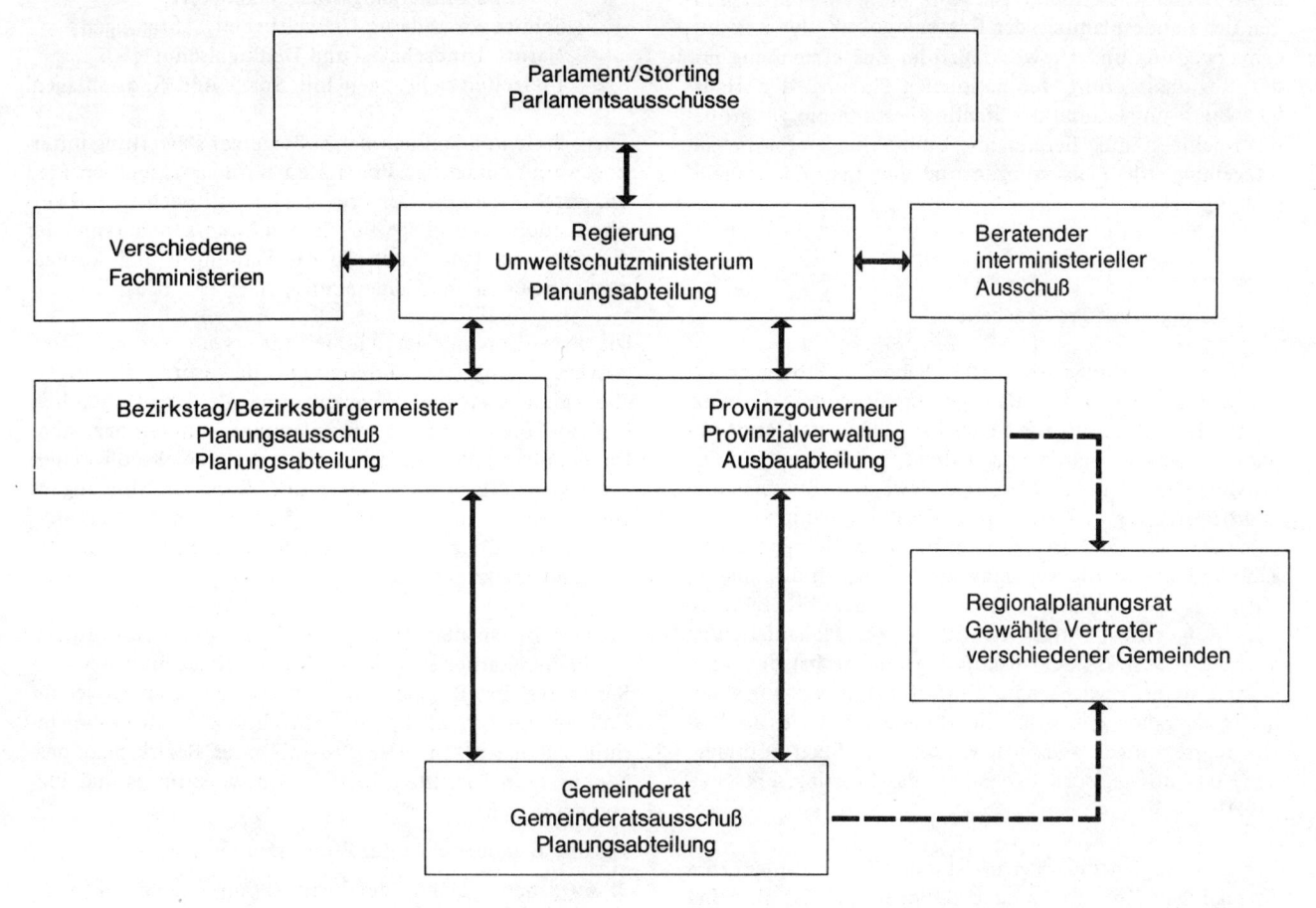

Abb. 11   *Organisation der Raumplanung in Norwegen (Stand: 1980)*

```
                    ┌─────────────────────────────┐
                    │   Parlament/Storting        │
                    │   Parlamentsausschüsse      │
                    └──────────────┬──────────────┘
                                   ↕
┌──────────────┐    ┌─────────────────────────────┐    ┌──────────────┐
│ Verschiedene │←→  │   Regierung                 │ ←→ │ Beratender   │
│ Fachminist.  │    │   Umweltschutzministerium   │    │ interminist. │
│              │    │   Planungsabteilung         │    │ Ausschuß     │
└──────────────┘    └──────────────┬──────────────┘    └──────────────┘
                                   ↕
┌─────────────────────────────┐    ┌─────────────────────────────┐
│ Bezirkstag/Bezirksbürgerm.  │    │ Provinzgouverneur           │
│ Planungsausschuß            │    │ Provinzialverwaltung        │
│ Planungsabteilung           │    │ Ausbauabteilung             │
└──────────────┬──────────────┘    └──────────────┬──────────────┘
                                                  ┊
                                                  ┊
                                   ┌─────────────────────────────┐
                                   │ Regionalplanungsrat         │
                                   │ Gewählte Vertreter          │
                                   │ verschiedener Gemeinden     │
                                   └──────────────┬──────────────┘
               ┌─────────────────────────────┐    ┊
               │ Gemeinderat                 │    ┊
               │ Gemeinderatsausschuß        │┈┈┈┈┘
               │ Planungsabteilung           │
               └─────────────────────────────┘
```

Seit 1972 ist die oberste Planungsbehörde im neuen Umweltschutzministerium angesiedelt und ressortiert nicht mehr beim Kommunal- und Arbeitsministerium. Einen schematischen Überblick über den neuesten Stand der Planungsorganisation in Norwegen [22] gibt Abb. 11.

Im Rahmen der von Parlament und Regierung in Grundzügen festgelegten Planungsarbeit hat das Umweltschutzministerium zwei Aufgaben:

a) Als oberste Planungsbehörde hat es die Planungen der Sekundär- und Primärkommunen zu unterstützen und zu genehmigen, und

b) es muß bei den Gesamtplanungen für das ganze Land und seine Provinzen mitwirken und, soweit erforderlich, konkrete Maßnahmen zur Lösung vieler Probleme in den Bereichen der Siedlungsstruktur und Standortplanung durchführen.

Die Verantwortung für alle Planungen liegt in Norwegen in der Hand der Regierung, die vom Parlament kontrolliert wird. Storting und Regierung legen die Richtlinien und den Rahmen für die Raumordnung und Landesplanung fest. Man war bemüht, die gesamte Planungsorganisation bei der letzten Verwaltungsreform in den 70er Jahren voll in den Verwaltungsaufbau des Landes zu integrieren und die Verantwortung für die Planung den parlamentarischen Gremien zu überlassen, um eine reibungslose Durchführung der Planung und deren Ausführung zu gewährleisten. Die Festlegung der politischen und ökonomischen Ziele und die Auswahl der entsprechenden Instrumente sieht man in Norwegen als Hauptaufgabe der Planung an, die von den verfassungsgemäßen und politischen Organen im Staat wahrgenommen werden muß.

Der Staat selbst legt die Richtlinien für die Planung fest, soweit davon das gesamte Land oder mehrere Provinzen betroffen sind. Er kann auch selbst Rahmenplanungen von nationalem Interesse aufstellen, so z. B. bei der Verwaltung der Naturressourcen, der Beschäftigung, der Besiedlung oder anderer Entwicklungsmaßnahmen von Reichsinteresse. Der Staat muß darüber hinaus im Rahmen der Raumordnung und Regionalplanung für die Koordinierung aller staatlichen Fachplanungen sorgen, so auch für die raumwirksamen Maßnahmen der langfristigen Wirtschafts- und Finanzplanung. Die Aufgaben sollen vom Umweltministerium wahrgenommen werden, soweit dabei Fragen der räumlichen Ordnung auf nationalem Niveau und die Nutzung der Naturressourcen betroffen sind.

Zusätzlich zu den Planungen der Flächennutzung und der Stadtentwicklung werden von der obersten Planungsbehörde Fragen der Landesentwicklungsplanung, wie z. B. die Lenkung der öffentlichen Investitionen, zur Durchsetzung der Siedlungs- und Standortplanung als wichtigste Aufgabe anerkannt, die aber im Zusammenhang mit den mittel- und langfristigen Planungen der Fachverwaltungen gesehen werden müssen.

Die Einbindung des Planungsapparates in die Verwaltung und die erweiterte Aufgabenstellung haben deshalb neue Formen der Zusammenarbeit zwischen den Ministerien er-

---

22) Vgl. Miljøverndepartementet (Hrsg.): Oversikt over norsk planleggingslovgivning og planapparatets oppbygging, a.a.O., S. 33.

forderlich gemacht [23]). Mit Hilfe eines Beratenden interministriellen Ausschusses (vgl. Abb. 11) werden z. Zt. Fragen der Landesplanung, der Regionalpolitik, der Ressourcenverwaltung und Umweltfragen im Zusammenhang mit der Regionalisierung der nationalen Planung, den Haushaltsüberlegungen und der Standortbestimmung für größere Projekte ständig beraten und Empfehlungen für die Gesetzgebung, die Zielsetzungen und den Instrumenteneinsatz abgegeben.

3. Planungen auf Provinzebene

Seit der Verwaltungsreform 1976 haben die Provinzen auf der Grundlage von § 18a Baugesetz sogenannte Provinzpläne für ihr Gesamtgebiet oder für Teilgebiete (Regionalplanung) auszuarbeiten und laufend fortzuschreiben. Die Provinzpläne werden vom direkt gewählten Provinzparlament/Bezirkstag in Zusammenarbeit mit der zum kommunalen Bereich der Provinzverwaltung (Sekundärgemeinde) gehörenden Planungsabteilung unter Führung des aus der Mitte des Provinzparlaments gewählten Bezirksbürgermeisters aufgestellt. Durch die Pflicht zur Planaufstellung durch die Bezirks- oder Sekundärgemeinde hat der kommunale Bereich wachsenden Einfluß auf die Lösung staatlicher Aufgaben in der Provinz erhalten. Sollte es zu Auseinandersetzungen zwischen Provinz und Staat kommen, muß das norwegische Parlament, das Storting, entscheiden [24]).

Der Provinzplan/Bezirksplan ist ein Übersichtsplan zum Zwecke der Koordinierung staatlicher, provinzialer und kommunaler Planungen auf Provinzebene zum Wohl und zur Entwicklung für das gesamte Gebiet der Provinz oder einzelner Teilgebiete. Die Pläne müssen mindestens die Grundzüge der geplanten Nutzung der natürlichen Ressourcen, die Bevölkerungsentwicklung, die Siedlungsstrukturentwicklung, die Wirtschaft und Beschäftigung, den Ausbau der öffentlichen Wirtschaftsstruktur und Überlegungen zum Natur-, Landschafts- und Denkmalschutz darstellen.

Zur besseren Ausnutzung und Erhaltung der natürlichen Ressourcen zur Lösung von Fragen und Problemen von allgemeinem Interesse, zur Förderung des ökonomischen Wachstums und der Wohlfahrt in den Provinzen sollen gemäß § 17a Baugesetz in den Provinzplänen folgende konkrete Ziele für die Planungsgebiete aufgestellt bzw. entwickelt werden:

a) Ausnutzung der natürlichen Ressourcen, wie z. B. für die Nutzung der Wasserkraft, die Besiedlungsgebiete, die landwirtschaftlichen Nutzflächen, die Wälder, die Freiflächen, Verkehrswege und andere Kommunikationsanlagen;

b) Bevölkerungsentwicklung und Siedlungssystem;

c) Analyse und Bewertung der Wirtschafts- und Arbeitskräfteentwicklung;

d) Ausbau der Infrastruktureinrichtungen als Grundlage für die Nutzung der anderen Ressourcen, wie z. B.
 – Wege, Häfen, Flugplätze, sonstige Kommunikationseinrichtungen;
 – Schulen und andere Fortbildungseinrichtungen;
 – Krankenhäuser und andere Gesundheits- und Sozialeinrichtungen;
 – Verteidigungseinrichtungen;
 – Ver- und Entsorgungsanlagen aller Art;
 – Schutz vor anderen Umweltbeeinträchtigungen;
 – Natur-, Landschafts- und Denkmalschutz;
 – Freizeiteinrichtungen mit Spiel- und Sportanlagen.

Diese Ziele und Maßnahmen sollen einer Bewertung unterzogen und eindeutige Prioritäten für den Ausbau im Plan aufgestellt werden. Der Provinzplan soll nach seiner Verabschiedung Grundlage für alle Ausbaumaßnahmen in der Provinz und damit auch für die Planungen und Ausbaumaßnahmen in den Gemeinden sein.

Die Provinzen müssen darüber hinaus im Rahmen ihrer Provinzplanung eine ökonomische Bewertung, Prioritätsüberlegung und eine Finanzplanung für die öffentlichen Entwicklungs- und Ausbauplanungen miteinbeziehen. Dabei muß die Provinz die vom Staat aus reichspolitischen Interessen aufgestellten Ziele und Rahmenbedingungen, wie sie von den Parlamentsberichten, den sogenannten Stortingsmeldungen, herausgestellt werden, bei ihren Planungen berücksichtigen [24]).

Jährlich ist ein Bericht über den Stand und den Fortgang der Planungsarbeiten von der Provinz abzugeben, der vom Bezirkstag im Rahmen der Finanzplanungen in jedem Frühjahr zu behandeln und danach dem Umweltministerium zuzuleiten ist. Der Provinz- oder Bezirksplanungsbericht muß berichten über die Entwicklungen und Planungen in den

1. Aufgabenbereichen der Primärkommunen;

2. Aufgabenbereichen der bezirkskommunalen Sektoren, insbesondere über die darin enthaltene langfristige Finanzplanung;

3. Bereichen der staatlichen Aufgaben auf Provinzebene;

4. Bereichen des Wohnungsbaus und

5. Bereichen der Beschäftigungsentwicklung.

Abb. 12 *Wichtige Planinhalte des Bezirksplanes*

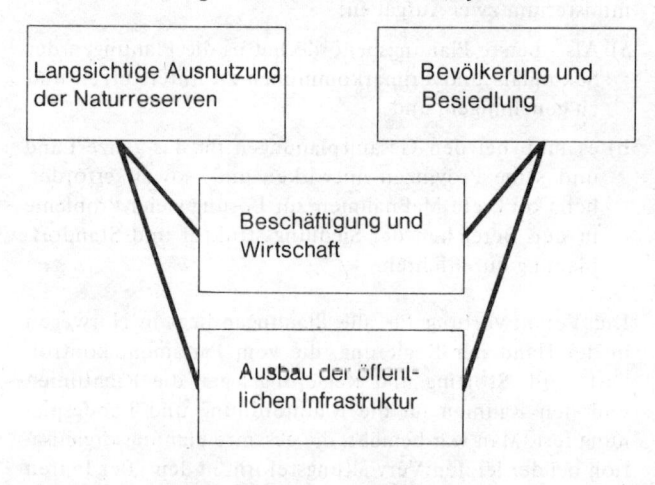

---

[23]) Vgl. Miljøverndepartementet (Hrsg.): Om regional planlegging og forvaltning av naturressursene, a.a.O., S. 36, vgl. auch Rundschreiben des Kgl. Miljøverndepartements an die Provinzen in den Jahren 1975 und 1976; Norsk institutt for by- og regionsforskning (Hrsg.): Planlegging og forvaltning. Forfatter: P. K. Mydske, Oslo 1978.

[24]) Vgl. Miljøverndepartementet (Hrsg.): Om regional planlegging og forvaltning av naturressursene, a.a.O., S. 65 ff.

Die jährlichen Bezirksplanungsberichte sollen kurz und übersichtlich abgefaßt werden.

Diese laufende Berichterstattung soll mit zur Koordinierung aller Fachpolitiken auf Bezirksebene beitragen, die auch eine der Hauptaufgaben des Bezirksplanes ist. Der Bezirksplan soll sich bemühen, die Ausnutzung der Naturreserven im Zusammenhang mit den langfristigen Bevölkerungszielen, der Ausbaupolitik im Verhältnis zur Wirtschaftsplanung etc. zu sehen. Die wichtigsten Zusammenhänge sind in der folgenden Übersicht zusammengefaßt (Abb. 12).

Die Bezirksplanung ist auch aufgerufen, auf der Grundlage eingehender Analysen herauszufinden, welcher wirkliche Ausbaubedarf in den einzelnen Provinzteilen wirklich gegeben ist und welche Möglichkeiten zur Deckung des Bedarfs realistisch vorhanden sind, d. h. Ausbauplanungen und Finanzplanungen müssen in Übereinstimmung gebracht werden.

Vom Inhalt her unterscheiden sich in Norwegen noch zwei Planauffassungen bei der Aufstellung des Bezirksplanes: Einerseits wird er lediglich als Bezirksverwaltungsplan für die Aktivitäten der Bezirksverwaltung gesehen, andererseits als koordinierender Übersichtsplan für sämtliche räumliche Entwicklungsaktivitäten innerhalb der Provinz, wie dies wohl auch vom Umweltministerium gewollt wird. Die letztere Auffassung über die Aufstellung des Bezirksplanes setzt sich immer mehr durch.

Wenn es sich wegen der besonderen topographischen und strukturellen Verhältnisse als zweckmäßig erweist, kann der Provinzplan im Einvernehmen mit dem Umweltministerium auch für Teilbereiche der Provinz als sogenannter Regionalplan für mehrere Kommunen erarbeitet werden.

Die Leitung dieser Regionalplanung liegt beim Regionalplanungsrat, der aus gewählten Mitgliedern der Kommunen besteht. Die hohe Flexibilität in der Einteilung der Planungsgebiete und in der Wahl der Planungsarten erleichtert die wechselseitige Durchsetzung der Planungsziele, insbesondere die Durchsetzung übergeordneter Planungen auf Gemeindeebene.

Das Umweltministerium hat von Anbeginn seiner Tätigkeit an die Entwicklung der Bezirksplanung zu steuern versucht [24]. Es hat die Planungsinhalte, die Berichtspflicht und die Berichtsinhalte der Planungsberichte der Bezirke und den Planungszeitraum bestimmt. Nach den ersten Erfahrungen vorausgegangener Planungsperioden hat sich gezeigt, daß im Einklang mit der Langzeitplanung des norwegischen Parlaments und der Regierung ein bestimmter Planungsrhythmus vorgegeben werden muß (vgl. Abb. 13). Dieser Planungsrhythmus soll an den Planungsrhythmus der Langzeitplanung des norwegischen Parlaments angepaßt werden, der so gewählt ist, daß das Storting am Ende seiner Legislaturperiode aus der Fülle seiner Erkenntnisse das neue Langzeitprogramm für die kommunale Legislaturperiode verabschiedet. Das Umweltministerium hat sich entschlossen, die Planungsperiode der Provinz für den Provinzialtag nach genau dem gleichen Muster vorzuschreiben: Der Provinzialtag beschließt den auf vier Jahre vorgesehenen Bezirksplan am Ende seiner Wahlperiode. Es bleibt abzuwarten, ob sich dieser Planungsrhythmus wirklich einstellt.

Abb. 13   *Planungsrhythmus und Zusammenspiel wichtiger mittelfristiger Planungen in Norwegen im Zusammenhang mit den Stortings- und Kommunalwahlen*

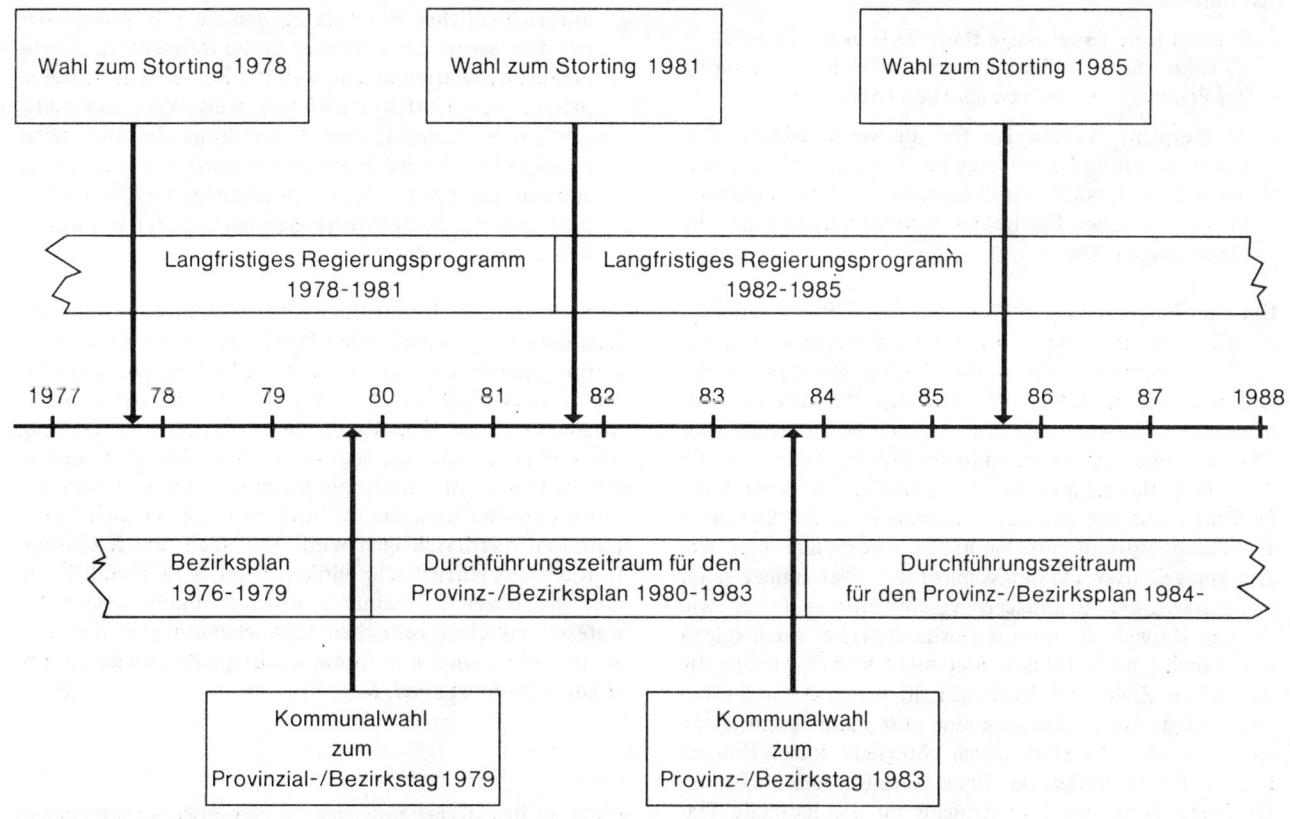

Quelle: Lt. freundlicher Mitteilung des Norwegischen Umweltministeriums 1980.

Abb. 14 *Fortschreibung der verschiedenen Teile des Bezirksplanes*

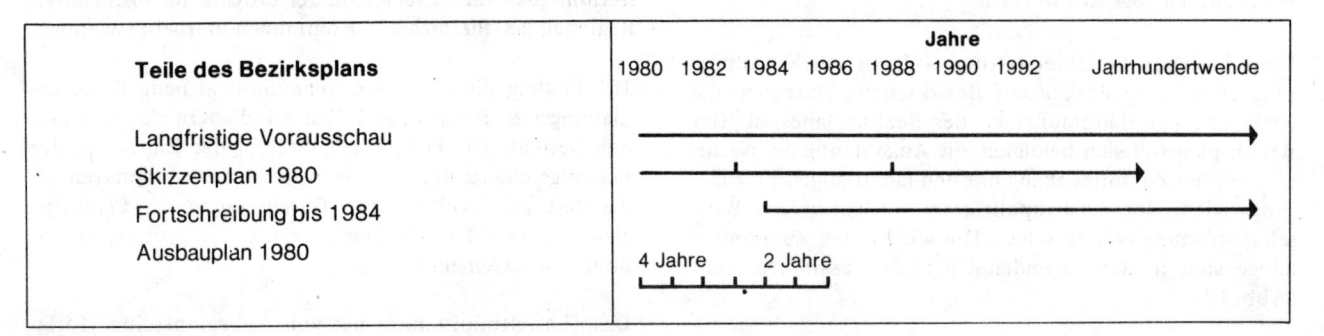

Teile des Bezirksplans	Jahre 1980 1982 1984 1986 1988 1990 1992 Jahrhundertwende
Langfristige Vorausschau Skizzenplan 1980 Fortschreibung bis 1984 Ausbauplan 1980	⟶ ⟶ ⟶ 4 Jahre 2 Jahre

Quelle: Fylkesplan for Nordland, Tromsø 1979.

Die Arbeit am Bezirksplan ist ein kontinuierlicher Prozeß. Dies geschieht auf zwei Arten:

1. Jährliche Fortschreibung der kurzfristigen Teile des Planes – des Ausbauplanes – mit dem Schwerpunkt auf Planung der Investitionen, Feststellungen und Überlegungen zum Arbeitsmarkt und der Planung der Flächennutzung für die nächsten Jahre (4 Jahre + 2 Jahre).

2. Hauptrevision des langfristigen und mittelfristigen Teils – Skizzenteil – nach jedem 4. Jahr mit einer Überprüfung möglicher Veränderungen der Zielsetzungen und Handlungsrichtlinien für die Entwicklung des Bezirks und einer veränderten langfristigen Vorausschau.

Dies dient dazu, wichtige Teile des Planes ständig auf dem laufenden zu halten und – falls erforderlich – zu überarbeiten und zu verbessern.

Der Bezirksplan für Nordland z. B. beinhaltet einen sogenannten Skizzenplan und einen Ausbauplan mit folgenden Inhalten:

– Skizzenplan: Langfristige Hauptziele in der Regel 10 – 15 Jahre bis zur Jahrhundertwende; Fortschreibung der Planungen bis spätestens 1983 (Abb. 14).

– Ausbauplan: Ausbauplan für die verschiedenen Planungsebenen und Fachbereiche (4 + 2 Jahre), mit teilweise sehr detaillierten Planungen; die Entwicklungen in den einzelnen Fachgebieten werden jedes Jahr sehr eingehend analysiert.

Um die Jahreswende 1979/80 hatten 13 Provinzen Provinzpläne (fylksplaner) für die Planungsperiode 1980 bis 1983 angenommen, 3 Provinzen hatten den Plan zur Beschlußfassung im Jahre 1980 vorgelegt [25]. Die Provinzpläne geben – wie vorgesehen – eine zusammengefaßte Übersicht über die Situation in der Provinz und zeigen die Ziele und Maßnahmen für die Tätigkeit der staatlichen Behörden und die der Bezirksgemeinde in der kommenden Planungsperiode auf. Sie haben – vor allem wohl wegen mangelhafter Planungskapazität – aber immer noch nicht die in den Grundzügen vereinheitlichte Form, wie sie vom Umweltministerium gewünscht wird. Auch zeigen ihre Inhalte noch Mängel, und nicht immer werden die staatlichen Ziele und Vorhaben im vollen Ausmaße berücksichtigt. Da sie dennoch eine gute Planungsgrundlage bieten, wurden die Pläne durch königliche Resolution im Jahre 1980 genehmigt. Das Umweltministerium hofft, daß die Aufstellung der Provinzpläne für die laufende Planungsperiode 1981 abgeschlossen sein wird.

Im Zuge der Durchsicht der Provinzpläne durch die staatliche Zentralinstanz zeigten sich eine Reihe von Problemen, die künftig zwischen Staat und Provinzen im Hinblick auf die staatlichen Zielsetzungen und die tatsächliche Entwicklung in den Provinzen – vor allem wegen zu optimistischer Annahmen über den Bevölkerungszuwachs und das Beschäftigungswachstum – intensiver gegenseitiger Beratung und Abstimmung bedürfen, so vor allem in den Bereichen:

– Regionale Bevölkerungsentwicklung, die durch Rückgang der Bevölkerung in vielen Städten und durch erhöhte Abwanderung aus den ländlichen Gebieten einiger Provinzen geringer gewesen ist als ursprünglich angenommen worden war, so z. B. in Nord-Norwegen, dessen Nettoabwanderung doppelt so hoch war wie vorausgesehen; die Ziele gleichbleibender Bevölkerungsentwicklung in allen Landesteilen und die dementsprechende Entwicklung der Siedlungsstruktur konnte nicht überall erreicht werden;

– Regional- und Beschäftigungsentwicklung, die wegen unterschiedlicher Voraussetzungen, so z. B. verschiedener Altersstruktur, zukünftig große Beschäftigungsprobleme zu erwarten haben, weil der Zuwachs an Arbeitsplätzen sich nicht so entwickeln wird, wie dies vorausgesehen worden ist; eine Verstärkung des Beschäftigungsproblems wird besonders in Nord-Norwegen, aber auch in anderen Provinzen zu erwarten sein, vor allem dort, wo die Strukturveränderungen in der Wirtschaft besonders groß sind.

Vor allem diese Problembereiche machen eine intensive Koordination der regionalen Provinzpläne mit dem Langzeitprogramm der Regierung erforderlich. Die regional sehr unterschiedlichen Probleme, Ziele und Maßnahmen müssen wichtige Grundlagen für die langfristige Planung der Regierung sein, die sich in den 80er Jahren in mehreren Parlamentsberichten zur Langzeitplanung, Raumordnung und Regionalplanung und zu verschiedenen Fachpolitiken niederschlagen wird. Vor allem die Koordination der einzelnen Fachpolitiken bereitet im Hinblick auf eine landesweit koordinierte Provinzplanung wegen der unterschiedlichen zeitlichen Sachbehandlung in den einzelnen Ministerien und in der Landesplanungsbehörde besondere Probleme (vgl. Kap. V).

---

[25] Laut freundlicher Mitteilung des norwegischen Umweltministeriums Ende 1980.

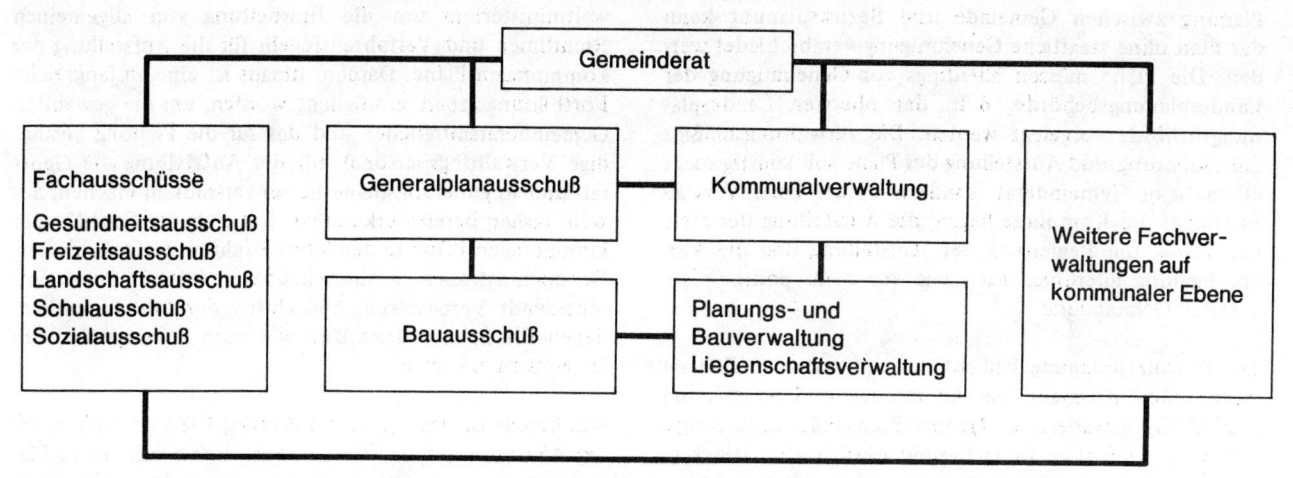

Abb. 15   *Planungsorgane und Planungsfunktionen in der Gemeinde*

```
                        ┌──────────────┐
                        │ Gemeinderat  │
                        └──────────────┘
┌──────────────┐  ┌──────────────────┐  ┌──────────────────┐  ┌──────────────┐
│Fachausschüsse│  │Generalplanausschuß│  │Kommunalverwaltung│  │              │
│              │  └──────────────────┘  └──────────────────┘  │Weitere Fach- │
│Gesundheitsausschuß                                          │verwaltungen  │
│Freizeitsausschuß                                            │auf           │
│Landschaftsausschuß                                          │kommunaler    │
│Schulausschuß                                                │Ebene         │
│Sozialausschuß │  ┌──────────────┐    │Planungs- und     │  │              │
│              │  │ Bauausschuß  │    │Bauverwaltung     │  │              │
│              │  └──────────────┘    │Liegenschaftsverw.│  │              │
└──────────────┘                      └──────────────────┘  └──────────────┘
```

Quelle: Miljøverndepartementet (Hrsg.): Oversikt over norsk planlegginslovgivning, a.a.O., S. 37.

4. Planungen auf kommunaler Ebene

Nach dem Baugesetz muß jede Gemeinde einen vorbereitenden Bauleitplan (Generalplan = Flächennutzungsplan) aufstellen. Zur Aufstellung des Generalplanes wählt der Gemeinderat einen Generalplanungsausschuß, der bei der Planaufstellung von der Verwaltung unterstützt wird. Die Übertragung der Verantwortung für die Aufstellung des physisch-ökonomischen Planes von der Verwaltung auf die gewählten Mitglieder des Gemeinderates im novellierten Baugesetz soll eine bessere Koordinierung aller Planungen in der Kommunalverwaltung und auf allen anderen Planungsebenen herbeiführen sowie eine verbesserte Koordination zwischen den Fachleuten und den Politikern im Planungsprozeß ermöglichen. Die folgende schematische Übersicht (vgl. Abb. 15) zeigt die Planungsorgane und Planungsfunktionen in den norwegischen Gemeinden auf.

Der Generalplan soll die physische, ökonomische und soziale Planung in der Gemeinde sowie im Verhältnis Gemeinde/Provinz und Gemeinde/Staat offenlegen. Er soll die Hauptlinien der künftigen Bodennutzung, vor allem auch den Schutz der natürlichen Ressourcen und die wichtigsten Entwicklungsaufgaben der Gemeinde aufzeigen. Eine Vereinfachung der Plandarstellung wird angestrebt.

Neben dem Generalplanausschuß, der nur für die Aufstellung des Generalplanes verantwortlich ist, gibt es noch den Bauausschuß, der die Verantwortung für die Aufstellung der konkreten Bebauungspläne (Regulierungspläne) etc. trägt. Der Bebauungsplan legt die Bodennutzung und die Bebauungsplanung im Detail verbindlich fest.

Der Bauausschuß setzt sich aus mindestens fünf Mitgliedern des Gemeinderates und einer Reihe von Fachleuten aus der Kommunalverwaltung, die aber nur beratende Stimme haben, zusammen. Die Zusammensetzung des Bauausschusses repräsentiert nunmehr eine Auswahl von Politikern und Fachleuten, wie sie auch bei anderen Gremien mit gesellschaftspolitischer Aufgabe zu finden ist.

In Norwegen ist lediglich der Bauleitplan (Regulierungsplan) für den Bürger verbindlich. Sowohl der Provinzplan, der Regionalplan wie auch der vorbereitende Bauleitplan (Generalplan) sehen jedoch das Planungsinstrumentarium der Veränderungssperre (planvedtekt) vor, um fertige Pläne und deren Zielsetzungen und in Aufstellung befindliche Pläne für einen begrenzten Zeitraum von bis zu 10 Jahren vor Maßnahmen der Planungsbetroffenen abzusichern, die geeignet sein können, potentielle oder festgelegte Planungsziele unmöglich zu machen [26]. Für die Verabschiedung derartiger Veränderungssperren durch die politischen Planungsträger sind sehr konkrete Verfahren vorgeschrieben. Sollte bereits eine Nutzungsänderung, z. B. durch Baumaßnahmen, in Ausführung sein, kann die Gemeinde ein generelles „Bauverbot" erlassen, bis der verbindliche Plan ausgearbeitet worden ist, spätestens jedoch innerhalb der nächsten zwei Jahre. Die Veränderungssperre im Rahmen der Provinz-, Regional- und Generalpläne gilt als starke Beeinträchtigung des Eigentumsrechtes und ist deshalb sehr umstritten. Ob dabei Entschädigungen zu zahlen sind, soll von Fall zu Fall gemäß der Verfassung durch Gerichte entschieden werden.

Eine Besonderheit der norwegischen Gesetzgebung ist die Behandlung der Fragen der Freizeitbebauung, des Baues von Hütten. Auch hier ist es den Gemeinden weitgehend selbst überlassen, im Rahmen ihrer Generalplanung (Flächennutzungsplanung) entsprechende Baugebiete auszuweisen oder diese Gebiete durch Veränderungssperren bis zur Aufstellung des Planes zu sichern. Es ist der Gemeinde auch erlaubt und zum Teil sogar auferlegt, für die Erholungsgebiete gesetzlich definierte Detailpläne nach dem Gesetz über die Planung von Strand- und Gebirgsgebieten auszuarbeiten. Dadurch wird eine völlig neue Planart in die Planungspraxis eingeführt.

Flächennutzungsplan und Bauleitplan müssen die übergeordneten staatlichen und provinziellen Planungsziele beachten. Bei unlösbaren Auseinandersetzungen zwischen Kommune und Provinz über die Einbeziehung der übergeordneten Planungsziele in die kommunale Planung muß die oberste Landesplanungsbehörde, das Umweltministerium, entscheiden. Bisher war dies auch bei den meisten

---

[26] Vgl. Miljøverndepartementet: Oversikt over norsk planleggingslovgivning og planapparatets oppbygging, a.a.O., S. 9–12.

Plänen der Fall. Bei Einvernehmen über die kommunale Planung zwischen Gemeinde und Bezirksplanung kann der Plan ohne staatliche Genehmigung verabschiedet werden. Die Pläne müssen allerdings vor Genehmigung der Landesplanungsbehörde, d. h. der obersten Landesplanungsbehörde vorgelegt werden. Die verwaltungsmäßige Durchführung und Aufstellung der Pläne soll künftig nicht allein beim Gemeinderat, sondern wieder beim Verwaltungschef der Kommune liegen; die Aufstellung der Ziele der Pläne, die Begleitung der Aufstellung und die Verabschiedung allerdings nach wie vor beim politisch gewählten Gemeinderat.

Die Provinzialplanung bedient sich seit geraumer Zeit im wachsenden Ausmaße der kommunalen Planungs- und Durchführungskapazität. Maßnahmen, Flächennutzungsplanung, langfristige Budgetierung werden aber leider in den Gemeinden wegen mangelnder Kapazität vernachlässigt. Das Umweltministerium ist deshalb der Auffassung, daß die Provinzen für die Durchführung der Kommunalplanung eine hohe Verantwortung tragen. Leider mangelt es aber auch den Provinzen an qualifiziertem Planungspersonal zur fachlichen Beurteilung der Flächennutzungsplanung. Deshalb dauert die Bearbeitung der Pläne bei der Provinz sehr lange, und wenn sie dann noch der obersten Landesplanungsbehörde vorgelegt werden, sind sie zum Teil schon überholt.

15 Jahre nach dem Inkrafttreten des Baugesetzes von 1965 hatte die Flächennutzungsplanung der Gemeinden 1980 folgende Fortschritte gemacht [27]:

— 134 Pläne sind bereits genehmigt (90) oder befinden sich beim Minister (21) oder bei den Provinzen (23) im Genehmigungsverfahren;

— 102 Pläne befinden sich in der letzten Phase des Aufstellungsverfahrens bei den Kommunen (57) oder bei den Provinzen (45);

— 201 Planentwürfe lagen vor bzw. befanden sich in einer frühen Erarbeitungsphase und

— 13 Gemeinden hatten noch nicht mit der Ausarbeitung eines Flächennutzungsplanes (Generalplanes) begonnen.

Wie diese Zahlen zeigen, wird etwa die Hälfte aller Gemeinden des Landes noch 2 – 3 Jahre benötigen, um einen fertigen Plan vorlegen zu können.

Wie auch in anderen Ländern, kann für Norwegen festgestellt werden, daß auch größere und zentrale Gemeinden unter den planerischen Problemgemeinden zu finden sind. Weiterhin zeigt sich, daß die Qualität der Flächennutzungspläne nach Ansicht des Umweltministeriums relativ schlecht ist, nicht nur weil sie bei der Verabschiedung bereits veraltet sind und es häufig auch an den erforderlichen Durchführungsprogrammen fehlt, sondern auch, weil die eigentlichen Probleme und Nutzungskonflikte, die mit Hilfe der Pläne gelöst werden sollen, überhaupt nicht in den Plänen erscheinen [27]. Soweit sie dennoch dem Umweltministerium bekannt sind, müssen sie dort von der obersten Landesplanungsbehörde selbst, allein oder gemeinsam mit anderen Fachressorts, gelöst werden. Dies ist nach Auffassung des Umweltministeriums ein unerträgliches Verfahren.

Seit Ende der 70er Jahre bemüht sich deshalb das Umweltministerium um die Erarbeitung von allgemeinen Richtlinien und Verfahrensregeln für die Aufstellung der kommunalen Pläne. Darüber hinaus ist eine umfangreiche Fortbildungsarbeit ermöglicht worden, um die gewählten Gemeinderatsmitglieder und das für die Planung zuständige Verwaltungspersonal mit der Aufstellung der General- und Regulierungspläne besser vertraut zu machen. Soweit bisher bereits erkennbar, hat sich die Qualität der kommunalen Pläne in den letzten Jahren stetig verbessert. Dennoch ist auch in überschaubarer Zukunft keine entscheidende Verbesserung hinsichtlich der Zahl der vorhandenen Flächennutzungspläne wie auch ihres qualitativen Inhaltes zu erwarten.

Wie bereits aufgezeigt, waren Anfang 1981 noch über 300 der 454 norwegischen Gemeinden ohne einen ersten Flächennutzungsplan. Da nach dem neuen Planungsgesetz, das voraussichtlich 1982/83 in Kraft treten kann, bis 1984/85 alle Gemeinden einen ersten Flächennutzungsplan haben sollen, sind die Planungsbehörden auf kommunaler, provinzialer und staatlicher Ebene mit den erforderlichen Aufstellungs- und Genehmigungsverfahren kapazitätsmäßig völlig überfordert. Das erwünschte Zusammenspiel zwischen Flächennutzungsplanung und der Bezirksplanung wird somit für einen längeren Zeitraum noch nicht möglich sein.

IV. Allgemeine und spezielle Planungsinstrumente

1. Planungsinstrumente im Rahmen der Provinz- und Kommunalplanung

Wichtigste Planungsinstrumente sind in Norwegen, wie auch in anderen Ländern, die Pläne selbst, die für alle öffentlichen Planungsträger verbindlich sind. Das in Ausarbeitung befindliche Planungssystem der Aufstellung genereller und spezieller Ziele durch Parlament und Regierung, die in Ausarbeitung bzw. in Fortschreibung befindlichen Provinz- und Generalpläne werden ihre Wirkung im Hinblick auf die Durchsetzung der Planungen nicht verfehlen. Die im vergangenen Kapitel geschilderten Ziele und Maßnahmen in den seit 1973 auszuarbeitenden Provinzplänen stellen schon ganz erhebliche Planungsinstrumente bereit [28]. Die Ausarbeitung landesweiter Pläne wurde in Aussicht genommen.

2. Strand- und Gebirgsgebiete [29]

Um den Zugang zur See an den Küsten — soweit noch möglich — zu sichern, wurde 1965 das Gesetz über Planung von Strand- und Gebirgsgebieten erlassen, das ein generelles Bauverbot im 100 m-Küstenstreifen beinhaltet

---

[27] Lt. freundlicher Mitteilung des Umweltministeriums von Mai 1980; *Eckhoff, J. Ch.*: Kommunal planlegging, NIBR-notat 1980 : 121, 1980 : 122, 1980 : 127, hrsg. von Norsk institut for by- og regionsforskning.

[28] Vgl. hierzu Kap. III/3.

[29] Vgl. zu diesen Ausführungen: Miljøverndepartementet (Hrsg.): Oversikt over norsk planleggingslovgivning og planapparatets oppbygging, a.a.O., S. 14–19.

und den Provinzen freistellt, über das Umweltministerium ein derartiges Bauverbot auch an Flüssen und Bächen zu erlassen. Darüber hinaus gebietet das Gesetz den Gemeinden die Aufstellung von Plänen zum Ausbau der Strandgebiete und falls erforderlich auch für Gebirgsgegenden. Die Vorschläge dafür und für die Abgrenzung der Gebiete werden von der Provinz beim Ministerium eingereicht. Die Richtlinien für den Ausbau der Strand- und Gebirgsgebiete werden vom Provinzparlament festgelegt. Neu an diesem Planungsinstrumentarium ist insbesondere die Bestimmung, daß die Ausbaurechte und die Nutzen, die der Plan schafft, und die gemeinsamen Kosten, die die Ausführung des Planes beinhaltet, zwischen den Grundeigentümern des Planungsgebietes aufgeteilt werden können. Die Aufteilung erfolgt durch Mehrheitsbeschluß der Grundeigentümer oder durch einen Ausschuß, dem ein Richter in Grundstückssachen vorsteht.

3. Städtebau und Bodenpolitik [30]

Das Gesetz über die „Erhaltung und Erneuerung dichtbesiedelter Gebiete" aus den Jahren 1967 und 1976 soll den Kommunen die Einleitung und zügige Durchführung von kleinen oder größeren Erneuerungsmaßnahmen ermöglichen. Die Erneuerung muß nach Anhörung der Eigentümer vom Gemeinderat beschlossen werden. Das Gesetz ermöglicht die Zusammenfassung und Umverteilung von Grundstücken zwecks besserer städtebaulicher Gestaltung innerhalb einer gewissen Frist, wobei diese vom Ministerium festgesetzt wird. Enteignungsverfahren sind möglich.

Norwegen verfügt über einen sehr geringen Anteil landwirtschaftlicher Nutzfläche an der Gesamtfläche (3 %). Seit alters her gilt deshalb die allgemein anerkannte Regel, daß landwirtschaftlich nutzbarer Boden nicht bebaut werden soll. Diese Regel wurde vom Bodengesetz von 1955 gesetzlich fixiert. Wenn Konfliktsituationen hinsichtlich dieser Regelung entstehen, müssen sie zwischen den Landwirtschaftsbehörden und der Kommunalverwaltung bereinigt werden. Mit Hilfe dieser Regelung ist es häufig möglich, das Wachstum bestimmter Ortschaften in unerwünschte Richtungen zu unterbinden.

4. Waldwirtschaft, Erholung, Natur- und Landschaftsschutz [31]

Das Waldgesetz von 1965 und 1976 macht es den Waldbesitzern zur Auflage, neben rationeller Waldwirtschaft auch die Bedeutung des Waldes für Freizeit und Erholung bei ihren Nutzungsüberlegungen zu berücksichtigen. Hier wurden die Eigentumsrechte der Waldbesitzer generell gebunden. Sie können darüber hinaus aber auch noch durch besondere Vorschriften, die von der Regierung erlassen werden müssen, in ihrer Dispositionsfreiheit eingeschränkt werden, so z. B. hinsichtlich des Wegebaus und des Naturschutzes.

Das Naturschutzgesetz von 1954 und 1970 will die Natur als nationalen Wert beschützen und das Naturmilieu als Grundlage für die Tätigkeiten der Menschen, ihre Gesundheit und ihr Wohlergehen erhalten und gestalten. Planung und Durchführungsmaßnahmen müssen auf Naturwerte besondere Rücksicht nehmen. Das Gesetz ermöglicht die

Abb. 16 *Nationalparks in Norwegen (1977)*

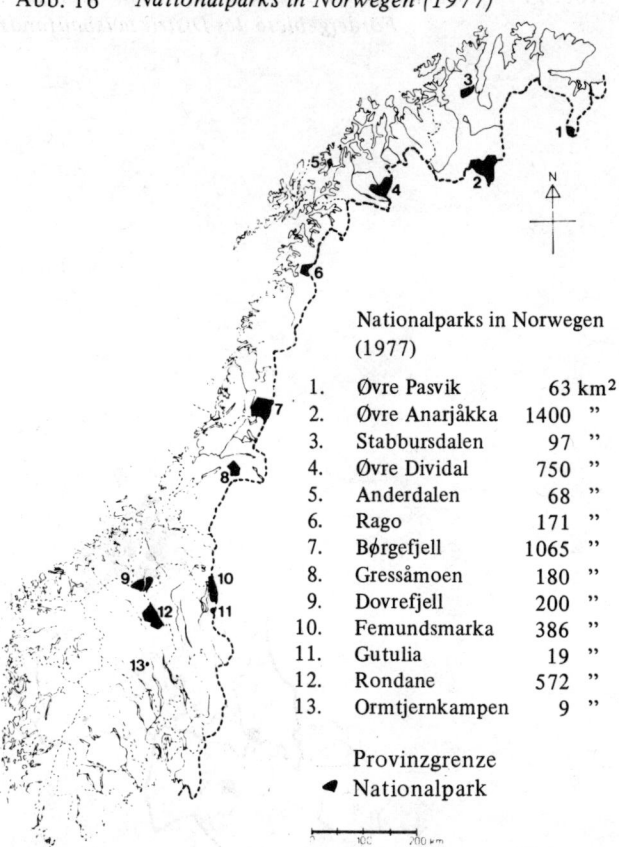

Nationalparks in Norwegen (1977)

1.	Øvre Pasvik	63 km²
2.	Øvre Anarjåkka	1400 "
3.	Stabbursdalen	97 "
4.	Øvre Dividal	750 "
5.	Anderdalen	68 "
6.	Rago	171 "
7.	Børgefjell	1065 "
8.	Gressåmoen	180 "
9.	Dovrefjell	200 "
10.	Femundsmarka	386 "
11.	Gutulia	19 "
12.	Rondane	572 "
13.	Ormtjernkampen	9 "

– – – Provinzgrenze
◀ Nationalpark

Quelle: Miljøverndepartementet (Hrsg.): Oversikt over norsk planleggingslovgivning og planapparatets oppbygging, Oslo 1977, S. 23.

Ausweisung von Nationalparks, für die ein landesumfassender Plan aufgestellt worden ist. Von 16 geplanten Gebieten sind bis 1977 bereits 13 Gebiete festgelegt worden (vgl. Abb. 16). Darüber hinaus können auch Landschaftsschutzgebiete ausgewiesen werden. Geplant ist die Festsetzung von Vogel-, Wald- und Moorschutzgebieten. Entschädigungen sind unter bestimmten Bedingungen möglich.

5. Sonstige Instrumente zur Durchführung der Planung

Wichtige Planungsinstrumente beinhalten darüber hinaus die Gesetze über den Verkehrswegeausbau von 1963, die Denkmalschutzgesetzgebung von 1920 und 1975 und die noch im Aufbau begriffene Verunreinigungsgesetzgebung von 1961, 1970 und 1978. Die letztere Gesetzgebung ist von ganz besonderer Bedeutung für die Wohnungsbau- und die regionale Wirtschaftspolitik.

Hervorragende Bedeutung für die Ausführung der Planungen in Norwegen hat die sogenannte „Distrikts-Ausbaupolitik", die regionale Wirtschaftspolitik, die durch den

---

[30] Vgl. Miljøverndepartementet (Hrsg.): Oversikt over norsk planleggingslovgivning, a.a.O., S. 19–20.

[31] Vgl. Miljøverndepartementet (Hrsg.): Oversikt over norsk planleggingslovgivning, a.a.O., S. 20–24.

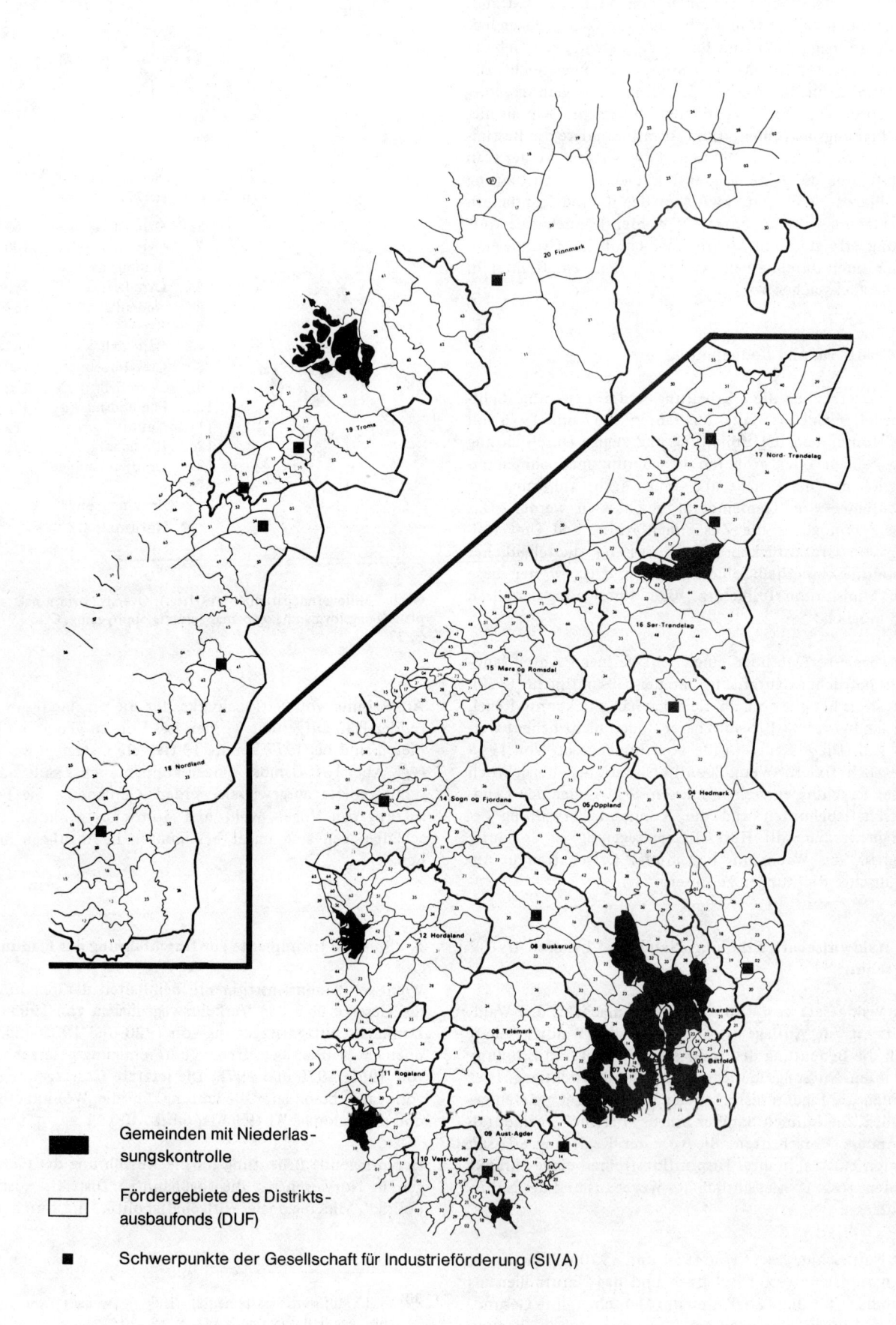

Abb. 17   *Gemeinden mit verschärften Bestimmungen nach dem Gesetz über die Niederlassungskontrolle,
Fördergebiete des Distriktausbaufonds und der Gesellschaft für Industrieförderung*

■ Gemeinden mit Niederlassungskontrolle

☐ Fördergebiete des Distriktsausbaufonds (DUF)

■ Schwerpunkte der Gesellschaft für Industrieförderung (SIVA)

Distriktsausbaufonds (durch Darlehen der öffentlichen Hand für Grundstückkäufe und Infrastrukturmaßnahmen) kräftig unterstützt werden konnte [32]. Von 1965 bis 1975 wurden in Norwegen 4.300 Betriebsansiedlungen oder -umbauten mit 4,3 Millionen Norwegischen Kronen gefördert [33]. Ein großer Teil der Mittel ist in die wirtschaftsschwachen Teile Nord-Norwegens geflossen, wobei an den Maßnahmen sehr gut – wie dies *S. Hofstad* getan hat – die Wirkungen dargestellt und gemessen werden können [34].

Zur Verbesserung und Erleichterung der öffentlichen Grundstückseinkaufspolitik, zwecks leichterer Planungsdispositionen, hat der norwegische Staat das Instrumentarium der Bodenkaufobligationen in oder ohne Verbindung mit Krediten geschaffen. Um frühzeitig Grundstücke kaufen zu können, bekommt die Gemeinde vom Staat Kredite in Höhe der Obligationen, die der Staat an verkaufswillige Eigentümer vergibt. Der Eigentümer bekommt Steuererleichterungen und staatliche Obligationen anstelle barer Bezahlung für eine gewisse Anzahl von Jahren (20, 15 oder 10 Jahre). Die Obligationen sind zinstragende Schuldverschreibungen, die nicht verkauft werden können. Interessant wird die Angelegenheit für den Eigentümer unter bestimmten Umständen durch die Steuererleichterungen. Sollten diese den Grundeigentümer nicht zum Verkauf bewegen, kann die Gemeinde zum Zwecke des Grundstückskaufs direkt Kredite vom Staat erhalten, um bar bezahlen zu können.

Die Kommunalbank hat darüber hinaus auch noch andere Möglichkeiten, um zentralörtliche Gemeinden in Abwanderungsgebieten mit Krediten und Zuschüssen zu unterstützen, wenn es sich um bedeutende Investitionen handelt, wie z. B. zur Erschließung von Industrie- und Wohngebieten. Die Gemeinde kann auch für Planungszwecke vom Umweltschutzministerium Zuschüsse bekommen, wenn z. B. gesonderte Planungsarbeiten im Zusammenhang mit einer Betriebsansiedlung notwendig werden. Zuschüsse des Ministeriums können auch für die Durchführung anderer staatlicher Maßnahmen zum regionalen Ausbau bestimmter Gebiete in Anspruch genommen werden.

Von besonderer Bedeutung für die Durchführung der Planungen ist die Enteignungsgesetzgebung aus dem Jahre 1959. Die Erlaubnis zur Enteignung kann danach für gesetzlich fixierte Zwecke nur durch die Regierung gegeben werden, und zwar gegen Entschädigung nach Schätzung, wenn die Vorteile des Eingriffs den Schaden überwiegen. Über das Enteignungsgesetz hinaus können Gemeinden nach § 35 Baugesetz auch für bestimmte Zwecke enteignen, ohne die Erlaubnis der Regierung einholen zu müssen. Die Entschädigung soll neuerdings nach dem Gebrauchswert z. Zt. der Beschlußfassung über die Enteignung erfolgen.

Zur weiteren Erleichterung der Grundstücksbeschaffung für Planungszwecke wurde 1974 ein Gesetz geschaffen, das Konzessionen und Vorkaufsrechte für die öffentliche Hand beim Kauf von Grundstücken ermöglicht. Ziel dieses Gesetzes ist es, den Umsatz von Grund und Boden voll zu regulieren und zu kontrollieren. Ohne Genehmigung des Königs kann kein Grundstück erworben werden (Konzession). Der Staat und die Kommunen haben Vorkaufsrecht bei allen Grundstücksumsätzen. Das kommunale Vorkaufsrecht steht über dem staatlichen Vorkaufsrecht. Dieses Gesetz erlaubt im Zusammenhang mit anderen Instrumenten eine sehr effektive Grundstücks- und Entwicklungspolitik. Es wird unterstützt durch das sogenannte Gesetz zur Niederlassungskontrolle von 1976 [35], wonach jede Nutzungsänderung an Grundstücken in bestimmten Gemeinden (derzeit 71 Zentralorte) und ab einer bestimmten Größe (100 Mann/Arbeitstage) der Zustimmung der Regierung bedürfen (Abb. 17).

V. Maßnahmen zur Koordination der Planung

1. Koordinationsbedarf

Mit der Einführung der Bezirksplanung und der Novellierung des Baugesetzes 1973 entstand sowohl auf der Ebene der Provinzialverwaltung ein Planungsbedarf zwischen der Raumplanung und der Fachplanung als auch ein Koordinationsbedarf zwischen den Kommunen und der Bezirksverwaltung einerseits sowie zwischen den Provinzen und der staatlichen Zentralinstanz, dem Umweltministerium, andererseits. Auf allen Planungsebenen und zwischen den Verwaltungen wurde ein stärkerer Koordinationsdruck bemerkbar, weil durch die vielfältigen Ziele und Maßnahmen staatlicher Förderung alle Fachplanungen sich bisher unübersichtlich darstellten und nur mangelhaft koordiniert werden konnten [36].

Bereits Anfang der 70er Jahre kam es im Zusammenhang mit den Überlegungen zum Ausbau der Bezirksplanung und den Ergebnissen der Untersuchungen für die verschiedenen Landesteile Norwegens [37] zu einem einstimmigen Beschluß im Storting für den Auf- und Ausbau einer Landesplanung mit wesentlicher räumlicher Koordinierungsfunktion, die zur Aufgabe haben sollte, mit Hilfe eines Landesentwicklungsplanes die Entwicklung und Planung besser als bisher zu koordinieren. Der Berichterstatter im Parlament forderte auch den Aufbau eines speziellen Koordinierungsorgans für die Bezirksplanung innerhalb der Landesplanungsbehörde, eine bessere Koordinierung der Finanzplanung mit der räumlichen Planung und die Ausarbeitung eines zusammenfassenden neuen Planungsgesetzes [38].

---

32) Vgl. *Malchus, V. Frhr. v.*: Artikel „Norwegen", a.a.O., Sp. 2145 f.

33) Vgl. *Rasmussen, T. Fr.*: Regional Development Planning, Regional Science and Regional Analysis in the Nordic Countries in the Post War Years. In: NordREFO, 1978: 1, a.a.O., S. 112.

34) Vgl. *Hofstad, S.*: Ergebnisse der Landesentwicklungspolitik in Nord-Norwegen, a.a.O., S. 221–226.

35) Vgl. Miljøverndepartementet (Hrsg.): Oversikt over norsk planleggingslovgivning, a.a.O., S. 32.

36) Vgl. Miljøverndepartementet: Om regional planlegging og forvaltning av naturressursene, a.a.O., S. 75; Kommunal- og arbeidsdepartementet: Den lokale statsforvaltning, a.a.O., S. 5 f.

37) Vgl. hierzu Kap. II/4.

38) Vgl. Kommunal- og arbeidsdepartementet (Hrsg.): Om regionalpolitikken og lands- og landsdelsplanleggingen, a.a.O., S. 124 ff.

Seither hat sich deutlich gezeigt, daß die Landesplanung in ihrer derzeitigen Form nicht effektiv genug arbeiten kann. Zukünftig werden deshalb insbesondere erforderlich:

— Eindeutigere Zielsetzungen und Richtlinien durch das Umweltministerium;

— Koordination der Finanzplanung mit der Raumordnung und Landesplanung, insbesondere durch das Finanzministerium, und

— verfeinerte Koordination der Maßnahmen aller Fachplanungspolitiken der Raumordnungs- und Finanzplanung.

In den ersten Überlegungen zum neuen Planungsgesetz wurden deshalb ein systematischerer Planungsansatz und ein vierjähriger Raumordnungsbericht gefordert, der die Entwicklung der Planung auf allen drei Planungsebenen (Land, Provinz, Gemeinde) darlegen soll. Im Mittelpunkt der Berichterstattung sollen dabei stehen der Bericht über die Verwaltung der Naturressourcen, die Beschäftigung, die Siedlungsentwicklung und der Ausbau in den verschiedenen Landesteilen.

Vor allem die Behandlung der Bezirkspläne durch das Umweltministerium und die anderen Fachministerien haben seit 1976 gezeigt, daß es künftig ohne eine verstärkte Koordination aller Beteiligten nicht geht. Die intensive Behandlung der Bezirkspläne hat zu einer stärkeren Analyse- und Planungstätigkeit in allen Fachverwaltungen geführt. Gleichzeitig erfordert die Durchsicht und Genehmigung der Pläne eine stärkere Einbeziehung der Finanzplanung, weil ohne eine gemeinsame Prüfung der Planungserfordernisse und der finanziell möglichen Planungsmaßnahmen eine Koordination der Planung nicht möglich ist. Hier hat sich bereits in den letzten Jahren der „Interministerielle Planungsausschuß" als ein vorzügliches Planungsorgan erwiesen.

Diese Überlegungen haben u. a. dazu geführt, daß zukünftig der genehmigte Bezirksplan die gemeinsame Handlungsgrundlage für alle Durchführungsmaßnahmen in der Provinz sein soll. Sollten dabei Meinungsverschiedenheiten auf regionaler Ebene auftreten, müssen diese auf zentraler Ebene entschieden werden.

2. Koordination von Raumordnung und Finanzplanung

Das Ziel „Verminderung regionaler Ungleichgewichte in allen Landesteilen" soll vor allem durch regionalpolitische Planungs- und Förderungsmaßnahmen erreicht werden, die überwiegend mit Hilfe des Staatshaushaltsplanes und der mittel- und langfristigen Finanzplanung finanziert werden. Die räumlichen Wirkungen der Finanzströme sollten deshalb nach Meinung der norwegischen Regierung besser als bisher geplant und genutzt werden. Deshalb ist es künftig zwingend erforderlich, daß durch die staatliche Zentralverwaltung die Bezirkspläne und die Finanzpläne in einem engeren Zusammenhang gesehen und bewertet werden.

Seit 1976 veröffentlicht der Finanzminister in Zusammenarbeit mit dem Umweltminister einen regionalisierten Staatshaushaltsplan mit Zahlen für Investitionen und Beschäftigung in den einzelnen Landesteilen. Die Provinzen erhalten darüber hinaus detailliertere Zahlenvorgaben als Anhaltspunkt für die Durchführung ihrer Bezirksplanungen. Vorläufig noch werden die Regionalisierungen nach Verabschiedung des Haushaltsplanes vorgenommen. Künftig sollen die Regionalisierungen auch ihren Niederschlag in der langfristigen Planung und der Finanzplanung finden. Es soll dadurch möglich werden, die Regionalisierung auch in die Beratung des Haushaltsplanes miteinzubeziehen.

Die künftige Regierungspolitik wird, wie oben bereits beschrieben [39], in einem laufend fortzuschreibenden Langzeitprogramm dargelegt. Bisher wurde jedoch in diese mittelfristige und langfristige Planung keine räumliche Dimension eingebaut, die die Möglichkeiten regionaler Zielsetzungen und Maßnahmen aufgezeigt hätte. Dadurch war es für Regierung und Storting sehr schwer, die regionalpolitischen Wirkungen innerhalb der Wirtschaftspolitik zu erfassen bzw. zu beeinflussen. Seit 1976 wird deshalb innerhalb der Regierung geprüft, ob und inwieweit mit Hilfe von Modellen langfristig regionalisierte Vorausplanungen in die Langzeitplanung eingearbeitet werden können. Parallel dazu prüft das statistische Zentralbüro, wie bereits 1973 erstmals geschehen, die Regionalisierung der nationalen Rechenschaftsberichte [40].

3. Koordination von Raumordnung und Fachplanungen [41]

Ein einheitlicher Aufbau der Bezirksplanungen in allen Provinzen Norwegens ermöglicht eine bessere Querschnittsanalyse aller Pläne. Zu diesem Zweck hat das Umweltministerium zusammen mit den anderen Fachministerien einheitliche Richtlinien für die Aufstellung der Bezirkspläne zu erarbeiten versucht und diese den Provinzen zugeleitet, so vor allem für die Fachplanungen in den Bereichen: Landwirtschaft, Fischerei, Industrie, Tourismus und Handel mit Waren. Für diese Bereiche gibt es bereits sehr detaillierte Planungen auf Bezirksebene, die jedoch auf zentraler wie auch auf regionaler Ebene den Zielen für die künftige Besiedlung, Beschäftigung und räumliche Allokation zugeordnet werden müssen.

Die Sekundärgemeinden, d. h. die Provinzen, haben in den letzten Jahren erhöhte Verwaltungs- und Planungsaufgaben auf dem Gesundheits- und Sozialsektor übernommen. Das Gesetz zum Schutz der Gesundheit verpflichtet die Sekundärgemeinde zur Aufstellung eines sogenannten Gesundheits- und Sozialplanes für die Errichtung und den Betrieb von u. a. Krankenhäusern, Krankenstationen und Geburtsstationen. Diese Fachpläne müssen vom König genehmigt werden, der Planänderungen durchsetzen kann. Bis Ende der 70er Jahre hatten fast alle Provinzen anerkannte Gesundheits- und Sozialpläne. Neuerdings sollen diese Pläne alle vier Jahre fortgeschrieben und der Bezirksplanung zeitlich angepaßt werden, so schon in der laufenden Planungsphase 1979—1982. Auch für die sonstigen Sozialeinrichtungen gibt es schon auf Provinzebene Rahmenplanungen.

---

39) Vgl. hierzu Kap. III. 1 u. 2.

40) Vgl. Miljøverndepartementet: Om regional planlegging og forvaltning av naturressursene, a.a.O., S. 77.

41) Vgl. hierzu: Miljøverndepartementet: Om regional planlegging og forvaltning av naturressursene, a.a.O., S. 77—79.

Abb. 18 *Arbeitsplan zur Aufstellung des Norwegischen Wegeplanes 1978–1985 und Arbeitsablauf*

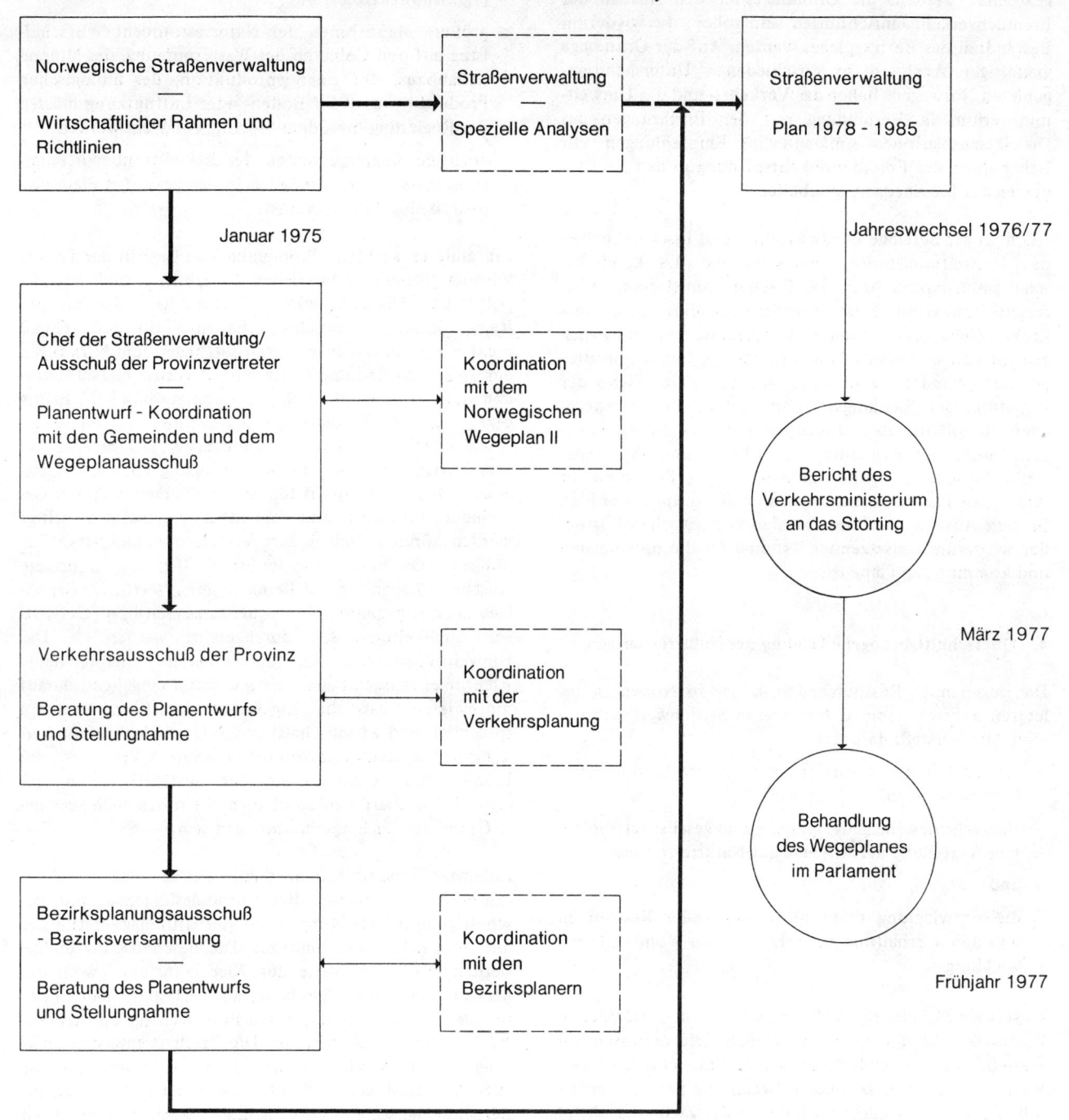

Quelle: Samferdselsdepartementet: Om Norsk Vegplan 1978–81, St. meld. nr. 86 (1976–77), S. 11.

Ungefähr zur gleichen Zeit mit der Einführung der Bezirksplanung im Jahre 1973 wurde – ausgehend vom Norwegischen Verkehrswegeplan 1969 – auf Provinzebene vom Verkehrsministerium eine umfassende Verkehrsplanung eingeleitet, die der Aufstellung eines Reichsverkehrsplanes für ganz Norwegen dienen sollte. Von Anfang an wurde dabei darauf hingearbeitet, daß diese Verkehrsplanung auf Bezirksebene fachlicher Teil des Bezirksplanes werden sollte. 1975 lagen für alle Provinzen Verkehrspläne mit einheitlichen Zeitvorstellungen für die Verwirklichung der Ausbaumaßnahmen vor. Die provinzialen Verkehrspläne dienten auch der Fortschreibung des norwegischen Verkehrswegeplanes, der u. a. mit Bestandteil der Regierungslangzeitplanung geworden ist. Die Ergebnisse dieser Planungen auf Reichsebene sind wiederum Grundlage für die Fortschreibung der Durchführungsmaßnahmen auf Provinzebene (Abb. 18).

Wegen der großen Bedeutung, die der Tourismus in den letzten Jahrzehnten auch in Norwegen erhalten hat, befaßte sich das Storting mehrfach mit den Zielsetzungen und den öffentlichen Maßnahmen zur Förderung entsprechender Ausbaumaßnahmen [42]. Es verlangt u. a., daß für

---

[42] Vgl. St. meld. nr. 98 (1972–73): Om norsk reiselivspolitikk; St. meld. nr. 46 (1976–77): Om reiselivet-offentlige oppgaver og administrajonsordning.

die Provinzen sogenannte Fremdenverkehrspläne ausgearbeitet werden, die Grundlage für den Ausbau der Fremdenverkehrseinrichtungen sein sollen, die wiederum Bestandteil des Bezirksplanes werden. Auf der Grundlage vielfältiger Analysen in verschiedenen Untersuchungsgebieten Norwegens haben das Verkehrs- und das Umweltministerium in Verbindung mit den Erfahrungen des Distriktsausbaufonds umfangreiche Empfehlungen zur Behandlung der Fremdenverkehrsplanung in den Bezirksplänen der Provinzen ausgearbeitet.

Auch für die Bereiche Landwirtschaft und Fischerei haben das Umweltministerium einerseits und das Landwirtschaftsministerium bzw. das Fischereiministerium andererseits umfassende Richtlinien für Behandlung fachplanerischer Zielaussagen in der Bezirksplanung erarbeitet. Ausgehend von nationalen Produktions- und Investitionsprogrammen werden dabei unter Beachtung des Zieles der Erhaltung der Siedlungsstruktur laufend die erforderlichen Durchführungs- und Ausbaumaßnahmen in der Langzeitplanung der Regierung eingearbeitet und durch spezielle Zielsetzungen und Maßnahmen der Provinzen für ihre eigene Planung vorgegeben, so z. B. ein spezieller Plan für den Ausbau der Häfen an den norwegischen Küsten, der wiederum zielsetzender Rahmen für die provinzialen und kommunalen Pläne ist.

4. Querschnittsbezogene Planung der Naturressourcen

Die sogenannte Ressourcenpolitik hat in Norwegen im letzten Jahrzehnt einen besonderen Stellenwert bekommen. Man versteht darunter:

– die langfristige verantwortliche Bewirtschaftung aller Naturressourcen,

– eine angemessene geographische und gesellschaftspolitische Verteilung der Nutzung der Naturressourcen, und

– die Entwicklung und Entdeckung neuer Ressourcen und deren Erhaltung zur Erhöhung der Wohlfahrtsentwicklung.

Es soll eine langfristige Balance zwischen den natürlichen Prozessen und den gesellschaftlichen Erfordernissen angestrebt werden, wobei den neuen Entwicklungen und Wertveränderungen besondere Beachtung gezollt werden soll. Dies hat vor allem im Rahmen der Ziele und Mittel zu geschehen, wie sie von der Gesamtwirtschaftspolitik, der Regionalpolitik und anderen Fachpolitiken im Langzeitprogramm der Regierung und in den Provinzplanungen aufgezeigt werden (vgl. Kapitel III/1). Dem Umweltministerium fällt dabei die Aufgabe zu, die nationalen Ziele und Maßnahmen mit denen auf regionaler Ebene zu koordinieren.

Für die querschnittsbezogene Planung der Naturressourcen hat die norwegische Regierung folgende Grundprinzipien festgelegt [43]:

– Alle Ministerien informieren sich über das Umweltministerium über Untersuchungen, Planungen und Maßnahmen für künftige Ressourcennutzung;

– dem Umweltministerium obliegt die Aufgabe der Koordination nationaler Ziele und fachpolitischer Maßnahmen der Ressourcennutzung, vorwiegend im Rahmen des Beratenden interministriellen Ausschusses (vgl. Kapitel III/2);

– größere Maßnahmen der Naturressourcenbewirtschaftung auf den Gebieten der Wassernutzung, des Mineralienabbaus, der Energieproduktion, der biologischen Produktion und der Boden- oder Luftnutzung müssen der Regierung bzw. dem Storting vorgelegt werden;

– wichtige Angelegenheiten der Ressourcenbewirtschaftung müssen frühestmöglich in den gesamten Planungsprozeß eingebracht werden.

Ein anderer wichtiger Problembereich liegt in der Durchführung größerer industrieller, gewerblicher oder energiepolitischer Ausbauprojekte in staatlicher oder privater Regie. Bisherige Maßnahmen haben häufig gezeigt, daß nicht alle erforderlichen Voraussetzungen und Wirkungen der Ausbaumaßnahmen ausreichend vorher bedacht worden sind und deshalb auch nicht den gewünschten Erfolg gezeigt haben. Erfolgreiche Maßnahmen setzen erfahrungsgemäß umfangreiche planerische Vorarbeiten der Standortfindung und Standortfestlegung voraus, die insgesamt auch nur langfristig vorausschauend von den Gemeinden, Provinzen und vom Staat gemeinsam bewältigt werden können. Neben dem Vorliegen verbindlicher Planungen sollen künftig bei der Standortfindung für größere Ausbauvorhaben für alle Bereiche auf gesetzlicher Grundlage auch sogenannte Konsequenzanalysen bzw. Umweltverträglichkeitsanalysen durchgeführt werden [44]. Das Umweltministerium hat dafür bereits entsprechende Richtlinien ausgearbeitet. Es hat dabei eingehend darauf hingewiesen, daß die Ergebnisse derartiger Analysen sprachlich und wissenschaftlich verständlich abgefaßt werden müssen, damit sie von den gewählten Vertretern der Primär- und Sekundärgemeinden ausführlich und eingehend diskutiert werden können. Sie sollen auch geeignete Grundlage für Bürgeranhörungen sein.

Im engen Zusammenhang damit stehen auch die Überlegungen für regionale Beschäftigungsbilanzen und Beschäftigungsbudgetierungen auf der Grundlage nationaler und regionaler Berechnungen. Die Beschäftigungsbudgetierung erfolgt ab Mitte der 70er Jahre auf jeweils der nächsthöheren Planungsebene, also auf nationaler Ebene für die Provinzen und bei den Provinzen für die Arbeitsmarktregionen (vgl. Abb. 6). Die Beschäftigungsbudgetierung ist künftig wichtiger Bestandteil der Fortschreibung aller Provinzialpläne. Alle Planungen und Maßnahmen auf Bezirksebene sollen sich künftig den Beschäftigungszielen unterordnen.

Besondere Bedeutung kommt hierbei den Maßnahmen der staatlichen regionalen Wirtschaftspolitik zu, die von der Ausbau- und Entwicklungsabteilung der Provinz verwaltet werden. Auch für die Durchführung dieser Maßnahme sind anerkannte Provinzpläne unabdingbare Voraussetzungen. Dies ist in Verbindung mit dem Gesetz zur Niederlassungskontrolle von 1976 festgelegt worden. Ein großer Teil der

---

43) Vgl. Miljøverndepartementet: Om regional planlegging og forvaltning av naturressursene, a.a.O., S. 79.

44) Vgl. Norsk institutt for by- og regions-forskning: Behov for forskning og utredning om konsekvensanalyser, NIBR arbeidsrapport 9/79, Oslo 1979.

Provinzpläne enthält bereits sehr konkrete Vorschläge für den Einsatz regionalpolitischer Maßnahmen [45].

Trotz vieler Vorarbeiten der einzelnen Fachministerien in Norwegen, insbesondere des Umweltministeriums in den letzten Jahren, besteht immer noch vielfältiger Mangel an ausreichenden Daten für die Planungstätigkeit. Das Umweltministerium ist deshalb weiterhin bemüht,

— die Regionalstatistik zu verbessern und auszubauen;

— die Kartierungen des Landes voranzutreiben und verbesserte thematische Karten bereitzustellen;

— die Übersichten und Grundlagen über die Ressourcen des Landes zu verbessern und

— ein Register mit grundlegenden Daten über Flächen, Adressen und Bauten einzurichten und durch ein dazu passendes System von Dateien für Ressourcen- und Umweltdaten anzureichern.

Weiterhin bemüht sich die norwegische Regierung seit geraumer Zeit um die Verbesserung der Raumforschung zur Klärung der anstehenden wichtigsten Planungsprobleme. 1973 wurde vom Umweltministerium ein Forschungsausschuß zum Zwecke der Forschungskoordination eingesetzt, der die vielfältigen öffentlich geförderten Forschungen der Universitäten, Hochschulen und Institute koordinieren soll. Der Ausschuß hat 1974 bis 1977 umfangreiche Untersuchungen über den Forschungsbedarf durchgeführt. Die Aufgaben der Forschungskoordination sollen künftig auf den neuen „Rat für Gesellschaftsplanungsforschung" innerhalb des „Norwegischen allgemeinwissenschaftlichen Forschungsrates" übergehen. Das Umweltministerium bedient sich u. a. zur Erforschung aktueller Planungsfragen auch des „Norwegischen Instituts für Stadt- und Regionalforschung" [46].

VI. Vorschlag für ein neues Planungsrecht: Gesetz über die lokale und regionale Planung (Planungsgesetz)

1. Vorüberlegungen

Die Baugesetze von 1924 und 1965 behandelten speziell nur die Planungsangelegenheiten im engeren Sinne. Ausgehend von den Feuervorschriften älterer Bau- und Planungsgesetze für die größeren Städte, wurden ab 1924 die Planungen der verschiedenen Planungsebenen immer besser ausgeformt, so 1973 durch die Hereinnahme der Vorschriften für die Provinzplanung in das novellierte Baugesetz von 1965. Ansonsten waren die Planungsvorschriften in vielen Gesetzen sehr verstreut. Darüber hinaus ergaben sich nach Auffassung der norwegischen Regierung aus den großen strukturellen Veränderungen in der Wirtschaft, der Bevölkerungsentwicklung, der Besiedlung, der technischen Entwicklung und den veränderten Wertvorstellungen Probleme, die nicht mit den herkömmlichen gesetzlichen Bestimmungen gesteuert werden können.

Deshalb begann man bereits seit Ende der 60er Jahre darüber nachzudenken, ob nicht die Zusammenführung der wichtigsten Planungsvorschriften in einem Gesetz für die Qualität der Planung von Vorteil sein könnte, insbesondere weil bei der Ausführung der Planungsbestimmungen sich aus den vielen verstreuten gesetzlichen Bestimmungen vielfältige Schwierigkeiten ergaben, so z. B.:

— aus der unübersichtlichen Gesetzgebung mit verschiedenen sich überschneidenden Kompetenzregelungen in etwa 100 Gesetzen;

— aufgrund der unklaren Richtlinien und Regelungen, die eine Delegation von Aufgaben und eine Aufgabenneuverteilung für die verschiedenen Planungsebenen erschweren;

— durch zu geringe Möglichkeiten zur Koordinierung der verschiedenen Planungen;

— aus der historischen Behandlung einzelner Planungsfragen in der Gesetzgebung, aus denen dann Sondergesetze entstanden sind, obwohl deren Einordnung in die allgemeine Planungsgesetzgebung von besonderer Bedeutung wäre.

Aus diesen Gründen wurde bereits Anfang der 70er Jahre in Parlamentsberichten ein zentrales Planungsgesetz gefordert. So etwa in den Jahren 1971/72, als die Regierung dem Parlament den größeren Bericht über Raumordnung und Regionalpolitik vorlegte, worin Probleme, Zielsetzungen und Instrumente der Planung im breiten regionalpolitischen Zusammenhang offengelegt wurden [47]. Das Storting behandelte die Vorlage 1973. Auf der Grundlage der Parlamentsdebatte beschloß das Umweltministerium als oberste Planungsbehörde die Ausarbeitung eines umfassenden neuen Planungsgesetzes. Der Entwurf für dieses Gesetz [48] wurde 1976 fertiggestellt und den Provinzen, Gemeinden und Organisationen zur Stellungnahme zugeleitet. Diese Stellungnahmen lagen dem Umweltministerium seit 1977/78 vor. Insgesamt wurden vom Umweltministerium 342 Stellungnahmen öffentlicher und privater Institutionen in den endgültigen Entwurf eingearbeitet, darunter 14 von anderen Ministerien und 240 von Gemeinden. Anfang 1980 wurde der endgültige Gesetzesvorschlag den anderen Ministerien nochmals zur Stellungnahme zugeleitet. Eine letzte Überarbeitung erfolgte im Herbst 1980. Am 5. Dezember 1980 legte die Regierung im Staatsrat den endgültigen Gesetzesentwurf für das „Gesetz über lokale und regionale Planung (Planungsgesetz)"

---

[45] Vgl. *Hofstad, S.:* Ergebnisse der Landesentwicklungspolitik in Nord-Norwegen, Raumforschung und Raumordnung, Heft 5/6 (1980), S. 221 ff; The Regional Development Fund: Act with administrative provisions and administrative provisions concerning investment grants in particular districts, Otta 1978; The Regional Development Fund: The establishment control act with regulations pursuant to the act, Otta 1978; Distriktenes utbyggingsfonds: Fagelik og økonomisk bistand ved utbygging av naeringsvirksomhet, Oslo 1978; Kommunal- og arbeidsdepartementet: Om virksomheten til Distriktenes utbyggingsfond i 1977, St. meld. nr. 96 (1977—78).

[46] Vgl. *Malchus, V. Frhr. v.:* Entwicklung und Forschungstätigkeit des Norwegischen Instituts für Stadt- und Regionalforschung (NIBR), Raumforschung und Raumordnung, Heft 5/6 (1980), S. 263—266.

[47] Vgl. Stortingsmelding — nr. 27 — (1971—72): Om regionalpolitikken og lands - og landsdelsplanleggingen, Oslo 1972, S. 127.

[48] Vgl. NOU 1977 : 1: „Ny planleggingslov", Oslo 1976.

vor [49]), der am gleichen Tage angenommen und dem Storting zugeleitet wurde.

2. Wichtige Inhalte des Gesetzentwurfs [50])

Das neue Planungsgesetz soll das Baugesetz von 1965 ersetzen und viele andere einschlägige Planungsbestimmungen in anderen Gesetzen aufnehmen. Das Gesetz gibt den gewählten Planungsorganen ein besseres Instrumentarium für die gesellschaftliche Planung und vereinfacht das heutige Planungssystem und die Planungsgesetzgebung. Zielsetzung der Planung nach dem Gesetz soll die Verbesserung und Angleichung der Lebensverhältnisse in allen Landesteilen sein und die verantwortliche Bewirtschaftung der Naturressourcen und der Umwelt sicherstellen. Die Hauptpunkte des Entwurfs des neuen Planungsgesetzes sind folgende:

– Die politischen Führungsorgane auf allen Planungsebenen, so bei den Gemeinden, bei den Provinzen und beim Staat, sollen künftig voll für alle Planungen und für die Ressourcenverwaltung zuständig sein; es bleibt bei dem derzeitigen Planungssystem mit Provinzplanungen, Gemeindeplanungen und Bebauungsplänen;

– die Gemeinden erhalten mehr Kompetenzen und mehr Flexibilität für ihre Planungen, der Name des Flächennutzungsplanes „Generalplan" wird in „Kommunalplan" geändert; ein Kommunalteilplan für Stadt- und Gemeindeteile wird zugelassen; die Bestimmungen für die Kommunalplanungen sind eindeutiger gefaßt; die Zustimmung des Ministeriums zum Kommunalplan ist nicht mehr erforderlich; die Zahl der Plantypen auf kommunaler Ebene wird verringert;

– als generelle Regelung wird eingeführt, daß Bebauung oder andere Flächennutzung nur vorgenommen werden darf, wenn für das Gebiet ein Plan vorliegt – „Planungserfordernis", d. h. für die dichtbesiedelten Gebiete und die 100 m-Strandlinie sind Bebauungspläne und für andere Gemeindeteile Kommunalpläne erforderlich, wodurch u. a. die Sonderregelungen für Hütten- und Freizeitbebauung entfallen;

– für größere Ausbaumaßnahmen wird das „Erfordernis von Konsequenzanalysen" – Untersuchungspflicht – eingeführt, d. h. größere Anlagen dürfen nur gebaut werden, wenn Untersuchungen über die Folgewirkungen derartiger Ausbaumaßnahmen für die Umwelt und die örtliche Gesellschaft untersucht und in öffentlichen Erörterungen diskutiert worden sind;

– für alle Planungen wird größere Informations- und Öffentlichkeitsarbeit – Informationspflicht – für eine breite Bürgerbeteiligung gefordert; alle Planungsebenen werden zu stärkeren Informationen über Planungen verpflichtet;

– das Gesetz fordert auch eine stärkere Koordination der physischen, ökonomischen und sozialen Planung unter Einbeziehung der damit verbundenen Umweltfragen – Zusammenarbeitspflicht –;

– für die staatliche Planung auf Reichsniveau enthält der Gesetzesentwurf nur allgemeine Richtlinien, die dem König erlauben, bei Bedarf entsprechende Maßnahmen einzuleiten; für die Regierung wird gegenüber dem Storting eine Berichtspflicht festgelegt, wobei über den Stand der Planungen und die Entwicklung in den einzelnen Landesteilen berichtet werden muß.

Das neue Planungsgesetz soll ein wesentliches Instrument im politischen Entscheidungsprozeß darstellen.

Entscheidungen hinsichtlich der Nutzung von Ressourcen sowie Schutz- und Ausbaumaßnahmen sollen ihre Grundlage nur noch in umfassenden Plänen finden dürfen, die gleichzeitig langfristige Überlegungen hinsichtlich der Ressourcen und die fachspezifischen Interessen der einzelnen Sektoren berücksichtigen; das Gesetz soll damit eine rationelle und durchschlagskräftige Planung sichern helfen. Demokratisierung und Dezentralisierung der Planung und eine Vereinfachung der Gesetzgebung und des Planungssystems sind wohl die Hauptanliegen des neuen Planungsgesetzes.

3. Ausblick: Inkrafttreten und weitere Gesetzesvorhaben

Der Gesetzentwurf hat in der Öffentlichkeit bereits breite Zustimmung gefunden. Die Erörterung des Planungsgesetzes wird voraussichtlich 1981 im Parlament behandelt werden. Wegen der vielfältigen gründlichen Vorbereitungen wird das Gesetz nach Auffassung der norwegischen Regierung jedoch nicht vor Ende 1982/83 in Kraft treten können [51]). Die Verabschiedung des Planungsgesetzes ist jedoch lediglich ein erster Schritt auf dem Wege zur weiteren Vereinfachung der gesamten Gesetzgebung auf dem Gebiet der Flächenplanung und Flächennutzung. Die Regierung beabsichtigt, einen Ausschuß mit der Frage der weiteren Vereinfachung der Gesetzgebung zu betreuen und will dann mittel- und langfristig weitere Gesetzesentflechtungen und -vereinfachungen durchführen.

VII. Kurze Zusammenfassung und Ausblick

1. Die besonderen natürlichen Verhältnisse, die Art der Besiedlung, die Wirtschafts- und Bevölkerungsentwicklung bilden besondere Rahmenbedingungen für die räumliche Planung in Norwegen. Wegen der großen Entfernungen und der schwierigen natürlichen und topographischen Verhältnisse bedarf das Land einer flexiblen und dezentralisierten Planung, die durch eine integrierte planerische Gesamtpolitik unterstützt werden soll. Auf der Grundlage der Verfassung und unter Berücksichtigung des norwegischen Wahlsystems bemüht sich die Verwaltung ständig um eine Dezentralisierung der Planung.

2. Die Entwicklung der Orts-, Regional- und Landesplanung hat sich in Norwegen in drei Phasen vollzogen: Die Zeit der Auf- und Ausbaupolitik nach dem letzten Kriege bis etwa zur Mitte der 60er Jahre; die stärkere Ausbildung der Stadtentwicklungspolitik von 1965 bis 1974, in deren letzte Periode die Neuorganisation der Regionalplanung fiel und die Phase der verstärkten Beachtung der Natur- und Umweltressourcen im Zusammenhang mit regionaler Gleichgewichts- und örtlicher Wohnumfeldpolitik.

---

49) Vgl. Miljøverndepartementet (Hrsg.): Lov om lokal og regional planlegging (planleggingsloven), Ot prp. nr. 22 (1980–81), Oslo 1980.

50) Vgl. Miljøverndepartementet (Hrsg.): Lov om lokal og regional planlegging (planleggingsloven), Ot prp. nr. 22 (1980–81), Oslo 1980, S. 159–183; Miljøverndepartementet pressemelding vom 05.12.1980.

51) Vgl. Miljøverndepartementet pressemelding vom 05.12.1980, S. 3.

3. Im Laufe der letzten Jahrzehnte haben sich in Norwegen die gesetzlichen Regelungen den tatsächlichen Entwicklungen und Erfordernissen angepaßt. Die wichtigsten Planungsbestimmungen wurden in der Nachkriegszeit in Norwegen im Baugesetz von 1965 geregelt, das seither mehrfach novelliert wurde. Es legt weitgehend das Planungssystem im Lande fest, wonach die generellen Ziele von Regierung und Parlament aufgestellt und von den Provinzen und Gemeinden in Provinzplänen, Generalplänen und in Bebauungsplänen konkretisiert und entfaltet werden. Das Baugesetz wird durch eine Reihe flankierender Gesetze und Vorschriften unterstützt.

4. Die Planungsorganisation in Norwegen unterscheidet seit 1973 zwischen drei Planungsebenen: dem Staat, den Provinzen und den Gemeinden. Dem kommunalen Bereich der Provinzen und Gemeinden kommen dabei die wichtigsten Planungsaufgaben zu. Der Staat allerdings kontrolliert und genehmigt überall. Der gesamte Planungsapparat ist voll in die Verwaltung integriert. Der Provinzplan, dessen Planungsinhalt gesetzlich vorgeschrieben wird, ist von den Gemeinden bei der Aufstellung der Generalpläne und Bebauungspläne zu beachten. Zusammenarbeit zwischen den Provinzen und Gemeinden kann vom Staat gefordert werden. Für die Einleitung und Durchführung der Planung sind die politischen Organe verantwortlich.

5. In Norwegen ist die Landesplanung stark in die langfristige gesellschaftliche und wirtschaftliche Planung eingebunden, mit den Hauptzielen der Förderung des Wachstums und der Vollbeschäftigung in allen Landesteilen. Mit Hilfe des Ausbaus auch kleinerer zentraler Orte, einer Dezentralisierungspolitik, der regionalen Wirtschaftsförderungspolitik, der Sozialpolitik und mit dementsprechenden Planungen auf allen Ebenen und allen Sektoren sollen die oben angeführten Ziele koordiniert erreicht werden. Besondere Bedeutung wird dabei derzeit den Provinzplänen und den kommunalen Generalplänen zugebilligt. Sie werden auf der Grundlage der vom Storting vorgegebenen Ziele aufgestellt.

6. Während Aufstellung und Fortschreibung der Provinz- oder Bezirkspläne im letzten Jahrzehnt gut vorangekommen sind, haben die gemeindlichen Flächennutzungsplanungen nicht derartige Fortschritte zu verzeichnen. Viele Gemeinden verfügen noch nicht über einen Flächennutzungsplan. Auch um die Qualität der bereits verabschiedeten Pläne ist es nicht immer zum besten bestellt. Das Umweltministerium bemüht sich durch Hinweise, Richtlinien und Fortbildungsveranstaltungen um eine Verbesserung der Planungsqualität.

7. Norwegen verfügt zur Durchsetzung seiner Planungen über ein kaum überschaubares planungsrechtliches und ökonomisches Instrumentarium. Veränderungssperren, Bauverbote, spezielle Pläne, Nutzungs- und Kostenausgleich, Sozialverpflichtungen, Eingriffe in Eigentumsrechte, Entschädigungen, vielfältige Förderungsmaßnahmen, Kredite und Obligationen, Steuererleichterungen, Zuschüsse, Enteignungsmöglichkeiten, Konzessionen, Vorkaufsrechte und Nutzungs- und Ansiedlungsbestimmungen sind eine Auswahl aus dem zur Verfügung stehenden Instrumentenarsenal. Es ist beabsichtigt, Zielsetzungen und Instrumente in ein überschaubares Planungssystem zu bringen und gesetzlich zu fixieren.

8. Für die räumliche, wirtschaftliche und soziale Planung unter Beachtung der Umwelt- und der Ressourcenplanung besteht in Norwegen ein erheblicher Koordinationsbedarf. Dieser Koordinationsbedarf wird künftig im verstärkten Maße durch bessere Information über Planungen, durch eindeutigere Planungsrichtlinien des Umweltministeriums, durch verbesserte Koordination der Fachplanungen, insbesondere in Verbindung der Finanzplanung mit der Raumplanung und durch Vorlage eines Raumordnungsberichtes befriedigt werden. Besondere Bedeutung wird die querschnittsbezogene Planung der Naturressourcen erhalten. Ihre Koordination soll vorzugsweise auf Provinzebene erfolgen. Auch die problembezogene Koordination soll vor allem im Rahmen der Provinzplanungen durchgeführt werden.

9. Die norwegische Regierung hat nach jahrelangen Vorarbeiten einen Vorschlag für ein neues Planungsrecht eingebracht. Das „Gesetz über die lokale und regionale Planung (Planungsgesetz)" soll das Baugesetz ersetzen und viele flankierende gesetzliche Bestimmungen aus anderen Gesetzen zusammenführen. Der Gesetzentwurf beinhaltet Bestimmungen über die Zielsetzungen der Planung, die Planungsorgane, die Planungskoordination und Öffentlichkeitsarbeit, das Planungserfordernis, die Planungen auf den verschiedenen Planungsebenen, die Enteignung, die Untersuchungspflicht sowie Durchführungs- und Übergangsbestimmungen. Das derzeitige Planungssystem bleibt erhalten. Die Gemeinden bekommen mehr Kompetenzen und mehr Flexibilität für ihre Planungen. Es werden jedoch das Planungserfordernis für alle Bauvorhaben und die Konsequenzanalyse für größere Ausbaumaßnahmen als neue Instrumente eingeführt. Für alle Planungsebenen soll es eine umfassende Informationspflicht und Berichtspflicht geben. Demokratisierung und Dezentralisierung der Planung sowie die Vereinfachung der Planungsgesetzgebung und das Planungssystem sind die Hauptanliegen des neuen Planungsgesetzes, das voraussichtlich 1981 vom Storting behandelt und nach Verabschiedung frühestens 1982/83 in Kraft treten kann.

Raumprobleme und Regionalplanung in Finnland

von

Mauno Kosonen

INHALT

1. Lage und naturräumliche Verhältnisse
2. Bevölkerung und Wirtschaftsleben
3. Staatliche und kommunale Verwaltung
4. Heutige Formen, Ebenen und Träger der Regionalplanung
5. Wirtschaftsplanung
   5.1 Reichsebene
   5.2 Gemeindeebene
6. Räumliche Entwicklungsplanungen
   6.1 Von der Fördergebietspolitik zu einer räumlichen Entwicklungspolitik
   6.2 Regionale Entwicklungplanung als Teil der Raumpolitik
7. Planung der Flächennutzung
   7.1 Jetziges System der Planung der Flächennutzung
   7.2 Planung der Flächennutzung auf verschiedenen Ebenen
8. Gemeindeplanung
9. Einige Gegenwartsfragen der Regionalplanung

---

1. Lage und naturräumliche Verhältnisse

Neben Island ist Finnland der nördlichste selbständige Staat auf der Erde, falls man den südlichsten Punkt des Landes als Kriterium nimmt. In derselben Breitenlage (60–70°) befinden sich u. a. Nord-Sibirien, Süd-Grönland und Alaska. In Finnland wohnen etwa 35 % aller Einwohner nördlich des 60. Breitengrades. Von der Nordspitze Finnlands sind es 2.213 km zum Nordpol und 1.170 km zur Südspitze des Landes. Die Länge der Landesgrenze zu Schweden beträgt 586 km, zu Norwegen 716 km und zur Sowjetunion 1.269 km. Die Länge der finnischen Ostseeküste beträgt etwa 1.100 km. Ohne Meeresgebiete hat Finnland eine Oberfläche von 337.032 km², davon 305.475 km² Bodenfläche. Der nördliche Standort, die beträchtliche Ausdehnung in Nord-Süd-Richtung und die Lage an der Ostsee sind alle irgendwie für gewisse Besonderheiten der naturräumlichen Verhältnisse Finnlands verantwortlich.

Der Felsgrund Finnlands wird von einem uralten Grundgebirge gebildet, dessen älteste Teile bis über 3 Milliarden Jahre alt sind. Größtenteils wurden die Gesteine während der Faltungsperioden vor 1,3 – 2,8 Milliarden Jahren gebildet. Als Zeugen dieser Faltungen findet man Zonen metamorpher Gesteine, in denen Sulphid- und Oxiderze zu finden sind. Sedimentgesteine solchen Alters, daß in ihnen fossile Brennstoffe vorkommen könnten, fehlen völlig. Das alte Grundgebirge ist als Ergebnis einer langen Abtragung eingeebnet und wird von einer dünnen Decke glazialer und postglazialer Ablagerungen überlagert.

Der Hauptteil Finnlands ist ein Tiefland in einer Höhe von weniger als 200 m über dem Meeresspiegel (Abb. 1). Nur im Norden gibt es ausgedehntere höhere Gebiete. Einzelne Hügel und Berge erheben sich über 300 m über dem Meeresspiegel. Charakteristisch für Finnland ist die Landhebung, die hauptsächlich an der Küste zum Ausdruck kommt. Die maximale Landhebung kommt im zentralen Bereich der Küste des Bottnischen Meerbusens vor und beträgt etwa 9 mm pro Jahr.

Die südlichsten Teile Finnlands wurden vor etwa 11.000 Jahren beim Eisrückgang vom Eis freigelegt und größtenteils gleich von einem Eisstausee, dem Vorgänger der heutigen Ostsee, bedeckt. Von den eiszeitlichen Lockerablagerungen hat die Grundmoräne, die das Anstehende in Form eines dünnen Mantels deckt, die größte Ausbreitung. Lokal hat auch das von den Schmelzwässern des Inlandeises abgelagerte glazifluviale Material (oser und Marginalablagerungen) eine wirtschaftliche Bedeutung als Baumaterial. Das feinste von den Schmelzwässern abgelagerte Material, die Tone und die Schluffe, sind wichtiger Untergrund für die landwirtschaftliche Nutzfläche. Tonebenen gibt es hauptsächlich in küstennaher Lage, sie umfassen zusammen etwa 8,5 % der Fläche der mineralen Lockerablagerungen. Zutagetretender Fels nimmt etwa 2,7 % von der Landoberfläche in Anspruch, hauptsächlich im Schärenhof und im lappländischen Fjellgebiet.

Das feuchtkalte Klima nach der Eiszeit hat die Vermoorung begünstigt. Von der Oberfläche Finnlands ist fast ein Drittel Moor. Die Dicke der Torfablagerungen beträgt in Südfinnland durchschnittlich 5 – 7 m, in Nordfinnland meistens 1 – 2 m. Regional ist der Flächenanteil der Moore sehr verschieden, was weitgehend auf das Relief zurückzuführen ist. Stellenweise, sogar in ausgedehnten Gebieten, beträgt die Moorfläche mehr als die Hälfte der gesamten Bodenfläche. Die wenigsten Moorflächen gibt es an den südfinnischen Küsten und im ostfinnischen Seengebiet.

Infolge des Zusammenwirkens von Klima, Vegetation und den Moränenablagerungen ist der häufigste Bodentyp Finnlands entstanden, der Podsol. Der Podsol ist karg und meistens nur von einer dünnen Humusschicht überlagert.

Die finnischen Binnengewässer fließen zur Ostsee, zum Nördlichen Eismeer und zum Weißen Meer ab. Die wichtigste Wasserscheide heißt Maanselkä, die die in die Ostsee fließenden Gewässer von den ins Eismeer und ins Weiße Meer fließenden scheidet. Die letztgenannten Gewässer bewässern etwa 10 % der Oberfläche Finnlands. Die

Abb. 1

Höhenschichten und
Hauptwasserscheiden
in Finnland

▬▬▬ Maanselkä
─── Suomenselkä

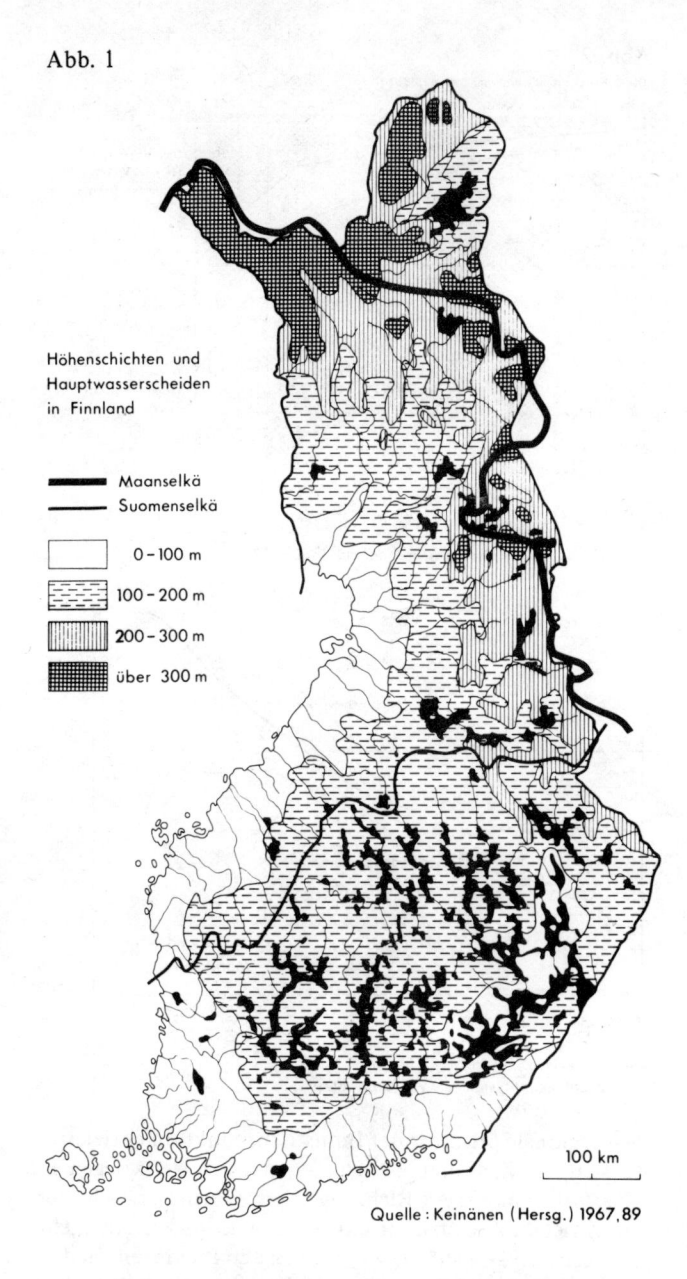

☐ 0 – 100 m
▤ 100 – 200 m
▦ 200 – 300 m
▰ über 300 m

100 km

Quelle: Keinänen (Hersg.) 1967, 89

Hauptwasserscheide zwischen den nach Westen und den nach Süden und Südwesten in die Ostsee fließenden Gewässern heißt Suomenselkä, eine topographisch sehr undeutliche Zone (Abb. 1).

In Finnland gibt es Seen von einer Gesamtfläche von etwa 31.500 km². Wegen der geringen durchschnittlichen Wassertiefe der Seen (mittlere Tiefe 7 m) ist die totale Wassermenge relativ gering (etwa 220 km³). Aus diesem Grunde werden die Seen leicht verunreinigt. Die Gewässer bilden deshalb auch das wichtigste Objekt des Umweltschutzes in Finnland. Seen, deren Durchmesser 200 m oder mehr beträgt, gibt es in Finnland insgesamt etwa 55.000. Große Seen (über 200 km²) gibt es in Finnland insgesamt 17, im sonstigen Europa zusammengenommen 29. Die größten Seen sind Suur-Saimaa in Ostfinnland (4.400 km²), Päijänne in Mittelfinnland (1.090 km²) und Inari ganz im Norden (1.000 km²). Der längste Fluß ist der Kemijoki, der von Lappland in den Bottnischen Meerbusen fließt. Die Flüsse werden für die Stromerzeugung effektiv genutzt. Deshalb sind auch die Möglichkeiten zum früher sehr wichtigen Fischfang (z. B. Lachs) weitgehend verlorengegangen. Er kann nur noch in wenigen Flüssen betrieben werden.

Die Gewässer haben eine bedeutende Rolle in der Siedlungsgeschichte Finnlands gespielt, denn vor der Entwicklung des Eisenbahn- und Autoverkehrs dienten sie als die wichtigsten Verkehrswege sowohl zwischen der Küste und dem Binnenland als auch innerhalb des Binnenlandes. Bevorzugte Wohnorte waren dabei die Knotenpunkte der Wasserwege. Als der Ackerbau sich in Finnland ausbreitete, hat man zunächst die Unterlaufgebiete der Gewässer gerodet, in denen die nacheiszeitliche Sedimentation die besten Voraussetzungen für die Landwirtschaft geschaffen hatte.

Klimatisch liegt Finnland in der Zone der planetarischen West- und Südwestwinde. Durch die atlantischen, vom Golfstrom aufgewärmten maritimen Luftmassen ist das Klima besonders im Winter mild; die mittlere Temperatur im Januar liegt etwa 10 – 12° höher als der Durchschnitt in derselben Breitenzone. Im Sommer ist der Unterschied kleiner, er beträgt nur ein paar Grad. Die Jahresmitteltemperatur ist etwa 6° höher als der Durchschnitt in der gleichen Polnähe. Auch die Ostsee mit ihren Meerbusen mildert den Winter. Der Winter (mittlere Tagestemperatur unter – 0 °C) ist die vorherrschende Jahreszeit in Finnland, die in Lappland über 6 Monate, in Mittelfinnland über 5 Monate und an der südwestfinnischen Küste etwa 3,5 Monate dauert. Die Wachstumsperiode (Tagesmitteltemperatur über 5 °C) dauert zwischen 120 Tagen in Lappland und 180 Tagen an der Südküste. Die Niederschlagsmenge verteilt sich recht gleichmäßig sowohl jahreszeitlich als auch räumlich. Im südlichen Küstenbereich beträgt der jährliche Niederschlag im Durchschnitt 650 – 700 mm, in Lappland nur 450 – 550 mm.

Die Wälder bilden den wichtigsten Naturreichtum Finnlands. Der Anteil der Waldoberfläche an der gesamten Landfläche ist der höchste in ganz Europa und die Waldfläche je Einwohner sogar die größte in der ganzen Welt. Der ausgedehnteste Teil Finnlands liegt im borealen Nadelwaldgürtel mit Wald und Moor als Hauptvegetationstypen. Die südlichsten Teile des Landes bilden eine Übergangszone zwischen dem Nadelwald und dem mitteleuropäischen Laubwaldbereich. Die Fjellgebiete im Norden gehören zur arktisch-alpinen Vegetationszone.

Im Bereich der Waldwirtschaft beträgt der Anteil der Moräne- und Torfböden 87 % der Gesamtfläche. Produktiver Wald (Ertrag mindestens 1 m³/ha/Jahr) umfaßt 61,2 %, Impediment 13,9 % und landwirtschaftliche Nutzfläche 10,9 % der Gesamtfläche. Die restlichen 16 % der Gesamtfläche sind im wesentlichen Siedlungsfläche, also städtisch bebautes Land. Baumarten gibt es wenig. Die wichtigsten sind Kiefer, Fichte und Birke. Durch forstliche Maßnahmen hat man die Fichtenfläche zu vergrößern versucht.

Finnland gehört tiergeographisch zum ausgedehnten paläarktischen Bereich. In diesem Land begegnen sich drei Faunatypen: Die arktischen Spezies von der sibirischen Tundra, die Taigaspezies vom eurasiatischen Nadelwaldgürtel und die europäischen Spezies vom Laubwaldgürtel. Die Zahl der Tierindividuen und Spezies sinkt vom Süden gegen Norden ab.

2. Bevölkerung und Wirtschaftsleben

Die ältesten Spuren einer Besiedlung in Finnland stammen aus der Steinzeit vor 5.000 – 8.500 Jahren. Bereits zum Beginn der Eisenzeit, also vor etwa 1.600 – 2.000 Jahren, gab es bereits blühende Siedlungen im südwestlichen Finnland und an der Ostbottnischen Küste. Zu dieser Zeit tauchte die Hauptinsel Ålands als Folge der Landhebung über dem Meeresspiegel auf. Am Anfang der historischen Zeit (vor 1.050 – 1.150 Jahren) hatte sich die seßhafte Besiedlung schon bis hin zu den Kerngebieten der Seenplatte ausgebreitet. Besiedelt wurden hauptsächlich die zentralen Knotenpunkte der Gewässer, wo zumeist auch potentielles Ackerland vorhanden war. Von diesen Siedlungen ausgehend wurde das sie umgebende Ödland besiedelt. Es wird angenommen, daß die Zahl der Bevölkerung am Anfang des 17. Jahrhunderts etwa 400.000 – 450.000 Einwohner betrug.

Im 18. Jahrhundert war Finnland noch ein reines Landwirtschaftsgebiet. Der Anteil der anderen Gewerbe beschränkte sich auf etwa 10 % der Beschäftigten. Um 1750 gab es in Finnland insgesamt etwa 21 kleine Städte mit zusammen nur etwa 23.000 Einwohnern. Bis zum Jahre 1800 hatte sich die Einwohnerzahl Finnlands auf etwa 800.000 Einwohner verdoppelt. Die nächste Verdoppelung fand innerhalb von 70 Jahren statt, d. h. die Einwohnerzahl betrug im Jahre 1870 schon insgesamt 1.769.000. Eine so schnelle Entwicklung der Bevölkerung war für das Europa des 19. Jahrhunderts völlig einzigartig, insbesondere wenn man beachtet, daß Finnland damals völlig von der Landwirtschaft beherrscht wurde: Noch Ende des 19. Jahrhunderts beschäftigte die Landwirtschaft etwa 80 % der Bevölkerung (Abb. 2). In den Städten wohnten zu dieser Zeit nur knapp 10 % der Gesamtbevölkerung (Abb. 3).

Die Industrialisierung setzte in Finnland eigentlich erst um 1870 ein. Seither hat sich die Entwicklung sehr rasch vollzogen. In etwa 100 Jahren hat sich das Land von einer vorindustriellen zu einer nachindustriellen Gesellschaft verändert. Der Bevölkerungszuwachs kulminierte in der Periode 1870 – 1950, innerhalb derer sich die Bevölkerung wiederum verdoppelte.

Die Entwicklung der Industrie fußte vor allem auf der Nutzung des größten Naturreichtums Finnlands, des Holzes. Dadurch entwickelte sich die industrielle Produktionsrichtung sehr einseitig, was die Veränderung der Erwerbsstruktur verzögerte. Finnland blieb agrarisch, trotz eines schnellen Zuwachses der Industrie. Zwischen den Weltkriegen wuchs die Industrieproduktion um 300 %, im übrigen Europa durchschnittlich nur um 80 %. Noch im Jahre 1940 beschäftigte die Landwirtschaft 64 % der Erwerbstätigen, der Anteil der Veredlungsgewerbe betrug 19 %. Trotz der kräftigen Industrialisierung ging die Bevölkerung anfangs nur langsam in die Industrie- und Dienstleistungsgewerbe über. Diese Tatsache war von Bedeutung für die räumliche Entwicklung sowohl zwischen den Kriegen als auch nach dem II. Weltkrieg. Die Verstädterung ging nur langsam vor sich. Die Bevölkerung war immer noch relativ gleichmäßig über das ganze Land verteilt. Nur in der Provinz Uusimaa waren die Bevölkerungsdichte und der Grad der Verstädterung schon vor dem II. Weltkrieg infolge des Einflusses der Hauptstadt bedeutend höher als in den übrigen Landesteilen.

Abb. 2
Die Arbeitskraft auf Branchen Verteilt 1820-1975

Quelle: Kiljunen 1979, 73

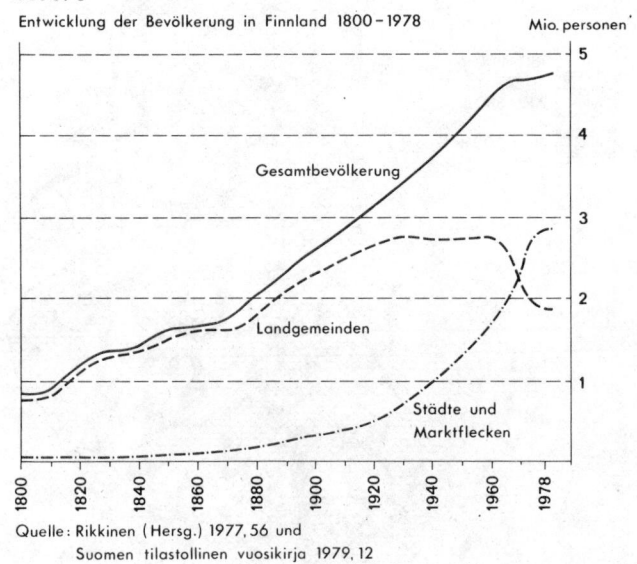

Abb. 3
Entwicklung der Bevölkerung in Finnland 1800-1978

Quelle: Rikkinen (Hersg.) 1977, 56 und
Suomen tilastollinen vuosikirja 1979, 12

Die regionale Struktur der Industrieproduktion entwickelte sich im Zeitraum zwischen den zwei Weltkriegen in einer sehr einseitigen Richtung. Vom Gesamtzuwachs der industriellen Arbeitskraft entfielen in dieser Periode nicht weniger als 92 % auf die vier südlichsten Provinzen. In den anderen Teilen des Landes vollzog sich die industrielle Entwicklung sehr langsam. Der Anteil der Industrie an den Arbeitsplätzen stieg hier erst in den 50er Jahren auf den Stand, den die südlichen Provinzen schon in den 90er Jahren des letzten Jahrhunderts erreicht hatten. Die Standortkonzentration der Industrie auf fast ausschließlich Südfinnland entsprach jedoch nicht einer deutlichen Konzentration der Bevölkerung auf diesen Raum, jedenfalls nicht so lange, wie die Industrie einseitig nur eine Holzindustrie war.

Nach dem II. Weltkrieg erlebte Finnland eine außergewöhnlich schnelle Industrialisierung mit einem dreifachen Zuwachs der Produktion in fünf Jahren und einem Zuwachs der industriellen Arbeitskraft von 10 % innerhalb von 15 Jahren. Gleichzeitig wurde die Branchenstruktur vielseitiger, besonders durch eine starke Expansion der Metall- und Maschinenindustrie. In der Land- und Forstwirtschaft stieg die Produktivität der Arbeit als Folge der Mechanisierung stark an, was den Bedarf an landwirtschaftlicher Arbeitskraft verminderte. Noch im Jahre 1940 beschäftigte die Landwirtschaft etwa 220.000 Fremdarbeitskräfte, die aber bis 1950 auf 75.000 zurückgingen, und im Jahre 1970 betrug die Zahl der Fremd-

Abb. 4
Bevölkerungsdichte in Finnland 1970

Digitalkarte
Referenzfläche 250 km²

Einwohner
je km²
- 0–1
- 1–10
- 10–20
- 20–

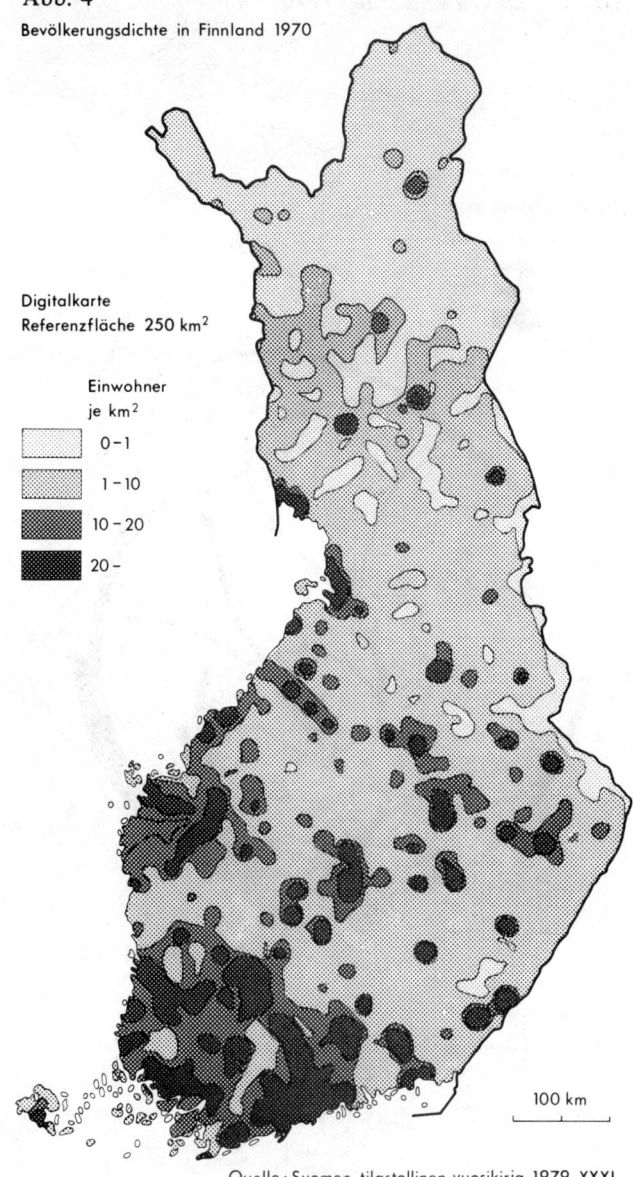

100 km

Quelle: Suomen tilastollinen vuosikirja 1979, XXXI

schen der wohlhabendsten und der ärmsten Region (mit dem Bruttonationalprodukt per capita gemessen) in Finnland nach Italien und Frankreich der größte (*Kiljunen*, 1979, S. 84–85). Der Anteil am Bruttonationalprodukt betrug in den vier südlichsten Provinzen Finnlands 1976 zwei Drittel, der an der Industrieproduktion über 70 % und der an den Dienstleistungen fast 70 %. Zur gleichen Zeit wohnten in diesen Provinzen 59 % der Bevölkerung, während der Anteil dieser Provinzen an der Gesamtoberfläche Finnlands nur etwa 20 % betrug. Die Konzentration der Industrie im südlichen Finnland hat also auch zu einem Ungleichgewicht der Bevölkerungsverteilung geführt. Während die Bevölkerungsdichte im ganzen Land 15,6 Einwohner/km² Landoberfläche beträgt, ist diese Zahl für Südfinnland siebenfach so hoch (Abb. 4).

Die aus der Primärproduktion freiwerdende Arbeitskraft ist in Finnland hauptsächlich in die Dienstleistungsgewerbe (Handel, Finanzen, Verkehr und Verwaltung) übergegangen, nicht hingegen in die verarbeitende Industrie. Die Dienstleistungsgewerbe sind auch schneller angewachsen als in den meisten anderen europäischen Ländern. Der Anteil der Dienstleistungen an der Arbeitskraft ist seit dem Jahre 1950 von 25 % auf etwa 50 % angestiegen; entsprechende Zahlen für die Industrie liegen bei 30 % und 36 %. Noch stärker ist der Rückgang der Primärproduktion, denn von 1940 bis 1975, also innerhalb von 35 Jahren, sank der Arbeitskraftanteil der Primärproduktion von 64 % auf 14 %. Die entsprechende Entwicklung hat in Schweden die doppelte Zeit in Anspruch genommen (1890 – 1960) und in Norwegen sogar über 100 Jahre (1860 bis 1970), (*Kiljunen*, 1979, S. 73).

Die Veränderung der Gewerbestruktur, der schnelle Zuwachs der Industrie- und Dienstleistungsgewerbe im südlichen Finnland und die interregionalen Einkommens- und Lebensstandarddifferenzen haben zusammen eine bedeutende Binnenwanderung zustande gebracht. Die Landbevölkerung ist absolut gesehen bis Mitte der 50er Jahre gewachsen; zu dieser Zeit wohnten in den Landgemeinden Finnlands etwa 2,8 Millionen Einwohner oder 66 % der Gesamtbevölkerung. Im Jahre 1978 wohnten insgesamt nur noch 1,9 Millionen Einwohner oder 40 % der gesamten Bevölkerung auf dem Lande. Finnland hatte 1978 insgesamt 4.760.000 Einwohner.

arbeitskräfte nur noch 15.000. Auch die Mechanisierung der Forstwirtschaft und die Verbesserung der Transporttechnik verminderten den Bedarf an Arbeitskraft.

Anfangs konnte die Industrie einen bedeutenden Teil der von der Primärproduktion freiwerdenden Arbeitskraft aufnehmen. Dazu trug auch die bis Ende der 50er Jahre fortgesetzte Regelung des Außenhandels bei, die auch die neue Binnenmarktindustrie vor der Importkonkurrenz schützte. Seit den 60er Jahren wurde die Förderung der Exportindustrie zum wichtigsten Ziel, was die Entwicklung einer größeren Breite in der Branchenstruktur der Industrie bremste und ihre Kapitalisierung stärkte. Zugleich wurde die Kapazität der Industrie, die von der Primärproduktion freiwerdenden Arbeitskräfte aufzunehmen, geschwächt. Die Folge waren ein Zuwachs der Überschußbevölkerung in der Landwirtschaft, eine strukturelle Arbeitslosigkeit, eine starke Binnenmigration und Emigration und eine sogar übermäßige Entwicklung des Dienstleistungsbereiches. Diese Ungleichgewichte werden bei regionaler Betrachtung noch verstärkt. Die regionale Polarisation ist nämlich in Finnland deutlicher als allgemein in den anderen Industrieländern. So ist z. B. im Vergleich mit den Mitgliedsländern der OECD der Unterschied zwi-

Die Binnenwanderung hat seit den 50er Jahren jährlich fast regelmäßig zugenommen. In den 70er Jahren wechselte jährlich etwa eine Viertel Million Menschen (etwa 6 % der Bevölkerung) ihren Wohnsitz zwischen den verschiedenen Gemeinden innerhalb Finnlands. Es handelt sich um eine rege Verstädterung, die sich besonders in den 60er und in den frühen 70er Jahren beschleunigte und gleichzeitig um eine Konzentration der Bevölkerung in den größten Städten Südfinnlands. Fast 90 % der Binnenwanderung hat in der Provinz Uusimaa geendet und dort insbesondere in der Hauptstadtregion. Kräftige Bevölkerungsabnahmen hingegen hat es besonders in den von Land- und Forstwirtschaft beherrschten Gebieten Ost- und Nordfinnlands gegeben. Die Bevölkerungszahl der vier südlichsten Provinzen hat in der Periode 1960 – 1979 um 362.000 Personen zugenommen, wohingegen das übrige Land 138.000 Menschen verloren hat. In der Zeit der größten Landflucht veröden im Durchschnitt 25 Landwirtschaftsbetriebe täglich (vgl. Abb. 5).

Die Migration hat auch einen sozial selektiven Effekt gehabt, weil 4/5 der abwandernden Menschen im Arbeitsalter waren, meist junge berufsausgebildete Menschen im besten Erwerbsalter. Es hat sich weiterhin gezeigt, daß die Frauen mobiler sind. Dadurch hat sich auch die Alters- und Geschlechtsstruktur der Bevölkerung der Entwicklungsgebiete infolge der Migration im Vergleich mit der des gesamten Landes stark verschoben (Abb. 6). In den Alterspyramiden des ganzen Landes sind die nach dem II. Weltkrieg geborenen sogenannten großen Altersklassen (jetzt 25- — 34-jährige) auffällig, wie auch der nach ihnen folgende stetige Rückgang der Geburtenhäufigkeit bis Ende der 70er Jahre.

Die schnelle Binnenwanderung hat auch in den Einzugsgebieten größerer Städte Probleme verursacht, so besonders in der Hauptstadtregion, wo die Dienstleistungen der Gesellschaft, die Infrastrukturausstattung (Schulen, Gesundheitspflege, Verkehr u. a.) mit dem kräftigen Bevölkerungszuwachs nicht schnell genug Schritt halten konnte. Auch die Wohnungsprobleme sind — wie überhaupt in den meisten Städten — in diesen Bereichen besonders brennend geworden.

Die Art der Binnenwanderung scheint sich jedoch zu ändern. Im Jahre 1979 haben ungefähr 200.000 Einwohner ihren Wohnsitz von einer Gemeinde zu einer anderen gewechselt, und zwar ein Drittel vom Lande in eine Stadt, hauptsächlich Studenten, ein zweites Drittel ist jedoch von einer Stadt zu einer anderen umgezogen, hauptsächlich ältere erwerbstätige Personen. Neu ist, daß eine Gruppe, etwa ein Viertel aller Wanderer, gegen den Strom, von der Stadt aufs Land zog. Dies waren vor allem Ältere, hauptsächlich mit Familie, und Erwerbstätige, von denen die meisten in ihrer Jugend vom Lande in die Stadt gezogen waren. Die restlichen Wandernden (weniger als 10 %) wechselten ihren Wohnsitz und Arbeitsplatz von einer Landgemeinde zu einer anderen.

Neben der Binnenwanderung ist auch die Auswanderung nach dem II. Weltkrieg wichtig gewesen. Insgesamt sind in dieser Periode über 500.000 Personen ins Ausland umgezogen. Auch unter Beachtung der Rückkehr der Auswanderer hat die Nettoauswanderung insgesamt 280.000 Personen oder 6 % der gesamten Bevölkerung betragen. Besonders bedeutend war die Auswanderung in den 60er Jahren. Als sie in den Jahren 1969 — 1970 mit jährlich 40.000 Auswanderern kulminierte, sank die Bevölkerungszahl des ganzen Landes kräftig ab. Von den Auswandernden sind 80 % nach Schweden gezogen. Die finnische Emigration nach Schweden hat sehr empfindlich auf die Nachfrage nach Arbeitskraft in Schweden reagiert.

Auch die Auswanderung ist regional selektiv gewesen. Bis Ende der 60er Jahre waren die schwedischsprachigen Gebiete auf Åland und an der Küste des Bottnischen Meerbusens die wichtigsten Auswanderungsgebiete. Seither ist die Auswanderung aus dem Nordteil des Landes (den Provinzen Vaasa, Oulu und Lappi) am stärksten gewesen wie auch aus Uusimaa, das als Zwischenetappe für die aus Ost- und Mittelfinnland Auswandernden diente (*Kiljunen* 1979, S. 129–131).

Die drei größten Städte Finnlands sind Helsinki (484.000 Einwohner Anfang 1980), dessen Einwohnerzahl in den letzten Jahren gesunken ist (1970: 510.000 Einwohner),

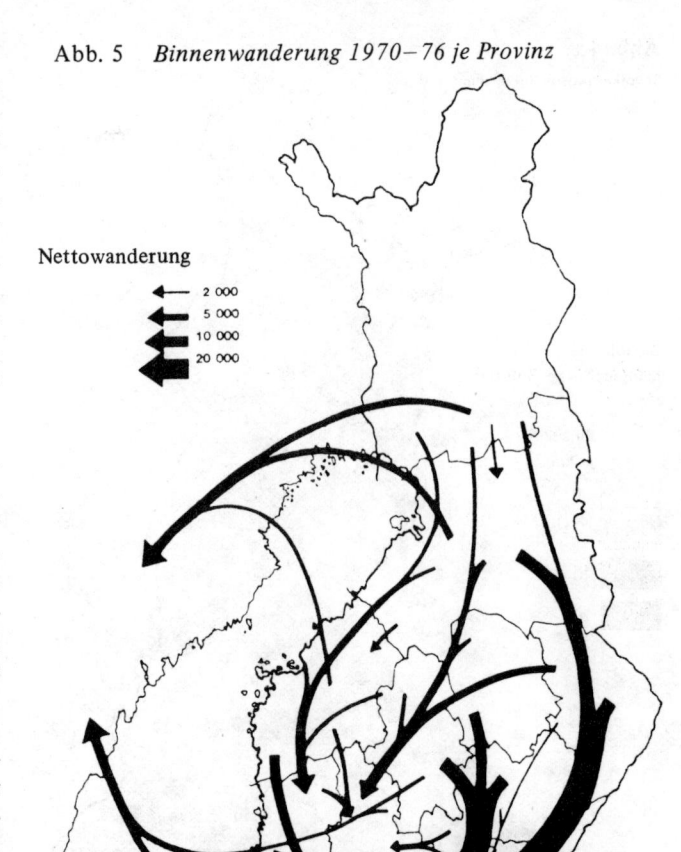

Abb. 5 *Binnenwanderung 1970–76 je Provinz*

Quelle: *Kiljunen* 1979, 125.

Abb. 6
Alters- und Geschlechtsverteilung 31.12.1978

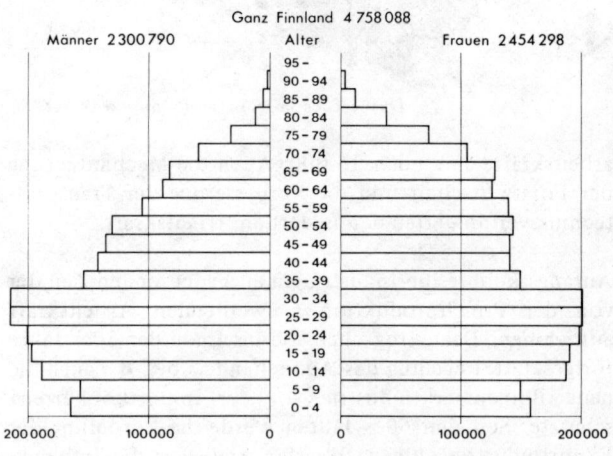

Quelle: Nordisk statistisk årsbok 1979, 22

sowie Tampere (166.000) und Turku (164.000), deren beider Bevölkerungszuwachs in der letzten Zeit zurückging. Die folgenden sind die Städte Espoo (133.400) und Vantaa (130.000), beide in der Hauptstadtregion, die die am schnellsten wachsenden Städte sind. Insgesamt wohnten in der Hauptstadtregion, die neben Helsinki, Espoo und Vantaa auch die Kleinstadt Kauniainen umfaßt, Anfang 1980 753.000 Einwohner oder 15,8 % der Gesamtbevölkerung. Die Fläche der Hauptstadtregion umfaßt hingegen nur 0,24 % der gesamten Landoberfläche Finnlands.

3. Staatliche und kommunale Verwaltung

Finnland proklamierte seine Selbständigkeit im Jahre 1917. Davor war das Land jahrhundertelang ein Teil von Schweden und seit 1809 dem russischen Reich als autonomes Großfürstentum zugeordnet. Der Regierungsform von 1919 gemäß ist Finnland eine demokratische Republik, in der das höchste Beschlußrecht vom Reichstag (Einkammersystem, 200 Abgeordnete) ausgeübt wird. Der Reichstag übt das gesetzgebende Recht zusammen mit dem Präsidenten der Republik aus. Die höchste Exekutivgewalt gehört dem Präsidenten der Republik, der von 300 demokratisch gewählten Wahlmännern gewählt wird. Für die allgemeine Staatsverwaltung ist ein Staatsrat (die Regierung) verantwortlich, der aus dem Ministerpräsidenten und den jeweils amtierenden Ministern besteht. Die richterliche Gewalt wird von unabhängigen Gerichten ausgeübt. Die wichtigsten Aufgaben des Reichstages sind die Gesetzgebung, die Zustimmung zum jährlichen Staatsetat und die Überwachung der Tätigkeit des Staatsrates. Einige Staatseinrichtungen, so z. B. die Bank Finnlands und das Sozialversicherungsamt, sind direkt dem Reichtag zugeordnet.

Der Präsident der Republik faßt seine Beschlüsse in den Sitzungen der Regierung. Dabei ist er nur von der Anwesenheit der Regierung gebunden, nicht an deren Meinung. Der Präsident ernennt die Regierungsmitglieder, deren Zahl einschließlich des Ministerpräsidenten höchstens 18 sein darf. Der Regierung unterstellt sind elf Ministerien, von denen eines die Kanzlei des Staatsrates ist, die vom Ministerpräsidenten geleitet wird. Zur zentralen Staatsverwaltung gehören neben dem Präsidenten der Republik und der Regierung auch die den Ministerien unterstellten zentralen Ämter wie das Wohnungsamt (dem Ministerium des Innern unterstellt), das Schulamt und das Berufsausbildungsamt (dem Unterrichtsministerium unterstellt), das Landwirtschaftsamt, das Forstamt, das Landesvermessungsamt und das Wasseramt (dem Ministerium für Land- und Forstwirtschaft unterstellt), das Straßen- und Wasserbauamt, das Luftfahrtamt, das Eisenbahnamt und das Post- und Telegraphenamt (dem Verkehrsministerium unterstellt) und das Arbeitsschutzamt, das Sozialamt und das Medizinalamt (dem Sozial- und Gesundheitsministerium unterstellt). Die Statistikzentrale und die Zentrale für Wirtschaftsplanung sind – wie auch die Regionalplanungsbehörden der Zentralverwaltung – dem Finanzministerium angeschlossen.

Für allgemeine Verwaltungszwecke ist Finnland in zwölf Provinzen (finnisch lääni) eingeteilt. In jeder Provinz ist eine von einem Regierungspräsidenten geleitete Provinzialregierung für die allgemeine Verwaltung zuständig. Der Provinzialregierung obliegen Aufgaben der Regionalverwaltung in einigen Verwaltungsbereichen, so z. B. im Schul- und Bibliothekswesen, im Sozialwesen und im Gesundheits- und Krankenpflegewesen. Zum Tätigkeitsfeld der Provinzen gehören auch mit der Planungs- und Bautätigkeit sowie mit dem Umweltschutz verbundene Aufgaben.

Im Entwicklungsplan der Verwaltung für eine Verwaltungsreform auf der regionalen Ebene von 1978 wird vorgeschlagen, drei neue Provinzen zu gründen. Dazu sollte in jeder Provinz ein demokratisch gewählter Provinzialrat eingeführt werden, und diesem sollten auch die aus gewählten Abgeordneten bestehenden Provinzialregierungen unterstellt sein. Die z. Zt. bestehende Provinzialregierung sollte in eine Provinzkanzlei umgebildet werden. Die Neuorganisation der Verwaltung auf der Regionalebene ist noch in Vorbereitung.

In der Arbeitsteilung zwischen der allgemeinen und der speziellen staatlichen Verwaltung herrscht in der letzten Zeit ein Bestreben vor, die Bezirkseinteilung der Spezialverwaltung mit der Provinzeinteilung zu koordinieren. Dies wird jedoch dadurch erschwert, daß viele Verwaltungsbereiche immer noch ihre eigene Bezirkseinteilung auf der regionalen Ebene nutzen. Es gibt deshalb viele unterschiedliche regionale Fachverwaltungsbereiche.

Für die Verwaltung werden die Provinzen in Gemeinden aufgeteilt. Der Regierungsform gemäß soll die Gemeindeverwaltung auf der Selbstverwaltung der Bürger fußen. Die kommunale Selbstverwaltung hat in Finnland, wie in den anderen nordischen Ländern, uralte Traditionen. Die ersten eigentlichen Kommunalgesetze wurden für die Landgemeinden im Jahre 1865 und für die Stadtgemeinden im Jahre 1873 verfaßt. Im Kommunalgesetz von 1976 ging man prinzipiell zu einer Gemeindeform über, wenn auch ein Teil der Gemeinden immer noch als Städte bezeichnet werden.

Im Jahre 1965 gab es noch 546 Gemeinden. Als Folge einer Gemeindereform auf der Grundlage eines Gesetzes aus dem Jahre 1967 hat sich ihre Zahl bis 1981 auf 461 Gemeinden verringert. Neben allgemeinen Aufgaben, die im Kommunalgesetz aufgeführt sind, erfüllen die Gemeinden auch zahlreiche andere Aufgaben der Spezialverwaltung auf der Grundlage besonderer Gesetze.

Das Beschlußrecht in der Gemeinde wird vom Gemeinderat ausgeübt, der für einen Zeitraum von vier Jahren gewählt wird. Dem Gemeinderat unterstellt sind der Hauptausschuß der Gemeinde und die Ausschüsse, die für verschiedene Sektoren der Verwaltung verantwortlich sind. Die Mitglieder des Gemeinderates und die der Ausschüsse sowie der entsprechenden Gremien sind gewählte Vertrauenspersonen. Der höchste Beamte in einer Gemeinde ist der Gemeindedirektor.

Die Gemeinden haben das Recht, Steuern zu erheben. Weitere Einkommen sind staatliche Zuschüsse und für gewisse Dienste erhobene Gebühren.

Im Kommunalgesetz von 1976 wurde auch die Möglichkeit vorgesehen, Gemeindeteilräte in Zusammenhang mit den Kommunalwahlen zu wählen. Diesen Räten können Aufgaben zugeordnet werden, die dem Kommunalgesetz gemäß nicht ausdrücklich dem Gemeinderat oder dem Hauptausschuß zugesprochen sind. Mit derartigen Gemeindeteilräten sind einige Experimente durchgeführt worden, aber bisher hat dieses System keine vorbehaltlose allgemeine Unterstützung bekommen.

Für gemeinsame Aufgaben haben die Gemeinden Gemeindeverbände gegründet, die rechtlich den Gemeinden gleichzustellen sind. Insgesamt gibt es über 350 Gemeindeverbände, die sehr verschiedene Aufgaben haben. Die größten von ihnen (z. B. die Regionalplanungsverbände) sind nur auf regionaler Ebene tätig.

4. Heutige Formen, Ebenen und Träger der Regionalplanung

Der überwiegende Teil der Gesellschaftsplanung in Finnland geschieht in jeder Verwaltungsbranche als Fachplanung auf den verschiedenen Ebenen der Verwaltung. Die öffentliche Verwaltung Finnlands hat drei Ebenen: Die Reichsebene, die Provinzialebene und die Gemeindeebene. Es gibt vier Typen von Planungen für die Integration der Fachpläne: Wirtschaftsplanung, Planung der Raumordnung, Planung der Flächennutzung und Gemeindeplanung. Jede dieser Planungen hat eine eigene Gesetzesgrundlage (Abb. 7).

Wirtschaftsplanung für die Ausübung der öffentlichen Budgetgewalt gibt es auf der Reichsebene und auf der Gemeindeebene. Für die Staatsfinanzen als Ganzes sowie für die Planung der Staatswirtschaft ist letztlich das Finanzministerium verantwortlich, insbesondere die dem Ministerium angeschlossene wirtschaftliche Forschungszentrale in Zusammenarbeit mit den Volkswirtschafts- und Budgetabteilungen des Ministeriums. Auf der Gemeindeebene erfolgt die Wirtschaftsplanung in Verbindung mit der Gemeindeplanung unter Leitung der gemeindlichen Hauptausschüsse. Die Funktionen auf der Provinzebene werden teils durch das Staatsbudget, teils durch gesetzgebundene Zuschüsse von den Gemeinden finanziert.

Die Planung der Raumordnung fußt auf den raumordnungspolitischen Gesetzen aus den 70er Jahren. Dazu gehören die Entwicklungsplanung der Provinzen, die der Ministerien und die Reichsplanung. Für die Koordination dieser Planungen ist die 1973 gegründete Planungsabteilung der Kanzlei des Staatsrates verantwortlich. Die Planung der Raumordnung ist bisher mehr oder weniger losgelöst von der Planung auf Gemeindeebene durchgeführt worden.

Die Planung für die Flächennutzung und Organisation der Bebauung wird auf allen drei Ebenen durch die Bestimmungen des Baugesetzes gesteuert. Die gesetzlichen Bestimmungen für die Flächennutzung sind im Baugesetz von 1958 und in der Bauverordnung von 1959 verankert. Baugesetz und Bauverordnung sind seither mehrmals novelliert worden. Dem Baugesetz gemäß gibt es fünf verschiedene Formen von Plänen, eine auf der Provinzialebene, vier auf der Gemeindeebene. Der oberste Planungsträger ist das Ministerium des Innern, das Richtlinien für die Planung formuliert und auch für die Genehmigung der Pläne verantwortlich ist, insoweit wie die Genehmigung nicht an die Provinzialregierung delegiert worden ist. Auf der regionalen Ebene sind die Regionalplanungsverbände Planungsträger in ihren eigenen Bezirken, von denen es insgesamt 20 gibt. Die Regionalplanungsverbände sind für die Planung gegründete Gemeindeverbände. Auf der Gemeindeebene ist für die Planung der Hauptausschuß der Gemeinde verantwortlich.

Die Gemeindeplanung ist die neueste Form der gesetzlich festgestellten integrierenden Raumplanung. Sie fußt auf dem Kommunalgesetz von 1976, in dem vorgeschrieben wird, daß jede Gemeinde einen Gemeindeplan ausarbeiten und aufstellen muß, in dem die Entwicklung der Verhältnisse im allgemeinen, die Entwicklung der Verwaltung und der Wirtschaft sowie die Zuordnung der verschiedenen Funktionen dargestellt bzw. ausgewiesen werden muß. Verantwortlich für die Ausarbeitung des Gemeindeplanes ist — wie auch bei der Flächennutzungsplanung — der Hauptausschuß der Gemeinde. Der Gemeindeplan insgesamt soll vom Gemeinderat als Richtplan anerkannt werden.

Die Träger der Gesellschaftsplanung, die Formen der Planung und die Beziehungen zwischen den verschiedenen Planungsebenen sind in ihren Hauptzügen in Abb. 8 dargestellt. Im folgenden werden der Inhalt und die Organisation der Planung in Finnland etwas näher behandelt.

Abb. 7 Formen integrierter Raumplanung, deren Ebenen, und die wichtigsten Organe, die für die Durchführung verantwortlich sind.

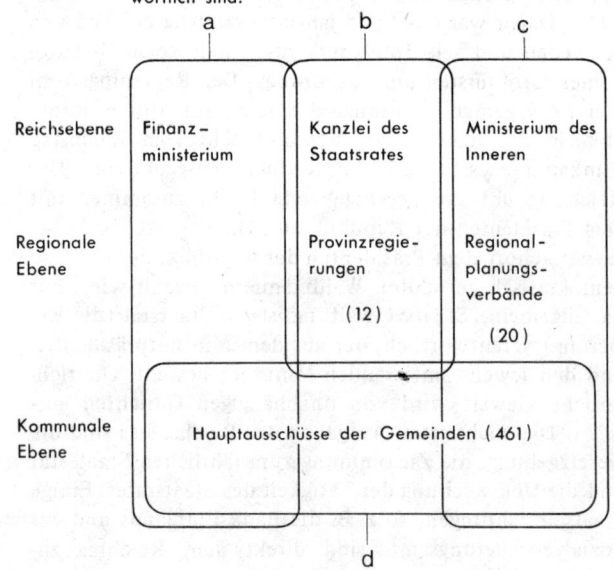

	a	b	c
Reichsebene	Finanzministerium	Kanzlei des Staatsrates	Ministerium des Inneren
Regionale Ebene		Provinzregierungen (12)	Regionalplanungsverbände (20)
Kommunale Ebene	Hauptausschüsse der Gemeinden (461)		

d

a Wirtschaftsplanung
b Regionale Entwicklungsplanung
c Planung der Flächennutzung
d Gemeindeplanung

5. Wirtschaftsplanung

5.1 Reichsebene

Auf der Reichsebene gibt es zwei Arten von Wirtschaftsplanungen. Einerseits die gesamtwirtschaftliche Planung, die von der allgemeinen Wirtschaftsverwaltung ausgeübt wird, und andererseits die Planung der Staatswirtschaft, die der Finanzverwaltung obliegt.

Gesamtwirtschaftliche Planung auf lange Sicht wird von der wirtschaftlichen Planungszentrale, die dem Finanzministerium angeschlossen ist, ausgeübt. In der Praxis hat man sich dabei darauf beschränkt, volkswirtschaftliche Prognosen und Langzeitprogramme auszuarbeiten. Der neueste Bericht aus dem Jahre 1977 (Taloudellinen suunnittelukeskus 1977) beinhaltet die Entwicklungsmöglichkeiten der finnischen Volkswirtschaft bis 1990 mit folgender Zielsetzung:

— Beschreibung der Stellung Finnlands innerhalb der Weltwirtschaft;

— Berichterstattung über die wichtigsten Entwicklungsrichtungen der finnischen Volkswirtschaft;

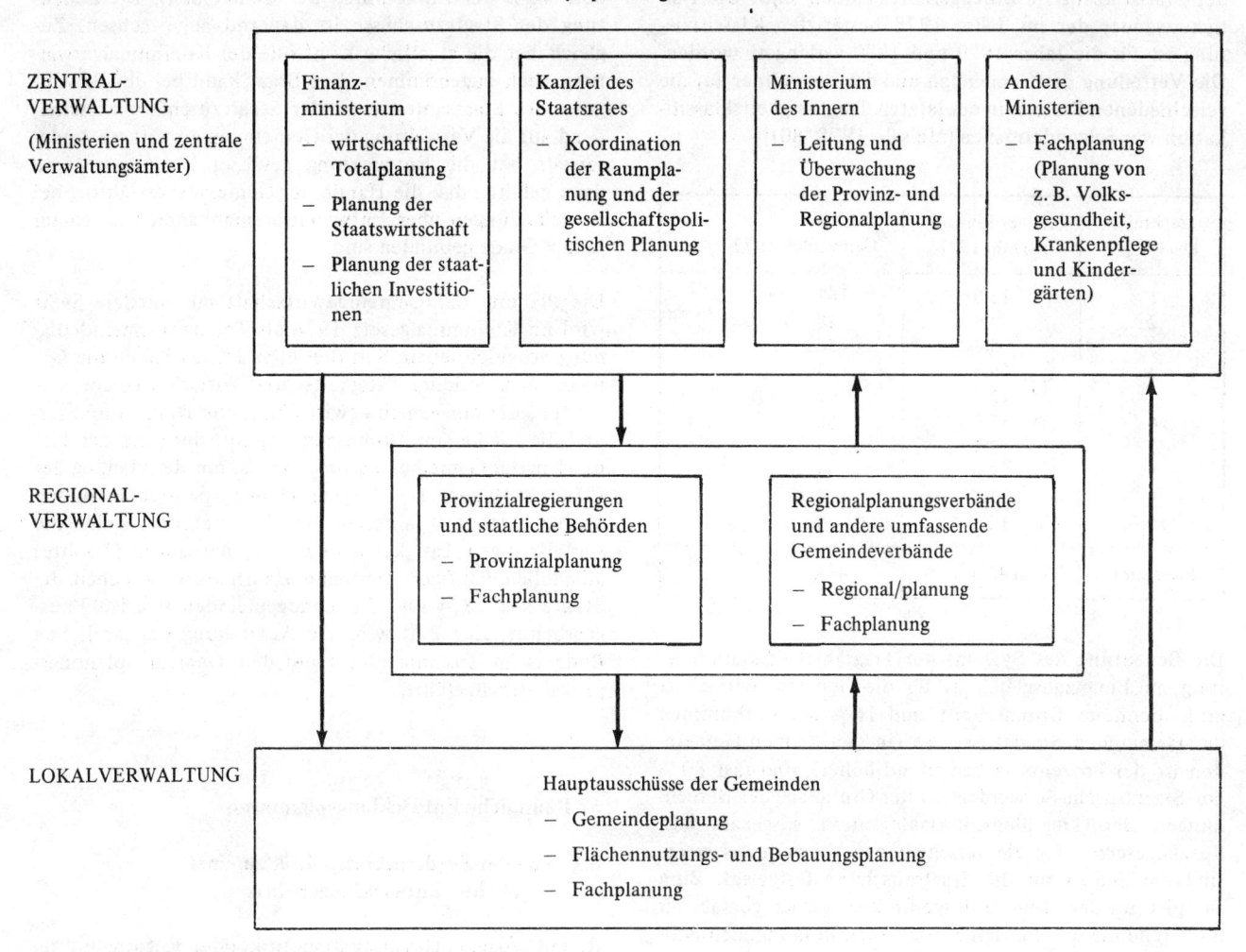

Abb. 8 *Gesellschaftsplanung in Finnland*

ZENTRAL-VERWALTUNG (Ministerien und zentrale Verwaltungsämter)	Finanzministerium – wirtschaftliche Totalplanung – Planung der Staatswirtschaft – Planung der staatlichen Investitionen	Kanzlei des Staatsrates – Koordination der Raumplanung und der gesellschaftspolitischen Planung	Ministerium des Innern – Leitung und Überwachung der Provinz- und Regionalplanung	Andere Ministerien – Fachplanung (Planung von z. B. Volksgesundheit, Krankenpflege und Kindergärten)

REGIONAL-VERWALTUNG	Provinzialregierungen und staatliche Behörden – Provinzialplanung – Fachplanung	Regionalplanungsverbände und andere umfassende Gemeindeverbände – Regional/planung – Fachplanung

LOKALVERWALTUNG	Hauptausschüsse der Gemeinden – Gemeindeplanung – Flächennutzungs- und Bebauungsplanung – Fachplanung

– Aufstellung von Richtlinien für die Planung sowohl des öffentlichen als auch des privaten Sektors.

Darüber hinaus hat man versucht:

– aus der Analyse der Entwicklung bis 1990 kurzfristige Schlüsse zu ziehen, und hat einen Nutzungsplan für die Nutzung der Ressourcen aufgestellt, und

– die Rolle der öffentlichen Wirtschaft in der Anwendung der Ressourcen zu definieren.

Im Bericht der wirtschaftlichen Planungszentrale (Taloudellinen suunittelukeskus 1977) wird der öffentliche Sektor als Ganzes behandelt, d. h. daß keine gesonderten Berechnungen für Staat, Gemeinden, Gemeindeverbände, das System der öffentlichen Planung oder die Wirtschaft der öffentlichen Geschäftsunternehmungen gemacht worden sind.

Eigentliche Wirtschaftsplanung repräsentiert die Planung der Staatswirtschaft auf mittlere Sicht, die seit Ende der 60er Jahre das wichtigste Objekt der Entwicklung des Staatsbudgetsystems gewesen ist. Diese Art von mittelfristiger Finanzplanung hat 1960 begonnen, als ein Finanzplanungskomitee eingesetzt wurde, um zu ermitteln, welche Gesichtspunkte außer dem jährlichen Etatvorschlag bei der mittel- und langfristigen Finanzplanung beachtet werden sollten. Seit 1970 ist dem jährlichen Haushaltsplanentwurf eine vom Finanzministerium zusammengestellte Übersicht beigelegt worden, in der die Entwicklung der Staatsfinanzen für die nächsten 5 Jahre prognostiziert wird. In den letzten Jahren wird dem Budget darüber hinaus auch ein Memorandum über die Aussichten der räumlichen Entwicklung beigefügt.

Aufgrund ihrer verschiedenen Lage, Größe usw. haben die Gemeinden sehr unterschiedliche Voraussetzungen für ihre Entwicklung. Um die Kostenverteilung zwischen Staat und Gemeinden im Rahmen eines Finanzausgleichs auszubalancieren, ist 1967 ein Gesetz erlassen worden, in dem die Tragfähigkeit der Gemeinden definiert wird. Die Tragfähigkeitsklassifizierung der Gemeinden umfaßt zwei Elemente:

– Für jeden Verwaltungszweig wird festgestellt, wieviel Prozent gewisser Ausgaben der Gemeinden in jeder Tragfähigkeitsklasse als Staatsbeitrag ausbezahlt wird, und andererseits

– wird die Tragfähigkeitsklasse jeder Gemeinde selbst festgestellt. Dabei wird eine Punktskala von 1 – 10 benutzt, wobei die Gemeinden, die am wenigsten zu fördern sind, den Wert 10 bekommen.

Die Tragfähigkeitsklassifizierung an sich ist als ständige Einrichtung langfristig angelegt, aber die Grundlagen für die Klassifikation werden regelmäßig überprüft. Das Gesetz ist deshalb seit 1967 mehrfach geändert worden, zuletzt im Jahre 1977. Die Tragfähigkeitsklassifizierung wird – im Prinzip jedes Jahr – vom Ministerium des Innern auf den Grundlagen neuester Berechnungen bestätigt, die von der Statistikzentrale durchgeführt worden sind. Die Gültigkeitsdauer der im Jahre 1978 bestätigten Klassifizierung ist für die Jahre 1979 und 1980 verlängert worden. Die Verteilung der Gemeinden und der Einwohner auf die verschiedenen Klassen in der letzten Tragfähigkeitsklassifikation war folgendermaßen (Meisalo 1978, 80):

Tragkrafts-klasse	% der Einwohnerzahl 1977	Zahl der Gemeinden 1977
1	18.0	167
2	3.9	28
3	6.5	50
4	10.5	58
5	12.5	47
6	17.9	58
7	7.5	35
8	7.9	8
9	4.5	9
10	10.8	4
Insgesamt	100.0	464

Die Bedeutung des Systems der Tragfähigkeitsklassifizierung im Finanzausgleich ist für die Gemeindewirtschaft groß, denn im Durchschnitt sind 16 % der Einkommen der Gemeinden Staatszuschüsse (in den kleinen Gemeinden ist der Prozentsatz bedeutend höher), und fast 80 % der Staatszuschüsse werden auf der Grundlage der Berechnungen der Tragfähigkeitsklassifikation ausgezahlt. In Spezialgesetzen für die verschiedenen Verwaltungszweige sind die Skalen für die Staatszuschüsse festgelegt. Zum Beispiel werden dem Volksgesundheitsgesetz gemäß für die Gründung und für den Betrieb einer kommunalen Poliklinik (Gesundheitszentrale) Staatszuschüsse oder Zweckzuwendungen so ausbezahlt, daß eine Gemeinde der ersten Tragfähigkeitsklasse 70 % der Kosten ersetzt bekommt. Mit steigender Tragfähigkeit der Gemeinde vermindert sich der Anteil der Staatszuschüsse stufenweise. Eine Gemeinde der 10. Klasse bekommt deshalb nur noch 39 % der Kosten durch Zweckzuweisungen erstattet.

5.2 Die Gemeindeebene

Der Anteil der Gemeindewirtschaft (Gemeinden und Gemeindeverbände) am Bruttonationalprodukt ist in der Periode 1951 – 1974 von 3,6 % auf 12,7 % gewachsen. Der entsprechende Anteil am Bruttonationalprodukt der öffentlichen Verwaltung ist von 46 % auf 60 % angestiegen (Suomen kaupunkiliitto 1978, 63).

Die Gemeindeverwaltung ist für die Mehrzahl der kommunalen Dienstleistungen verantwortlich. Ihr Anteil am öffentlichen Gesamtverbrauch betrug 1974 61 %, an den Investitionen 57 %. Die Expansion der Gemeindewirtschaft beruht hauptsächlich auf dem großen Zuwachs des Angebots an Bildung sowie gesundheitlichen und sozialen Diensten. Hauptsächlich ist dieser Zuwachs eine Folge der Delegation einiger früherer Verpflichtungen des Staates an die Gemeinden, aber die Gemeinden haben auch fakultativ neue Aufgaben übernommen.

Den Hauptanteil an den gemeindewirtschaftlichen Einnahmen bilden die Kommunalsteuern (1978 im Durchschnitt über 40 % der Einkommen der Gemeinden). Die Bedeutung der Staatszuschüsse ist dauernd angewachsen. Zugleich hat die staatliche Kontrolle der Kommunalverwaltung auch zugenommen. Der Staat kann bei der Bewilligung des Staatsanteils und der Staatszuschüsse entscheidend auf die Verwaltung der Gemeinden einwirken. Andererseits hat die Entwicklung gewisser Planungssysteme dazu geführt, daß die Hände der Gemeindeverwaltung bei Entscheidungen über Entwicklungsmaßnahmen zu einem hohen Grade gebunden sind.

Die Planung der Gemeindewirtschaft auf mittlere Sicht wird im Kommunalgesetz 1976 als Teil der Gemeindeplanung vorgeschrieben. Seit den 60er Jahren haben die Gemeinden besondere Tätigkeits- und Wirtschaftspläne entworfen, die nur gemeindewirtschaftliche Dinge umfaßten und die oft keinen Zusammenhang mit der sonstigen Planung in der Gemeinde hatten, so z. B. mit der Planung der Flächennutzung. Die längste Planungsperiode in diesen Plänen betrug 10 Jahre. In den 70er Jahren wurden die mittelfristigen Tätigkeits- und Wirtschaftspläne (5 Jahre) allmählich häufiger. Jährliche Haushaltspläne haben die Städte seit 1874 und die Landgemeinden seit 1899 ausgearbeitet. Zur Zeit wird die Aufstellung des jährlichen Budgets im Zusammenhang mit dem Gemeindeplanungsprozeß durchgeführt.

6. Räumliche Entwicklungsplanungen

6.1 Von der Fördergebietspolitik zu einer räumlichen Entwicklungspolitik

Raumbezogene Gesellschaftspolitik oder Regionalpolitik kann entweder als Fördergebietspolitik oder als räumliche Entwicklungspolitik klassifiziert werden. Die Fördergebietspolitik beinhaltet öffentliche Maßnahmen zur Entwicklung gewisser Problemgebiete in zurückgebliebenen Landesteilen. Die räumliche Entwicklungspolitik hingegen berücksichtigt die räumlichen Wirkungen öffentlicher Maßnahmen auf allen Teilgebieten der Volkswirtschaft.

Die räumliche Betrachtungsweise hat die Wirtschaftspolitik Finnlands mehr oder weniger während der ganzen Nachkriegszeit geprägt. Zwar wurde in der ersten Zeit nicht zielbewußt für das Zustandekommen einer speziellen Gesetzgebung gearbeitet. Ihren Niederschlag fanden derartige Bestrebungen jedoch in der regional gestaffelten Investitions- und Preispolitik der Landwirtschaft wie auch in den aus beschäftigungspolitischen Gründen geschaffenen neuen Arbeitsplätzen. Derartige Maßnahmen finden sich auch im Gesetz über Steuererleichterung für die Industrie Nordfinnlands (1958) sowie in einigen staatlichen Industrieinvestitionen in den zurückgebliebenen Gebieten. Als eine organisatorische Erneuerung wurden 1956 das Reichsplanungsbüro und der Reichsplanungsrat gegründet. Diese Einrichtungen haben das Ziel, die derzeitige fakultative Regionalplanungsarbeit zu koordinieren, eigene Untersuchungen vorzunehmen und Gutachten zu vergeben. Die regionalpolitische Bedeutung dieser Gremien blieb aber bescheiden.

Die Raumpolitik der Gegenwart entstand Mitte der 60er Jahre als eine Reaktion auf die unausgeglichene Raumstruktur, die als Ergebnis der nationalen Wachstumspolitik entstanden oder verstärkt worden war. Zu dieser Zeit entwickelte sich die sogenannte Fördergebietspolitik zu einem Sektor der allgemeinen Wirtschaftspolitik. Die Fördergebietspolitik hatte den Charakter einer regional differenzierten Wachstumspolitik, die hauptsächlich auf das Zustandekommen neuer Produktionstätigkeiten in den Problemgebieten ausgerichtet war.

Die ersten Gesetze zur Gebietsförderung oder Gebietsentwicklung und entsprechende Verordnungen wurden in Finnland im Jahre 1966 erlassen. Gleichzeitig konnte ein beratender Ausschuß gegründet werden, der die erste öffentliche Instanz war, in der systematisch Raumprobleme untersucht und räumliche Entwicklungsziele geplant wurden. Die ersten Gesetze zur Gebietsförderung galten von 1966 bis 1969 und beinhalteten hauptsächlich Steuererleichterungen und Zinsentlastungen für Investitionskredite. Diese wurden den Randgebieten Finnlands bewilligt, um die relative Konkurrenzkraft des Wirtschaftslebens in diesen peripheren Gebieten zu verbessern. In diesen Gesetzen wurde auch zum ersten Mal definiert, welche Teile Finnlands eine spezielle Förderung brauchten (Abb. 9a). Die Entwicklungsgebietsförderung wurde in zwei Zonen eingeteilt, von denen die erste die am schwächsten entwickelten Gebiete in Nord- und Ostfinnland und im südwestlichen Schärenhof und die zweite den Hauptteil Mittelfinnlands umfaßte. Diese Zonenabgrenzung fußte auf einer vom Reichsplanungsbüro vorgenommenen Untersuchung des Entwicklungsgrades der finnischen Gemeinden, in der für jede Gemeinde 18 sozioökonomische Variable als Meßwerte benutzt wurden, so z. B. Höhe der Einkommen, Industrialisierungsgrad, Arbeitslosigkeitsgrad usw. Die regionalpolitische Förderung war in der Zone I größer als in der Zone II.

Im Jahre 1969 wurde die Fördergebietsgesetzgebung durch einige kleinere Veränderungen sowohl des Inhalts als auch der Grenzen der Zonen (Abb. 9b) verändert. In dieser Form waren diese Gesetze von 1970 – 1975 in Kraft. In den Gesetzen als solchen wurden also keine wesentlichen Veränderungen vorgenommen. Im Jahre 1969 aber wurden die Ziele der Raumpolitik deutlicher als früher durch Hervorheben der Bedeutung von Zuwachszentren auch in Entwicklungsgebieten in die nationale Wachstumspolitik integriert. Diese Verschiebung des Schwerpunktes ist deutlich zu erkennen. Wichtigster Hinweis darauf war die Gründung eines Gebietsentwicklungsfonds im Jahre 1971. Dieser Fonds ist eine Kreditgesellschaft (zu 99 % staatseigen) mit dem Ziel, in den Entwicklungsgebieten tätige Unternehmen, hauptsächlich der Branchen Industrie oder Fremdenverkehr, zu finanzieren, zu beraten oder sonstige Hilfe zukommen zu lassen. Auch den Unternehmen, die vorhaben, sich in einem Entwicklungsgebiet niederzulassen, wird geholfen. Das Hauptbestreben des Gebietsentwicklungsfonds ist es, kleine und mittelgroße arbeitskraftintensive Unternehmen, die exportieren oder Importwaren durch eigene Produktion ersetzen, zu fördern.

Durch das Gesetz zur Transportkostenunterstützung für Entwicklungsgebiete aus dem Jahre 1973 versucht man, die höheren Kosten der weiten Transportwege zu kompensieren. Die Unterstützung schwankt von 5 % bis 46 % der Transportkosten der im Entwicklungsgebiet hergestellten Produkte.

Das Gesetz zur Intensivierung der Berufsschulung in den Entwicklungsgebieten aus dem Jahre 1970 erweitert den Staatsanteil in der Finanzierung und ermöglicht es auch den Gemeinden, leichter als früher neue Berufsschulen zu gründen und existierende zu verwalten.

Mit dem Gesetz zur Förderung von Arbeitsplätzen in Bereichen der industriellen Tätigkeit in den Entwicklungsgebieten in den Jahren 1973 – 1975 versuchte man Unternehmen zu fördern, die in der Nutzung ungeschulter Arbeitskraft benachteiligt waren.

Um die allgemeinen Bedingungen der Unternehmen in den Entwicklungsgebieten zu verbessern, kann der Staat aufgrund eines Gesetzes aus dem Jahre 1971 den Gemeinden der Entwicklungsgebiete Zuschüsse für die Bezahlung der Zinsen für ihre Anleihen bewilligen.

Die Gemeinden sind bestrebt gewesen, industrielle Tätigkeit auf ihrem Gebiet zu fördern, sowohl direkt durch das Bauen von Industriegebäuden, durch das Bewilligen von Darlehen, Garantien und Zuschüssen und indirekt durch die Förderung von Wohnungen, durch Ausbau der kommunalen Technik, durch Schulung der Arbeitskraft und durch sonstige soziale Dienstleistungen. Die reicheren Gemeinden haben im Wettkampf um die Ansiedlung von Industrie in der eigenen Gemeinde eine bessere Ausgangslage als die ärmeren Gemeinden gehabt.

Am deutlichsten hat in der Gebietsentwicklungspolitik die wachstumspolitische Denkweise in den Maßnahmen Ausdruck gefunden, durch die man mit staatlicher Finanzierung seit 1972 Industriedörfer in den Entwicklungsgebieten gegründet hat. Es war das Ziel dieser Ansiedlungspolitik, größere Industriegebäude zu schaffen, in denen mehrere kleine Betriebe Platz haben. Es ist die Hoffnung, daß diese Dörfer mit ihren Industrie- und Gewerbeparks sowie lebendigen, lokalen Kernpunkten zu Wachstumspolen werden. Bisher hat man solche Industriedörfer in vier Gemeinden der Zone I und in fünf Gemeinden der Zone II gebaut. Im Jahre 1979 hat man außerdem grundsätzlich beschlossen, neun neue Industriedörfer in der Zone I zu gründen.

Durch die standortfördernden Beschlüsse der Behörden ist es möglich, die regionalen Entwicklungsunterschiede zu überbrücken. Das ist zu einem großen Maße innerhalb des Hochschulwesens der Fall gewesen. Dagegen sind die Versuche, die Staatsbehörden und Institute zu dezentralisieren, fast völlig gescheitert.

Raumpolitische Standortentscheidungen sind in der letzten Zeit z. B. der Ausbau der Stahlfabrik in Torino in Südlappland und die Elektronikfabrik in Äänekoski in Mittelfinnland gewesen. Um die Standortförderung innerhalb des privaten Wirtschaftslebens zu erleichtern, wurde dafür 1979 im Arbeitsministerium ein beratender Ausschuß gegründet.

Im Sommer 1975 traten die neuen Gesetze zur Förderung von Entwicklungsgebieten für die Jahre 1975 – 1979 in Kraft. Im Jahre 1978 wurde ihre Gültigkeitszeit bis zum Ende des Jahres 1981 verlängert. Die Entwicklungsgebiete werden immer noch in zwei Hauptzonen eingeteilt, aber es wird immer mehr Aufmerksamkeit auf ihre besonderen räumlichen Funktionen und ihren Spezialcharakter gelegt.

Abb. 9a – c

Förderungsgebiete in Finnland

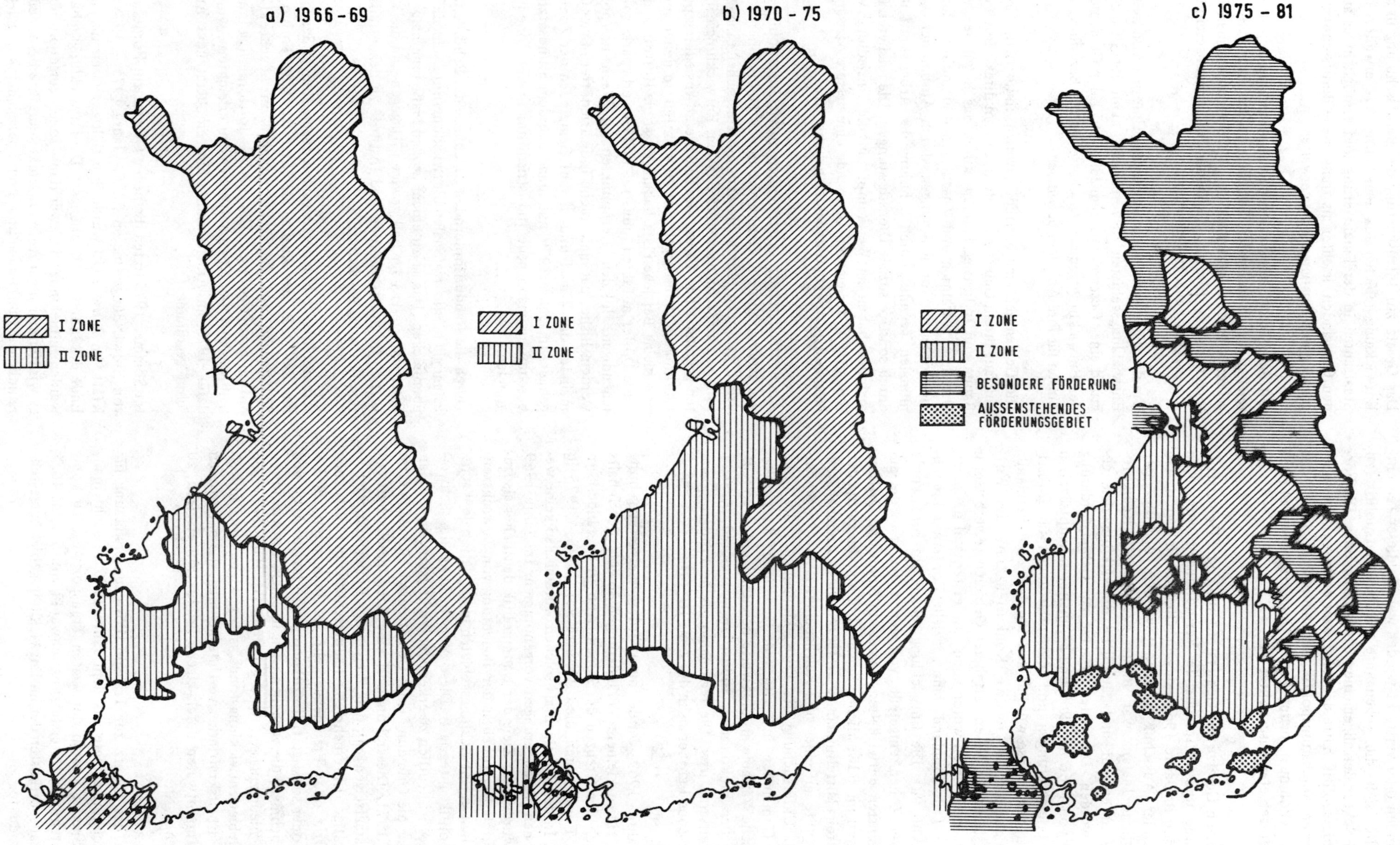

a) 1966–69

I ZONE
II ZONE

b) 1970–75

I ZONE
II ZONE

c) 1975–81

I ZONE
II ZONE
BESONDERE FÖRDERUNG
AUSSENSTEHENDES FÖRDERUNGSGEBIET

Quelle: *Kiljunen* 1979, 153–154 und 163.

Die nördlichsten und östlichsten Gebiete der Zone I und einige Gemeinden im südwestlichen Schärenhof, wo feste Arbeitsplätze sehr schwer erhalten und eingerichtet werden können, sind zu speziellen Förderungsgebieten ernannt worden, die auch die relativ höchsten Förderungen und Unterstützungen erhalten. Einige Gemeinden außerhalb der eigentlichen Zonen werden als außenstehende Förderungsgebiete angesehen (Abb. 9c). Im Winter 1979 hat die Regierung beschlossen, daß auch einige abseits gelegene und kaum entwickelte Gemeinden die Möglichkeit haben, auf Antrag einen Zuschuß entweder nach den höchsten Förderungssätzen oder zu Sonderkonditionen zu bekommen. So hat die raumpolitische Förderung bisher schon fünf Förderungsstufen. Insgesamt werden 268 Gemeinden in den eigentlichen Entwicklungsgebietszonen gefördert. 44 dieser Gemeinden bekommen eine zusätzliche Unterstützung. Darüber hinaus bilden 29 Gemeinden sogenannte außenstehende Förderungsgebiete. Damit werden z. Zt. etwa zwei Drittel aller Gemeinden Finnlands gefördert (vgl. Sippola 1979, S. 301).

Die Entwicklungsgebietspolitik hat sich auch in eine mehr problemorientierte Richtung entwickelt. Das Hauptgewicht liegt jetzt mehr auf einer Betonung der regionalen Gleichwertigkeit. Wichtigstes Ziel ist nicht mehr die Zentralisierung der Arbeitsplätze und die Erleichterung der Abwanderung der Arbeitskräfte aus weniger entwickelten Gebieten in die Wachstumszentren, sondern es ist nunmehr das Bestreben, feste Arbeitsplätze dort einzurichten, wo es einen Mangel an Arbeitsplätzen gibt. Speziell soll die Entwicklung der Erwerbstätigkeit in den am schwächsten entwickelten Gemeinden beachtet und gefördert werden.

Ziel der Raumordnungsgesetze aus dem Jahre 1975 ist es, die regionalen Unterschiede der Lebensbedingungen der Bevölkerung auszugleichen und dabei den Menschen folgende Möglichkeiten zu gewährleisten:

— Die Sicherung eines festen Arbeitsplatzes;

— die Erhöhung des Einkommensniveaus;

— die Versorgung und Zugänglichkeit wichtiger Dienstleistungen und

— eine generell ausbalancierte Entwicklung der regionalen Wirtschafts- und Gesellschaftsstruktur.

Die Gesetze beziehen sich in ihren Grundzügen auf das ganze Land, aber die wesentlichen Förderungsmaßnahmen gelten immer noch nur für die Entwicklungsgebiete. Die neue Raumgesetzgebung unterscheidet sich somit hinsichtlich ihrer Methoden nicht wesentlich von den früheren Gesetzen und Verordnungen. Bei der Präzisierung der entwicklungspolitischen Fördermaßnahmen hat man jedoch besonders drei Tatsachen hervorgehoben. Zunächst soll die finanzielle Unterstützung an die Unternehmen effektiver als früher auf solche Produktionen gerichtet werden, die viel Arbeitskraft benötigen. Zum zweiten sollte die Förderung besonders in der Investitionsphase und in der Initialphase entsprechender Tätigkeiten eingeleitet werden, dann nämlich, wenn der Bedarf an Mitteln am größten ist. Zum dritten sollten die Maßnahmen von einer größeren Flexibilität und Zweckmäßigkeit geprägt werden. Diese Prinzipien kommen in der Gesetzgebung derart zum Ausdruck, daß die Zinsunterstützung durch einen direkten Zuschuß und die arbeitsmarktpolitische Finanzierung durch einen Beitrag für die Inbetriebnahme der Industrieansiedlungsmaßnahmen und die Ausbildung ersetzt worden sind.

Der Anteil der Entwicklungsgebietsförderung ist jährlich gestiegen und beträgt z. Zt. mehr als 20 % der Bruttoinvestitionen der Industrie in den Entwicklungsgebieten. Beinahe zwei Drittel der Investitionsprojekte in den Entwicklungsgebieten sind während des Bestehens der Gesetze in irgendeiner Form raumordnungspolitisch gefördert worden. Die raumordnungspolitischen Vorteile sind also quantitativ recht bedeutend gewesen. Trotzdem ist es nicht gelungen, die Arbeitslosigkeit in den Entwicklungsgebieten zu beseitigen. Es ist aber gelungen, die Arbeitslosenquoten ein wenig zu vermindern. Die Auswirkungen der Förderungsmaßnahmen auf die Entwicklung der Arbeitsmöglichkeiten sind schwer zu beurteilen. Dennoch kann man schätzen, daß durch sie z. B. in den Jahren 1975 – 1977 jährlich 5.000 – 9.000 neue Arbeitsplätze in den Entwicklungsgebieten geschaffen wurden. In derselben Zeit gab es etwa 20.000 – 35.000 Arbeitslose in den Entwicklungsgebieten. Die wichtigste Auswirkung der Förderung ist die Verbesserung der Rentabilität der Unternehmen. Dagegen sind die Versuche weitgehend gescheitert, neue entwicklungsfähige Produktionstätigkeit in den Entwicklungsgebieten einzuhalten, die die bestehende Betriebs- und Produktionsstruktur hätte erneuern können (*Kiljunen* 1979, S. 170–171 und S. 190–191).

In der Kanzlei des Staatsrates ist eine Untersuchung fertiggestellt worden (Alueellisen kehittyneisyyden tutkimusryhmä 1979), in der die Entwicklungsdifferenzen zwischen den finnischen Gemeinden in der Mitte der 70er Jahre dargestellt worden sind. Die Untersuchung zeigt, daß die regionalen Unterschiede des Wohlstandes signifikant waren, wenn auch ein gewisser Ausgleich im Vergleich mit dem Anfang des Jahrzehnts zu spüren war. Der allgemeine Entwicklungsgrad ist am höchsten in den Städten, in den sie umgebenden Gemeinden und in einigen Landgemeinden. Den niedrigsten allgemeinen Entwicklungsgrad haben dagegen die abseits gelegenen, kleinen und wenig industrialisierten Landgemeinden (Abb. 10).

6.2 Regionale Entwicklungsplanung als Teil der Raumpolitik

Die regionale Entwicklungsplanung basiert auf dem Gesetz der Raumpolitik, d. h. auf dem Gesetz der Förderung der regionalen Entwicklung und auf der Verordnung, die dieses Gesetz ergänzt. Beide sind 1975 in Kraft getreten. Danach ist es erstrangige Aufgabe der regionalen Entwicklungspläne, die Zielklauseln der Raumpolitik so zu präzisieren, daß die Behörden imstande sind, sie zu beachten und in die Tat umzusetzen. Zur regionalen Entwicklungsplanung gehören erstens auf der Regionalebene die regionalen Entwicklungspläne für die Provinzen, die als Grundlage der gesamten raumordnungspolitischen Planung gedacht sind, zweitens die sich auf verschiedene Verwaltungs- und Fachbereiche beziehenden regionalen Entwicklungspläne, also Fachpläne, die von den Ministerien ausgearbeitet werden, und drittens auf der Reichsebene die regionale Entwicklungsplanung, für die die Kanzlei des Staatsrates verantwortlich ist. Diese Formen der Planung werden von der Planungsabteilung der Kanzlei des Staatsrates koordiniert. Aufgabe dieser Abteilung ist die Zusammenführung der Regionalplanung mit der sonstigen gesell-

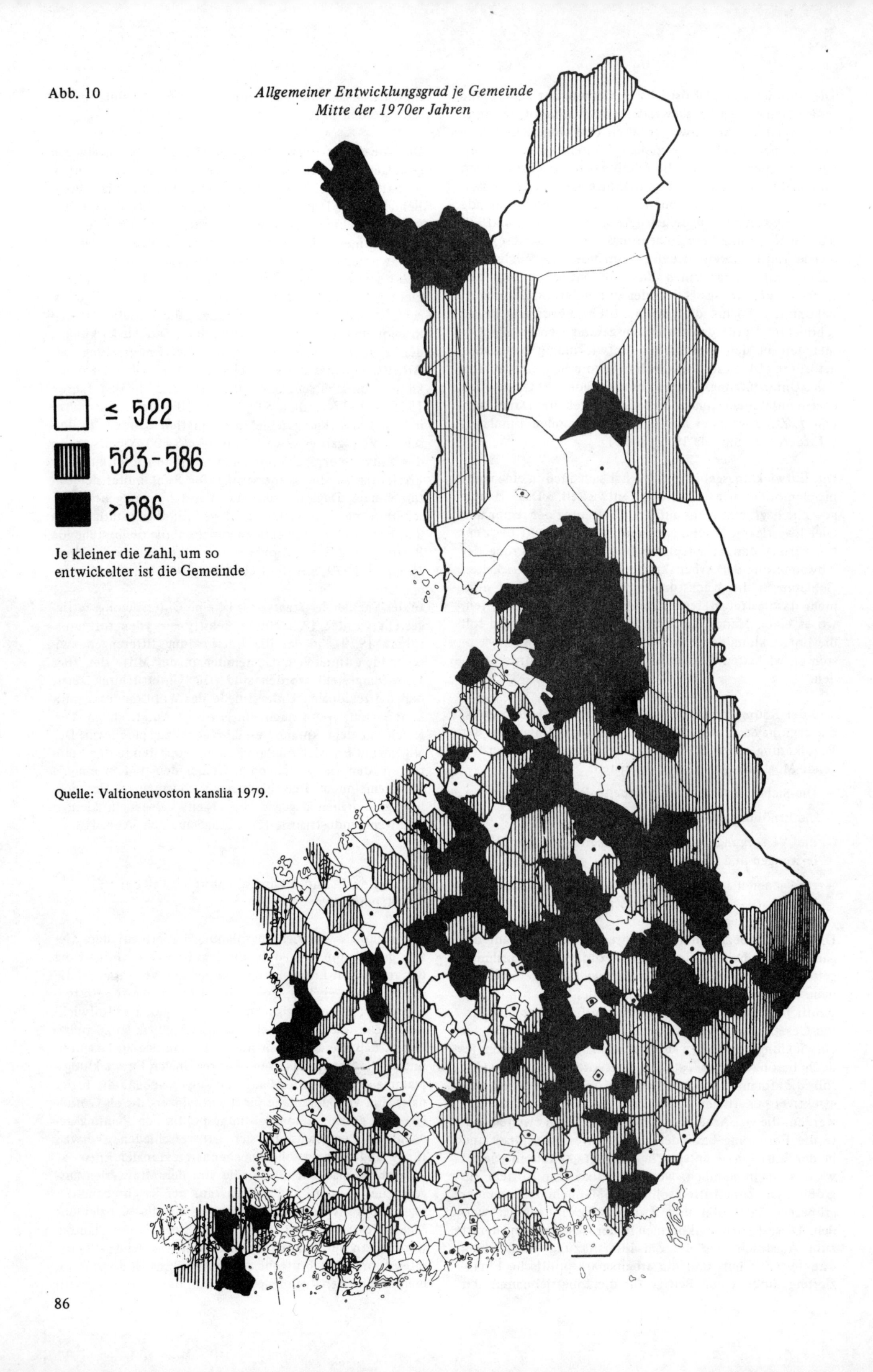

Abb. 10 *Allgemeiner Entwicklungsgrad je Gemeinde Mitte der 1970er Jahren*

☐ ≤ 522

▥ 523–586

■ > 586

Je kleiner die Zahl, um so entwickelter ist die Gemeinde

Quelle: Valtioneuvoston kanslia 1979.

schaftspolitischen Planung. In der raumordnungspolitischen Planung hat der Schwerpunkt der Tätigkeit der Abteilung bei der Lenkung und Zusammenstellung der regionalen Entwicklungspläne gelegen, wie auch bei der Vorbereitung der raumordnungspolitischen Gesetzgebung. Die ersten Richtlinien für die regionalen Entwicklungspläne wurden den Provinzen im Juni 1976 zugestellt. Die ersten regionalen Entwicklungspläne für eine Provinz wurden, bezogen auf die Jahre 1980 und 1985, im Jahre 1978 fertiggestellt. Für die Ausarbeitung dieser Pläne haben die Provinzen Kommissionen gegründet, die sich aus Vertretern der Provinzial- und Bezirksverwaltungsbehörden und der Regionalplanungsverbände zusammensetzten. Auch einige Ministerien haben ihre ersten regionalen Entwicklungspläne entworfen. Als ein von der Zentralverwaltung gegebener Rahmen für die regionalen Entwicklungspläne haben die vom Staatsrat im Jahre 1975 festgestellten ersten Bevölkerungs- und Arbeitsplatzprognosen für die Jahre 1980 und 1985 gedient. Die Prognosen sind seither mehrfach revidiert worden. Die letzte Prognose des Jahres 1979 wurde bis zum Jahre 1990 berechnet (Valtioneuvoston kanslia 1980, Beilage 2, S. 6–7). Nach den Ergebnissen dieser Prognose würde die Zahl der Bevölkerung in Finnland im Jahre 1990 4.93 Millionen Einwohner betragen. Die Zahl der Arbeitsplätze würde mit rund 40.000 zunehmen. Die regionalen Bevölkerungs- und Arbeitsplatzvorhersagen bilden den zentralsten Teil der regionalen Entwicklungsplanung auf Reichsebene. Der Staatsrat stellt sie für jede Provinz fest, und die Regionalisierung innerhalb der Provinzen wird von den Provinzialverwaltungen vorgenommen.

Der Verordnung gemäß sollen die regionalen Entwicklungspläne der Provinzen folgenden Inhalt haben:

1. Die Beschreibung der allgemeinen Entwicklungsaussichten für die Provinz;
2. die raumordnungspolitischen Entwicklungsziele mit Bevölkerungs- und Arbeitsplatzprognosen;
3. die durchzuführenden Entwicklungsmaßnahmen in der Provinz und
4. eine Analyse der Voraussetzungen für die Realisierung der vorgeschlagenen Maßnahmen.

Die ersten regionalen Entwicklungspläne unterscheiden sich voneinander, sowohl was den Umfang, den Inhalt als auch die Betrachtungsweise betrifft. Sie enthalten in jedem Fall reichlich Daten über die Lebensbedingungen in den Provinzen und geben Auskunft darüber, in welche Richtung die Provinzen selbst ihren Raum entwickeln wollen. Weil den Provinzialbehörden die Möglichkeiten fast völlig fehlen, die angegebenen Ziele und Maßnahmen zu realisieren, ist eine der wichtigsten Aufgaben der Pläne, Informationen über die Auffassung der Provinzialverwaltung zur Entwicklung der eigenen Provinz an die Zentralverwaltung zu vermitteln.

Nach dem Gesetz ist es Aufgabe der Ministerien, im Zusammenhang mit der Planung ihres eigenen Faches nach Bedarf regionale Entwicklungspläne auszuarbeiten. Die Ausarbeitung von Fachplänen ist also nicht zwangsläufig, und alle Ministerien haben bisher auch noch nicht Fachplanungen entworfen, so z. B. das Handels- und Industrieministerium und das Sozial- und Gesundheitsministerium, denen beiden auch wichtige raumordnungspolitische Aufgaben zukommen. Fachpläne irgendeiner Art haben das Ministerium des Innern, das Finanzministerium, das Unterrichtsministerium, das Land- und Forstwirtschaftsministerium und das Arbeitsministerium ausgearbeitet. Diese Pläne sind bedeutend allgemeiner als die der Provinzen, aber in jedem Falle wird in ihnen die Tätigkeit des jeweiligen Verwaltungszweigs aus räumlicher Sicht behandelt, was bisher im jährlichen Budget bzw. in den generellen Plänen der Verwaltungszweige völlig gefehlt hat (Niemivuo 1979, S. 186 f.).

Die regionalen Entwicklungspläne auf der Reichsebene werden von der Kanzlei des Staatsrates zusammen mit der Raumordnungskommission ausgearbeitet. Die Raumordnungskommission hat die frühere Kommission für Entwicklungsgebiete abgelöst. Der betreffenden Verordnung gemäß sollen die regionalen Entwicklungspläne auf Reichsebene folgendes enthalten: Bevölkerungs- und Arbeitsplatzprognosen, die Entwicklungsziele der Raumordnung und sonstiger raumordnungspolitischer Aspekte sowie Vorschläge für weitere Maßnahmen. Der Staatsrat kann einen nationalen regionalen Entwicklungsplan als Ganzes oder als Teilplan gutheißen. In der Praxis schlagen sich die Ergebnisse dieser Planungsarbeit hauptsächlich in der Vorbereitung der Novellierung der raumordnungspolitischen Gesetzgebung nieder. Damit werden die neuen Raumordnungsgesetze vorbereitet. Von den besonderen Plänen sind die wichtigsten die schon oben erwähnten auf Provinzebene regionalisierten Bevölkerungs- und Arbeitsplatzprognosen, die rechtlich gesehen vom Staatsrat anerkannte richtliniengebende Raumordnungsziele sind, die vorwiegend von den Ministerien und den ihnen unterstellten Behörden und Instituten bei der Vorbereitung von Maßnahmen, die auf die räumliche Entwicklung einwirken, zu beachten sind. Sie müssen also allen Planungsarbeiten zugrunde gelegt werden.

7. Planung der Flächennutzung

7.1 Jetziges System der Planung der Flächennutzung

Die ersten Stadtpläne wurden in Finnland im 17. Jahrhundert entworfen: Turku 1639, Helsinki 1640 und Pori 1641. Immerhin wurde erst 1856 eine Verordnung erlassen, in der die allgemeinen Grundlagen der Organisation der Städte und des Städtebaus festgelegt wurden. Die ersten Bestimmungen über die Flächennutzung enthielten das Stadtplangesetz von 1931 und die dazugehörigen und sich anschließenden Baustatuten. Diese wurden 1958 durch das Baugesetz und die ergänzende Bauverordnung aus dem Jahre 1959 ersetzt. Damit wurde erstmals ein hierarchisches Plansystem eingeführt. Das Baugesetz wurde teilweise Ende der 60er Jahre novelliert.

Das heutige, auf den Baugesetzen basierende System der Planung der Flächennutzung umfaßt fünf verschiedene Arten von Plänen. Von diesen Plänen sind die Region- und Generalpläne relativ allgemein gefaßt und von schwacher rechtlicher Bindungswirkung. Dagegen sind der Stadtplan, der Bebauungsplan und der Uferplan Detailpläne, die die Flächennutzung und das Bauen bis in die Einzelheiten regulieren (Abb. 11). Der Regionplan enthält einen allgemein gefaßten Flächennutzungsplan für das Gebiet des Regionalplanungsverbandes. Im Stadtplan wird die Flächennutzung im Stadtgebiet bis in die Einzelheiten ge-

Abb. 11   *Planungssystem der Flächennutzung in Finnland*

```
┌─────────────────────────────┐                                    ┌─────────────────────────┐
│ MINISTERIUM DES INNERN      │────────────────────────────────────│ Planung der Raum-       │
│  – Planungs- und            │                                    │ ordnung auf der Reichs- │
│    Bauabteilung             │                                    │ ebene                   │
│                             │                                    └─────────────────────────┘
│                             │           ┌──────────────────────┐            │
│                             │───────────│ REGIONALPLANUNGS-    │───┌─────────────────┐
│                             │           │ VERBÄNDE             │   │ Regionalplan    │
│                             │           └──────────────────────┘   └─────────────────┘
│                             │
│                             │           ┌───────────┬──────────┐   ┌─────────────────┐
│                             │           │ HAUPT-    │Planung-  │───│ Generalplan     │
│                             │───────────│ AUSSCHÜSSE│ausschuß  │   └─────────────────┘
│                             │           │ DER       │          │
│                             │           │ GEMEINDEN │          │   ┌─────────────────┐
│                             │           │           │          │───│ Stadtplan,      │
│                             │           │           │          │   │ Bebauungsplan   │
│                             │           │           │          │   │ und Uferplan    │
└─────────────────────────────┘           │           ├──────────┤   └─────────────────┘
┌─────────────────────────────┐           │           │Bauausschuß│──┌─────────────────┐
│ PROVINZIALREGIERUNGEN       │───────────│           │          │   │ Baugenehmigung  │
│                             │           └───────────┴──────────┘   └─────────────────┘
└─────────────────────────────┘
```

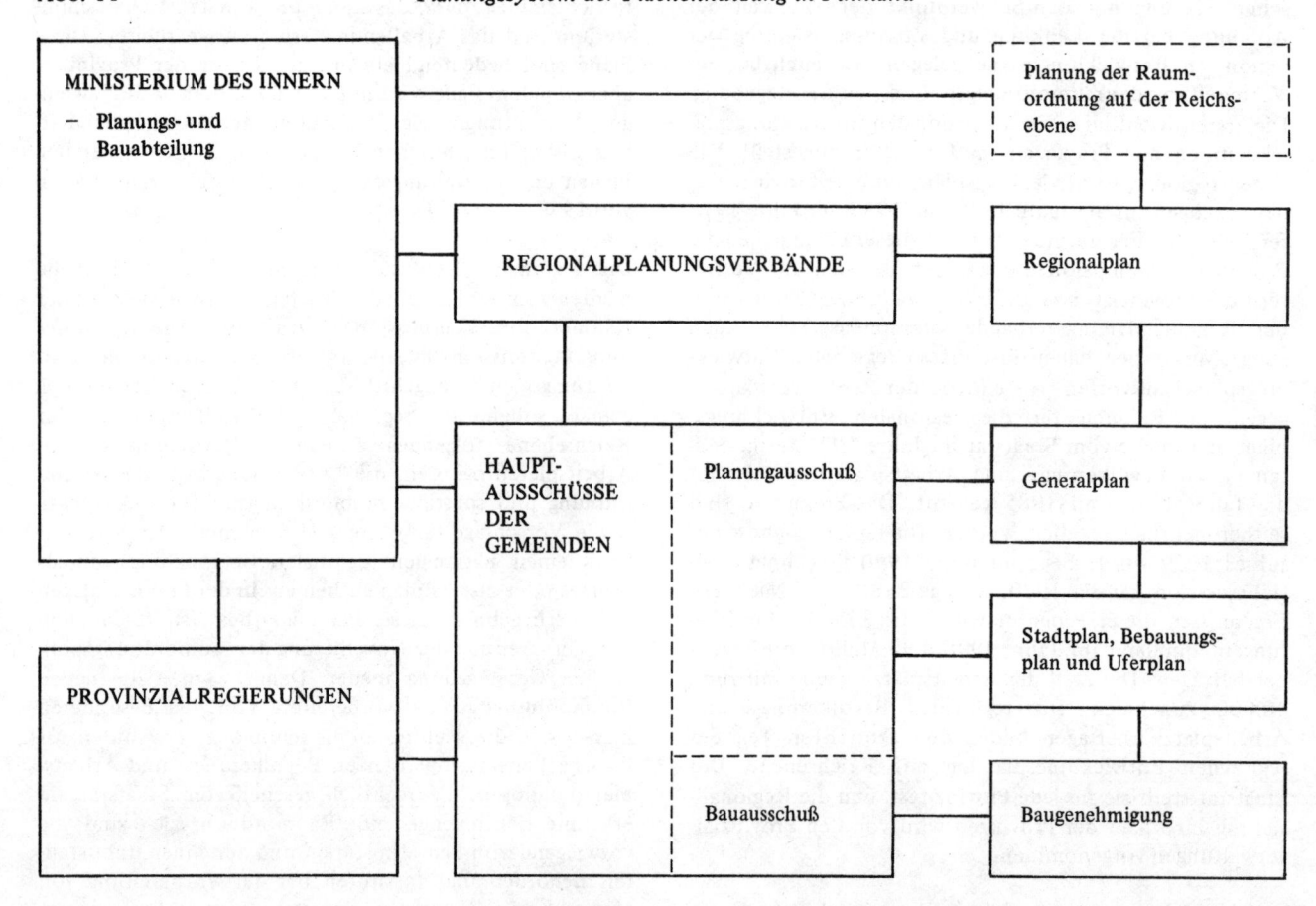

regelt, und dasselbe betrifft auch den Bebauungsplan, der für die übrigen Gemeinden aufgestellt wird. Im Uferplan werden detaillierte Richtlinien für die Organisation der Freizeitsiedlung und der sonstigen Flächennutzung an derartigen Ufern gegeben, für die kein Stadt- oder Bebauungsplan existiert.

In der Gesetzgebung zur Planung der Flächennutzung hat der Begriff agglomerierte Siedlung eine zentrale Bedeutung. Damit wird eine solche zusammenhängende Bebauung gemeint, die spezielle Infrastrukturmaßnahmen voraussetzt, wie etwa das Bauen von Straßen, Wasserleitungen und Kanalisation. Die sonstige Besiedlung wird Streusiedlung genannt. Agglomerierte Siedlung darf nur in solchem Gebiet angelegt werden, wo ein Stadtplan, ein Bebauungsplan oder ein Uferplan existiert. Die Genehmigung dieser Detailpläne und gleichzeitig die Kontrolle der Entstehung von agglomerierten Siedlungen sind eine Sache, über die die Kommunen entscheiden. Das Recht der Gemeinde, die Flächennutzung und die Bautätigkeit zu kontrollieren, wird das Planungsrecht der Gemeinde genannt. Die Planung in der Gemeinde wird vom Hauptausschuß geleitet, und die Pläne werden vom Gemeinderat beschlossen. Die Regionalpläne werden von den Regionalplanungsverbänden ausgearbeitet und vom Verbandsrat des betreffenden Gemeindeverbandes beschlossen. Staatsbehörden in Planungsanliegen sind das Ministerium des Innern und die Provinzregierungen. Die Regionalpläne und die Uferpläne der Städte werden dem Ministerium des Innern, die Bebauungspläne und die Uferpläne der Landgemeinden entsprechend der Provinzregierung zur Genehmigung vorgelegt. Eine Genehmigung des Generalplanes ist nicht erforderlich, falls nicht gewisse Rechtswirkungen gewünscht werden.

7.2 Planung der Flächennutzung auf verschiedenen Ebenen

Für die Regionalplanung ist das Land in 20 Regionalplanungsgebiete eingeteilt. In der Praxis läuft die Regionalplanung stufenweise so, daß das Ministerium des Innern zuerst jeden Regionalverband aufgefordert hat, einen sogenannten Etappenplan auszuarbeiten, der die Naturschutz- und Erholungsgebiete wie auch die Landschafts- und Freizeitsiedlungsgebiete darstellt. Diese Pläne sind zur Zeit im Ministerium, um genehmigt zu werden. Neben diesen Plänen haben die Regionalplanungsverbände Raumordnungspläne für ihr Gebiet für die Planungsperiode 1976 – 1985 ausgearbeitet. Von diesen Raumordnungsplänen gibt es eine Zusammenfassung (Sisäasiainministeriö & Seutusuunnittelun keskusliitto 1977), die die Raumordnung des ganzen Landes im Jahre 1985 darstellt (Abb. 12). Die Raumordnungspläne bestehen aus einem Entwicklungsplan für das Zentralortenetz, einem Plan für die Entwicklung des Verkehrsnetzes, den nötigen Berechnungen und Vorschlägen für die Energieversorgung, die Wasserwirtschaft und den technischen Umweltschutz. Diese Pläne bilden die Grundlagen für die sogenannte Gesamtplanung des Regionalplanungsgebietes. In der Gesamtplanung werden die Hauptrichtlinien der Flächennutzung auf lange (bis zum Jahre 2.000) und mittlere Sicht (bis 1985) dargestellt. In speziellen Durchführungsplänen werden die Gebiete aufgezeigt, in denen Bebauung in der nahen Zukunft aktuell wird. Die Genehmigung der Gesamtpläne geschieht über die oben erwähnten Etappenpläne.

Generalpläne wurden schon vor dem Baugesetz des Jahres 1958 fakultativ für die dicht bebauten Gebiete mehrerer Städte ausgearbeitet, die ersten in Helsinki schon um

Abb. 12 *Raumstruktur Finnlands 1985*

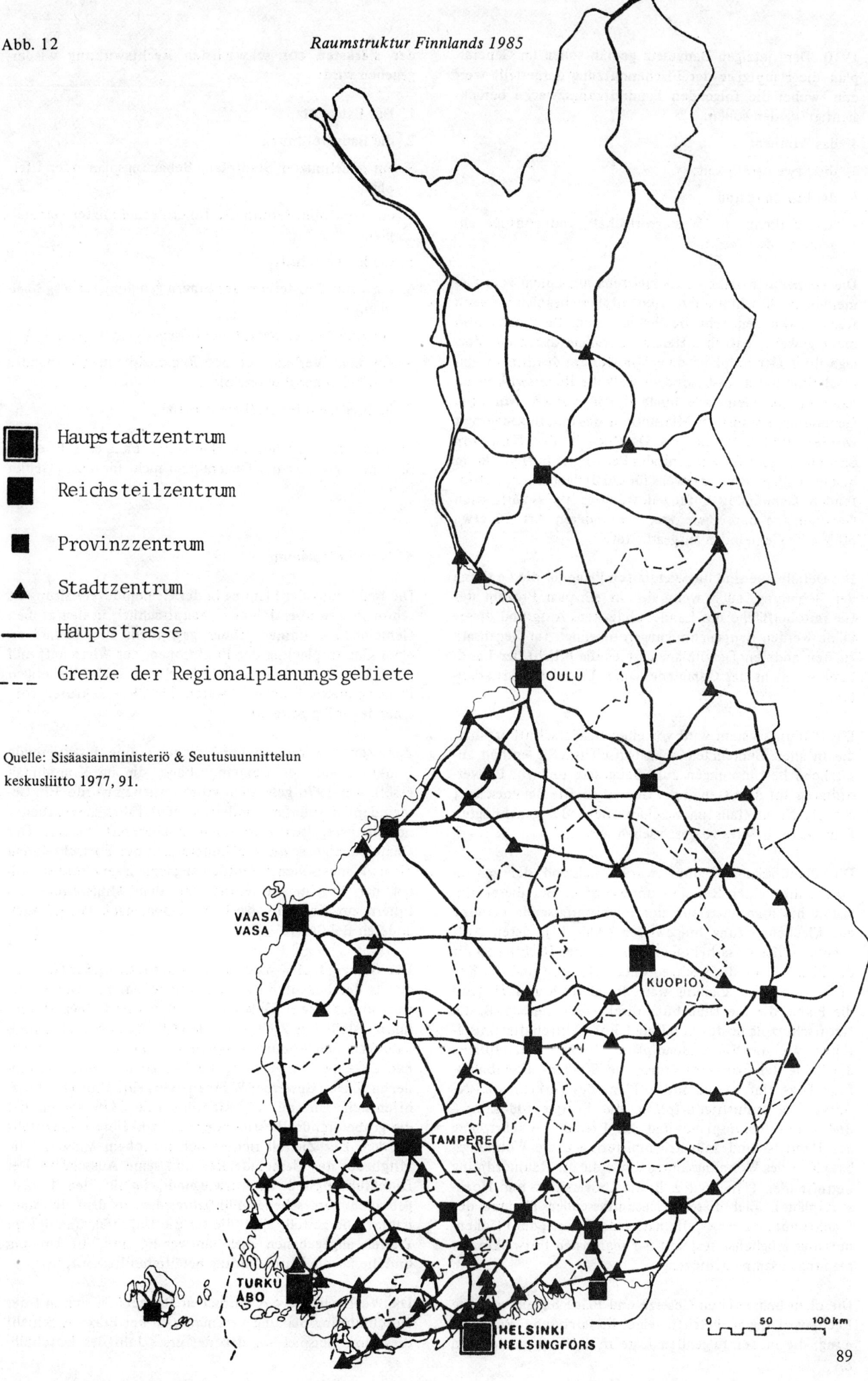

■ Hauptstadtzentrum

■ Reichsteilzentrum

■ Provinzzentrum

▲ Stadtzentrum

─── Hauptstrasse

--- Grenze der Regionalplanungsgebiete

Quelle: Sisäasiainministeriö & Seutusuunnittelun keskusliitto 1977, 91.

1910. Dem jetzigen Baugesetz gemäß sollen im Generalplan die Hauptzüge der Flächennutzung dargestellt werden, wobei die folgenden Landnutzungszwecke berücksichtigt werden sollen:

— das Wohnen;

— die Erwerbstätigkeit;

— die Erholung und

— der Verkehr, die Wasserwirtschaft und sonstige allgemeine Zwecke.

Die Gemeinden haben sich meistens mit einem vom Gemeinderat beschlossenen Generalplan begnügt, dessen Rechtswirkungen sehr bescheiden sind. Sie haben also nicht gewollt, daß ihre Handlungsfreiheit durch die Vorlage ihrer Generalpläne dem Ministerium des Innern eingeschränkt wird, insbesondere weil die Rechtswirkungen dann für die Gemeinde bindend sein würden. Nur zwei Generalpläne sind vom Ministerium des Innern genehmigt worden, und zwar für ein Osgebiet in der Nähe von Savonlinna und für ein zentrales Parkgebiet in Helsinki, in beiden Fällen also nur jeweils für ein Teilgebiet der betreffenden Gemeinde. Anfang des Jahres 1979 hatte man Generalpläne der einen oder der anderen Art für etwa 60 % aller Gemeinden ausgearbeitet.

Die Detailpläne sind die wichtigsten Pläne für die Lenkung der Bebauung, auch wenn sie nur ein paar Prozent der Gesamtoberfläche des Landes abdecken. Aufgrund dieser Pläne werden Baugenehmigungen bewilligt. Im Gegensatz zu den anderen Detailplänen ist es die Pflicht der Landbesitzer, nicht der Gemeinde, einen Uferplan auszuarbeiten.

Das Planungssystem wird von einer Bauvorschrift ergänzt, die in allen Gemeinden obligatorisch ist. Sie enthält zusätzliche Bestimmungen zum Baugesetz und zur Bauverordnung auf dem Gebiet der Gemeinde. Die Bauvorschrift gilt als Norm, falls im beschlossenen oder genehmigten Plan nichts anderes vorgeschrieben wird.

Die Planungsgesetzgebung wurde während der ganzen 70er Jahre einer Revision unterworfen. Bei dieser Revision hat man auch auf eine reichsumfassende Planung der Flächennutzung hingewiesen (Abb. 11), deren Aufgabe u. a. das Ausarbeiten von allgemeinen Richtlinien für die Planung für die nachgeordneten Ebenen und die Koordination dieser Planung wäre. Ihr Bereich umfaßt dann die Pläne, die die Umgebung direkt verändern (z. B. die Naturschutzpläne des Land- und Forstwirtschaftsministeriums, wie die Nationalparkpläne, die Moorschutzpläne, die Pläne der Forstverwaltung, die Straßen-, Eisenbahn-, Flugplatz-, Hafen- und andere Pläne des Verkehrsministeriums, die Industriedorfpläne, die Energieproduktions- und -transmissionspläne und die Fremdenverkehrspläne des Handels- und Industrieministeriums, die Wohnungsbaupläne des Wohnungsamtes sowie die die Raumordnung betreffenden Pläne, wie z. B. die Universitäts- und Hochschulpläne). Ziel dieser reichsumfassenden Planung der Flächennutzung ist es, die nationale Planung der Flächennutzung möglichst fest mit der regionalen Entwicklungsplanung zusammenzufügen.

Die oben behandelten Gesetze und Pläne haben, was ihre Rechtswirkungen betrifft, eine hierarchische Rangordnung, die in der folgenden Liste in der Reihenfolge von der stärksten zur schwächsten Rechtswirkung wiedergegeben wird:

1. Das Baugesetz,

2. die Bauverordnung,

3. ein genehmigter Stadtplan, Bebauungsplan oder Uferplan,

4. ein vom Ministerium des Innern genehmigter Generalplan,

5. die Bauvorschrift,

6. ein vom Ministerium des Innern genehmigter Regionalplan,

7. ein vom Gemeinderat beschlossener Generalplan,

8. ein vom Verbandsrat des Regionalplanungsverbandes beschlossener Regionalplan,

9. halbfertige oder inoffizielle Pläne.

Für ein Gebiet ist nur ein Plan gültig. Falls es z. B. einen Stadtplan gibt, ist der Generalplan nicht für dieses Gebiet bindend.

8. Gemeindeplanung

Die Bedeutung der Planung in der Gemeindeverwaltung ist schon in den 60er Jahren — hauptsächlich in den großen Gemeinden — immer größer geworden. Ein Bedarf an einer Gesamtplanung der Funktionen, der Wirtschaft und der Flächennutzung machte sich geltend. In der bisherigen Planungspraxis Finnlands waren alle diese Sektoren voneinander völlig getrennt.

Zur Zeit hat die Gemeindeplanung eine integrierende Funktion auf der Gemeindeebene, die im Kommunalgesetz von 1976 gesetzlich vorgeschrieben wurde. Ein Gemeindeplan soll für mindestens fünf Jahre ausgearbeitet und in geregelten Zeitabständen überprüft werden. Der Gemeindeplan sowie die Änderungen der Fortschreibung dieses Planes sollen öffentlich zugänglich sein, und sie sollen der Provinzialregierung und dem Ministerium des Innern zur Kenntnis gegeben werden, nach Bedarf auch anderen Behörden.

Der Gemeindeplan wird für die Entwicklung der Gemeinde als der bedeutendste Plan angesehen. Ein Gemeindeplan umfaßt zwei Teile: Einen Zielteil und einen Durchführungsteil. Der Zielteil hat den Charakter eines kommunalpolitischen Grundsatzprogrammes, in dem die allgemeinen Ziele der Entwicklung der Gemeinde, die fachgebundenen Ziele (Gewerbe, Wohnen, Verkehr, Umweltschutz, öffentliche Dienste), die Richtlinien der Maßnahmen und die grobe Standortbestimmung der Funktionen dargestellt werden. Der Zielteil richtet sich in hohem Maße an die Mitglieder des Gemeinderates und seine Ausschüsse. Der Durchführungsteil ist vorwiegend ein für den Dienstgebrauch vorgesehener Fünfjahresplan, in dem die Maßnahmen dargestellt sind, die für die Durchführung der im Zielteil angegebenen Ziele notwendig sind, ihr Umfang und die für die Durchführung benötigten Ressourcen.

Die Vorbereitung des jährlichen Budgets ist eng mit der Durchführungsplanung verknüpft. In der Praxis geschieht dies zum Beispiel so, daß das erste Jahr des Durchfüh-

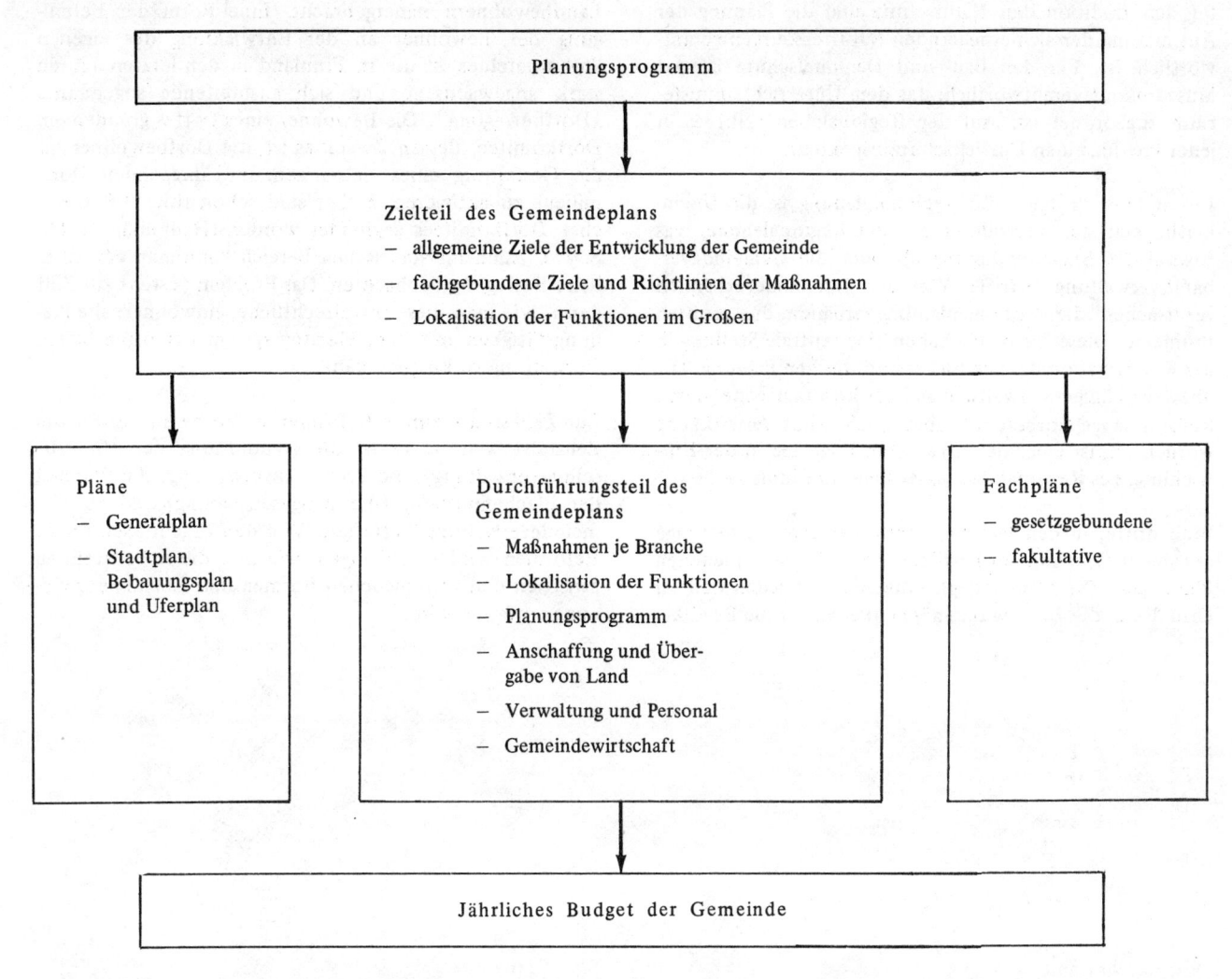

Abb. 13 *Planungssystem der Gemeinde in Finnland*

```
┌─────────────────────────────────────────────────────────────────────┐
│                         Planungsprogramm                            │
└─────────────────────────────────────────────────────────────────────┘
                                  │
                                  ▼
┌─────────────────────────────────────────────────────────────────────┐
│                    Zielteil des Gemeindeplans                       │
│      – allgemeine Ziele der Entwicklung der Gemeinde                │
│      – fachgebundene Ziele und Richtlinien der Maßnahmen            │
│      – Lokalisation der Funktionen im Großen                        │
└─────────────────────────────────────────────────────────────────────┘
         │                        │                          │
         ▼                        ▼                          ▼
┌──────────────────┐  ┌──────────────────────────┐  ┌──────────────────┐
│ Pläne            │  │ Durchführungsteil des    │  │ Fachpläne        │
│ – Generalplan    │  │ Gemeindeplans            │  │ – gesetzgebundene│
│ – Stadtplan,     │  │ – Maßnahmen je Branche   │  │ – fakultative    │
│   Bebauungsplan  │  │ – Lokalisation der       │  │                  │
│   und Uferplan   │  │   Funktionen             │  │                  │
│                  │  │ – Planungsprogramm       │  │                  │
│                  │  │ – Anschaffung und Über-  │  │                  │
│                  │  │   gabe von Land          │  │                  │
│                  │  │ – Verwaltung und Personal│  │                  │
│                  │  │ – Gemeindewirtschaft     │  │                  │
└──────────────────┘  └──────────────────────────┘  └──────────────────┘
                                  │
                                  ▼
┌─────────────────────────────────────────────────────────────────────┐
│                    Jährliches Budget der Gemeinde                   │
└─────────────────────────────────────────────────────────────────────┘
```

rungsteiles der Gemeindeplanung als Rahmen für den jährlichen Haushaltsplan benutzt wird.

Neben dem Gemeindeplan und den jährlichen Haushaltsplänen gehören zum Planungssystem der Gemeinde (Abb. 13) die Fachpläne und als ein eigenes Ganzes die der Baugesetzgebung folgende Flächennutzungsplanung. Die Fachplanung der Gemeinde ist entweder gesetzlich vorgeschrieben oder fakultativ. Gesetzlich vorgeschrieben sind unter anderem das Wohnungsbauprogramm, der Arbeitsplan für die Volksgesundheitspflege, die Kindergartenpläne und die Entwicklungsprogramme der Feuerwehr sowie die des Rettungswesens. In der Zukunft beabsichtigt man, die Fachpläne eng mit dem Ausarbeitungsprozeß des Durchführungsteils des Gemeindeplanes zu verknüpfen.

Die Planung der Flächennutzung hat im Planungssystem der Gemeinde eine Stellung, die einerseits auf der Zielsetzung des Gemeindeplanes, andererseits auf den Bestimmungen des Baugesetzes fußt. Die festgelegten Ziele des Gemeindeplanes erfassen auch die Planung der Flächennutzung. Diese Ziele sind dieselben wie die des möglicherweise auszuarbeitenden Generalplanes (vgl. Houni & Kerola 1980, S. 26–27).

Den Empfehlungen des Zentralverbandes der Gemeinden (Kuntien keskusjärjestöt 1978) gemäß wird der Zielteil des Gemeindeplanes einmal in der Legislaturperiode des Gemeinderates (4 Jahre) gründlich überarbeitet. Der Durchführungsteil dieses Planes soll jährlich fortgeschrieben werden. Die meisten Gemeinden Finnlands haben schon ihre ersten gesetzlich vorgeschriebenen Gemeindepläne ausgearbeitet.

9. Einige Gegenwartsfragen der Regionalplanung

Von den einzelnen Planungssektoren ist der Umweltschutz wegen seiner zersplitterten Verwaltung und einer mangelhaften, teils veralteten Gesetzgebung relativ problematisch. Neuerlich ist ein nationales Entwicklungsprogramm der Naturschutzgebiete fertiggestellt worden. Auf der Grundlage dieses Entwicklungsprogramms hat man angefangen, neue National- und Naturparke zu gründen. Nationale Schutzprogramme für die Moore und Oser existieren auch. Vorbereitet werden Luftschutz-, Wasserschutz- und Kiesentnahmegesetze. Die das ganze Land umfassenden Pläne sind auf der Reichsebene ausgearbeitet worden, ohne dabei die Planung auf der regionalen oder der kommunalen Ebene zu berücksichtigen. Deshalb widersprechen sich die Pläne in gewissen Punkten. Verwaltungsmäßig ist für den Umweltschutz auf der Ebene der Zentralverwaltung in erster Linie die Umweltschutzabteilung des Ministeriums des Inneren verantwortlich. Aufgabe dieser Abteilung ist die Koordination des Umweltschutzes zusammen mit einem Umweltschutzrat. Eine andere Behörde auf derselben Ebene ist das Naturressourcenbüro des Land- und Forstwirtschaftsministeriums, das für den traditionellen Naturschutz und die Planung der Ausnutzung der sich erneuernden Naturressourcen verantwortlich ist. Für den Bau- und Denkmalschutz ist das Museumsamt verantwortlich, das dem Unterrichtsministerium zugeordnet ist. Auf der Regionalebene gibt es in jeder Provinz einen Umweltschutzinspekteur.

Ein anderes Problem der Regionalplanung ist die Uneinheitlichkeit der Verwaltung auf der Regionalebene, was sowohl die Staatsverwaltung als auch die Gemeindeverbandsverwaltung betrifft. Von den Gemeindeverbänden verursachen die Regionalplanungsverbände die größten Probleme. Diese Verbände haben eine zentrale Stellung in der Koordination der gesellschaftspolitischen Planung. Die unzweckmäßige Verwaltung auf der Regionalebene, deren Reform lange vorbereitet, aber noch nicht verwirklicht worden ist, ist einer der schwersten Engpässe in der Entwicklung des Regionalplanungssystems in Finnland.

Eine dritte, in den letzten Jahren viel diskutierte Frage gilt der Beteiligung der Bevölkerung an den verschiedenen Planungen. Die Gemeindeplanung hat, auf jeden Fall im Grundsatz, die Beteiligungsmöglichkeiten für die Bevölkerung erweitert und damit gleichzeitig die Planung den Landbewohnern nähergebracht. Eine Form der Beteiligung der Bewohner an der Entwicklung des eigenen Wohnumfeldes ist die in Finnland in den letzten Jahren stark angewachsene und sich ausbreitende sogenannte „Dorfbewegung": Die Bewohner eines Dorfes gründen ein Dorfkomitee, dessen Zweck es ist, die Dorfbewohner für die Gestaltung eines vielseitigen und anregenden Dorfmilieus zu aktivieren. Bisher sind schon rund 1.000 solcher Dorfkomitees gegründet worden (Hautamäki 1980, S. 47). Auch im städtischen Bereich kann man eine ähnliche Bewegung beobachten. Das Problem besteht zur Zeit darin, wie man diese privatrechtliche, einwohnernahe Planungstätigkeit mit dem Planungssystem der öffentlichen Verwaltung verknüpfen kann.

Zur Zeit sind mehrere Reformen in Vorbereitung, die die Zentralverwaltung (z. B. die Neuordnung der Umweltschutzverwaltung), die Provinzialverwaltung, die Planung der Flächennutzung (die Baugesetzgebung) und die Gemeindeverwaltung betreffen. Von den Ergebnissen dieser Reformen wird es abhängen, wie sich die Arbeitsteilung zwischen den verschiedenen Formen und Ebenen der Planung entfalten wird.

Literatur

Alueellisen kehittyneisyyden tutkimusryhmä (1979). Alueellinen kehittyneisyys. Tutkimus elinolojen ja hyvinvoinnin alueellisista eroista 1975. Valtioneuvoston kanslian julkaisuja 1979:3.

Hautamäki, Lauri (1980). Toimintasuuntautunut kylätutkimus ja maaseudun kehittäminen. In: Kylät ja kaupunginosat. Tampereen yliopisto, Aluetiede, tutkimuksia Sarja A, 2. Tampere.

Houni, Markku & Olli Kerola (1980). Kunta- ja kuntainliittosuunnitelman laadinta. Vantaa.

Keinänen, Jussi (Hrsg.) (1968). Suomi-käsikirja. Helsinki.

Kiljunen, Kimmo (1979). 80-luvun aluepolitiikan perusteet. Työväen taloudellinen tutkimuslaitos. Helsinki.

Kosonen, Mauno: Entwicklung und aktuelle Probleme der Raumordnung in Finnland, Raumforschung und Raumordnung, Heft 5/6 (1980).

Kuntien keskusjärjestöt (1978). Kuntasuunnittelusuositus. Vantaa.

Meisalo, Matti (1978). Kuntien kantokykyluokitus vuodeksi 1978. Suomen kunnat 1978:2.

Niemivuo, Matti (1979). Aluehallinto ja aluepoliittinen lainsäädäntö julkisen vallan välineenä. Vammala.

Nordisk statistisk årsbok 1979. NU A 1979.26. Nordiska Rådet och Nordiska Statistiska Sekretariatet. Stockholm 1980.

Rikkinen, Kalevi (Hrsg.) (1977). Suomen maantiede. Keuruu.

Sippola, Matti (1979). Kehitysaluejakojen muutokset. Suomen kunnat 1979:5.

Sisäasiainministeriö & Seutusuunnittelun keskusliitto (1977). Alueellinen rakenne 1985 seutukaavaliittojen rakennesuunitelmien mukaan. Helsinki.

Suomen kaupunkiliitto (1978). Suomen kunnallishallinto, järjestelmä ja perusteet. Suomen kaupunkiliiton julkaisusarja D:1.

Suomen tilastollinen vuosikirja 1979. Tilastokeskus. Helsinki 1980.

Taloudellinen suunnittelukeskus (1977). Suomi 1990. Helsinki.

Valtioneuvoston kanslia (1979). Prospekt über die Veröffentlichung „Alueellinen kehittyneisyys, Valtioneuvoston kanslian julkaisuja 1979:3".

Valtioneuvoston kanslia (1980). Valtioneuvoston kanslian alueellisten väestösuunnitteiden väestörakenne vuosina 1978–90. I osa. Valtioneuvoston kanslian monisteita 1980:4.

Beiträge
der Akademie für Raumforschung und Landesplanung

Band 42

Raumordnung und Regionalplanung in europäischen Ländern
1. Teil

Aus dem Inhalt:

		Seite
Frank Werner, Berlin	Die Raumordnungspolitik in der DDR	1
Karl Stiglbauer, Wien	Raumordnung in Österreich	7
Martin Lendi, Zürich	Raumordnung in der Schweiz	16
Gabriel Wackermann, Mulhouse	System der Raumordnung in Frankreich	29
Carl-Heinz David, Dortmund	Raumordnung in Großbritannien	49
Hans-Erich Gramatzki, Berlin	Die Regionalpolitik der UdSSR	58

Der gesamte Band umfaßt 62 Seiten; Format DIN A 4; 1980; Preis 20,– DM.

Auslieferung

HERMANN SCHROEDEL VERLAG KG · HANNOVER